回忆方志敏

Remembering Fang Zhimin

缪 敏/著

徐思阳/整理

人民出版社

责任编辑：张伟珍
封面设计：石笑梦

图书在版编目（CIP）数据

回忆方志敏 / 缪敏 著；徐思阳 整理 . —北京：人民出版社，2024.3
ISBN 978－7－01－026389－2

I.①回… II.①缪…②徐… III.①方志敏（1899—1935）-生平事迹 IV.① K827=6

中国国家版本馆 CIP 数据核字（2024）第 049153 号

回忆方志敏
HUIYI FANGZHIMIN

缪敏 著 徐思阳 整理

人民出版社 出版发行
（100706 北京市东城区隆福寺街 99 号）

北京汇林印务有限公司印刷 新华书店经销
2024 年 3 月第 1 版 2024 年 3 月北京第 1 次印刷
开本：710 毫米 × 1000 毫米 1/16 印张：19.25 插页：2
字数：258 千字 印数：0,001－2,000 册

ISBN 978－7－01－026389－2 定价：86.00 元

邮购地址 100706 北京市东城区隆福寺街 99 号
人民东方图书销售中心 电话（010）65250042 65289539

版权所有·侵权必究
凡购买本社图书，如有印制质量问题，我社负责调换。
服务电话：（010）65250042

| 缪敏（摄于20世纪40年代末）

| 缪敏（摄于20世纪50年代）

缪敏和儿子方英（右）、方明（左）在延安

缪敏（左）和方志敏的母亲金香莲（中）、姐姐方荣姊（右）

缪敏（前排右）和方志敏母亲金香莲（前排中）、孩子方英（后排左）、方明（后排右）、方梅（前排左）

缪敏向"方志敏英雄班"的战士们讲述方志敏战斗的一生

谢觉哉代表中央人民政府授方志敏母亲金香莲烈士亲属纪念章

中国人民志愿军归国代表团代表到南昌看望方志敏母亲金香莲（摄于1951年）

出版说明

本书收入缪敏回忆方志敏的文章及相关著述36篇，20余万字；缪敏年谱及有关缅怀、纪念缪敏的文章则收为附录；方志敏母亲金香莲的报道、江西省原省长邵式平纪念方志敏母亲的文章和方志敏胞姐方荣姊的部分口述，以及方志敏长子方荣松的采访也作为附录内容收入本书。

本书收入的文稿，在内容文本上尽量保持作品原貌。对原稿写作时间不确定者，经考证作了必要的补充或校正；根据内容判断明显脱字的，补充时用［ ］表示；对文稿中"支、枝"，"像、象"，"哪、那"，"的、地、得"混用的情况，以及明显误用的标点，亦直接改正。原稿中引用方志敏文稿的内容，有错讹的则根据方志敏手稿或历史文献，直接校正，不另作说明。对作品中涉及的重大历史事件，重要人物，生僻字及日期、地名等，均用脚注加以说明。

本书编辑和出版，得到了中央档案馆、江西省档案馆、江西省方志敏研究会、横峰县博物馆，以及缪敏亲属的大力支持和帮助，在此一并致以诚挚的感谢！

编　者

2024年3月

目　录

出版说明 　　　　　　　　　　　　　　　　　　　　/ 001
代前言 　　　　　　　　　　　　　　　　　　　　　/ 001

纪念方志敏逝世十周年 　　　　　　　　　　　　　　/ 001
在方志敏同志殉难照片前 　　　　　　　　　　　　　/ 006
方志敏同志的故乡 　　　　　　　　　　　　　　　　/ 009
共产党员的范例
　　——纪念党的 31 周年和方志敏同志殉难 17 周年　/ 013
方志敏同志战斗的一生 　　　　　　　　　　　　　　/ 016
回忆方志敏同志 　　　　　　　　　　　　　　　　　/ 025
方志敏同志的遗志实现了 　　　　　　　　　　　　　/ 029
方志敏同志回忆琐记 　　　　　　　　　　　　　　　/ 036

弋阳暴动 /040

英勇倔强的洪家村 /043

方志敏同志的几个小故事 /046

共产党员的范例 /048

九江二中记实 /050

学生时代的方志敏 /053

方志敏和彭湃 /057

方志敏战斗的一生 /061

方志敏同志脱险到南京 /138

志敏同志活在我的眼前
　　——读《狱中纪实》 /143

猪仔议员 /147

方志敏同志在闽北 /151

忆方志敏同志 /154

红10军第一次进军闽北散记 /158

红10军第二次进军闽北纪实 /179

五四运动中的方志敏 /189

学习方志敏烈士的艰苦朴素精神 /193

方志敏同志艰苦朴素的生活作风 /197

"吃不得苦，革不得命" /202

没有什么困难可以阻碍人民前进 /205

激励与鼓舞

  ——读方志敏两篇遗著 /208

方志敏同志在王武村 /211

方志敏同志在南伟烈大学 /216

给江西日报社编辑部的信 /222

鲁迅和方志敏的一段往事

  ——纪念鲁迅诞生 80 周年 /224

弋横农民暴动

  ——方志敏同志故事 /229

方志敏伯伯的小故事 /237

红色小哨兵 /246

缪敏年谱 / 248

附 录

从宪法草案看《可爱的中国》
　　——方志敏烈士夫人缪敏谈对宪法草案的感想　　/ 270
政治指导员李祥贞　　　　　　　　　　　阎明诗　/ 273
怀念我们的爸爸妈妈　　　　　　　　方明　方梅　/ 275
为爸爸复仇
　　——方志敏先烈长子方荣松访问记　　　　　/ 280
方荣姁回忆方志敏　　方荣姁口述　德兴县妇联整理　/ 282
人民尊敬革命烈士的母亲　　　　新华社记者　沈琮　/ 287
方志敏的母亲
　　——方老太太　　　　　　　　　　　　　/ 289
悼念方老太太　　　　　　　　　　　　　邵式平　/ 295

编后记　　　　　　　　　　　　　　　　　/ 297

代前言①

在全国革命胜利形势发展下,我于1949年9月回到了江西,回到了我久所怀念的老根据地。

这里也正是志敏同志流过鲜血的地方,几乎每件事物都引起我深远的回忆。志敏同志是党的优秀儿子,是我多年生活在一起的患难战友,也是我永世难忘的爱人,凡是我接触的同志及遇到的群众无不谈及志敏同志的生平,这样更引起我对他的怀念。尤其亲眼看到老区群众所受到的痛苦与摧残,许多优秀的干部被国民党所杀害,使我回忆起来无时不感到愤怒与悲痛!

革命老根据地的人民在国内革命战争时期,就高举着红旗,前仆后继进行英勇的革命战争,许多先烈付出了他们的鲜血和头颅,所以才取得今天这样伟大的成绩。我们今天能过着自由幸福的生活,也是

---

① 本文原为工人出版社1958年1月出版的《方志敏战斗的一生》(缪敏著)的后记。为便于读者了解本书所收文章的动机和历程,特将此文作为本书的"代前言"。

无数烈士们鲜血换来的。烈士们的业绩是我们永远不能忘怀的。正由于这一点，我才决心写了这本书。

由于我自己政治水平和文化水平都不高，对志敏同志的事迹了解得非常不够，对这个工作是不能胜任的。但是几年来，党和同志们都给了我很大的鼓励，使我有了克服困难的勇气，特别是想起在延安中央妇训班学习时，毛主席在我得奖的本子上题的话："没有什么困难可以阻碍人的前进的，只有奋斗，只有坚持，困难就可以赶跑了。"我就受到了莫大的教育和鼓舞。这本书能写成，首先得感谢党，感谢毛主席。

严格地说，这本书只是整理了一些材料。材料的来源，一部分是志敏同志的母亲、胞姐和我自己的回忆，及我几年来的点滴搜集；一部分是志敏同志最亲密的战友、同学、朋友的讲述和志敏同志在狱中写的各种文稿。此外，在整理时，也参阅过一些历史资料。

这本书只描出了志敏同志战斗一生的一个轮廓，定有许多遗漏与不妥之处，尚希熟悉志敏同志的同志们，给予补充和指正。

缪　敏

纪念方志敏逝世十周年[①]

1935年7月[②]，志敏同志被害于南昌，到今年已整整十周年了，在纪念志敏同志的今天，我内心无限感痛，万分愤恨！国民党摧残中国革命，杀害志敏同志的罪恶；和志敏同志坚贞不屈，壮烈牺牲的精神，将为中国人民永志不忘的。

回忆1927年我们相识于南昌，那时志敏同志在农民协会工作，而我则在女职读书。当时革命形势已呈现危机，志敏同志在给我的信中写着："现在革命已到了严重时期，须要我们更大的努力，才能促其成功，所以我们要成为革命战线上一对勇敢战士……"志敏同志革命意志的坚强，以及对我最初的教育与鼓励，使我深受感动。

---

① 本文原载《解放日报》（延安版）1945年7月22日，署名李祥贞，后收入《中国共产党烈士传》。方志敏和缪敏婚后约定，今后秘密工作中，以兄妹相称，分别化名"李祥松"、"李祥贞"。1938年夏，缪敏到延安后，以"李祥贞"作为常用名，中华人民共和国成立后，复用"缪敏"为名。

② 方志敏于1935年8月6日牺牲。缪敏回忆日期系农历。

大革命失败后，志敏同志从农民协会单身走出，避入我党的秘密机关，在国共分裂的"四·一二"①那天，我俩匆匆地结了婚。三日后，志敏同志被"礼送"出境。记得他在临别时微服化装，戴着礼帽和茶色眼镜，身穿灰布长衫，以及上汽船时与我握别的情形，犹历历在目。当时他是以党的特派员名义，赴赣南一带深入农村作农民运动。不数月，因为与党的关系被环境暂时隔绝，意欲重返南昌；但见形势不利，沿河贴着活捉共产党标语，便不好冒险入城。而志敏同志因在途中经过种种磨折，又在鄱阳坚持一个时期的秘密工作，在我们相见时，使我为之一惊！又黑又瘦的面孔，长着很长的胡子，身穿大马褂和袍子，像是大病未愈的人。当时我发呆地望着他，非常难过，他反而不断地安慰我。

不久，他就往白色恐怖笼罩着的弋横一带开展土地革命。在极端艰苦的环境中，百折不挠地工作着，奋斗着，终于掀起蓬蓬勃勃的苏维埃运动。记得苏区刚发展时，游击队枪支不多，同时在一次战斗中又被敌人夺去了七支枪。志敏同志重视枪支有如生命，曾说过："没有武装就没有我们的力量……"这是他对中国革命的卓见。当听到这个失利消息时，志敏同志非常痛心和气愤，认为既有这样好的群众基础和地形，而只因指挥员没有好好地指挥，以致受此损失，深感失利之可惜！当晚因用思想过度，加之许久以来日夜奔波，肺病复发，吐血不止。于是暂在德兴张村休息。在休养中，志敏同志不以自己的病体为念，仍然指挥战斗，整天在病榻上翻阅地图，研究敌情与战况，计划布置如何打击敌人。

当时的环境异常险恶。志敏同志曾遭受反革命流氓的包围，在群众的拥护下，始得脱险。记得有一次重病，睡在担架上，不意正遇着敌人的追袭，人们马上把志敏同志背上逃开了。又有一次，当在高桥庙里办公时，敌人的进攻已经迫近，群众把我们带入深山，敌人派了

---

① 方志敏和缪敏在1927年6月5日结婚。缪敏回忆日期系农历。

一排人搜索，而终于因群众的掩护没有搜到。志敏同志与群众的关系于此可见。

我们是多年在一起共患难共艰苦的夫妇。在长期游击战争环境中，在风餐露宿的生活里，他常在百忙中耐心地教育我，有时提出问题，要我解答，我反而不高兴，表示不愿学习，今天想起来，非常难过。同样，他在工作中对我耐心的指教，给我很大帮助，也是我永远不能忘怀的。志敏同志对一般妇女干部，都很重视与尊敬，常以热情亲切的态度，给以教育和鼓励。将英勇斗争的模范妇女例子，说给我们听。曾说过："你们应该少做些事务主义的事情，要多从政治上求进步，提高自己的政治理论水平……"这些话，给我们一起工作的女同志印象很深。

在群众运动中，志敏同志最能深入群众，理解群众的切身痛苦和要求，同时能用多样方式去组织群众和动员群众。在讲演时，尖锐有力的声音，有煽动力和吸引力，语言通俗，使群众易懂。当志敏同志去下层巡视工作时，群众都怀着好奇心和亲切的心情，围绕着他，甚至房子都挤满了。有的老百姓称他为"救星"。由于志敏同志和蔼可亲的态度，谁都愿意同他亲近。群众敢于大胆提供意见，志敏同志谈话具体，耐心解答群众的问题。当同志们有困难时，很周到地为他们解决。这可以看出志敏同志同群众血肉相关的密切联系。因为他能处处为同志们着想，不做任何私人打算，甚至被俘监禁时，亦不断地宣传共产主义，关心同难的，不断地给他们以教育和鼓励。连守卫的狱卒，亦为之感动，而表示敬意。因此，有些犯人敢于和志敏同志接近，而表示同情，故能将其亲笔遗书等件，秘密带出。这不能不说是志敏同志宣传力量的伟大。

在干部问题上，志敏同志注意团结，培养和信任干部，不仅开办了训练班，编印许多教材，并以许多生动实际的材料，教育培养了无数的工农干部，提拔干部给以适当的工作，发扬干部独立大胆负责的精神。当干部有错误的时候，采取善意的批评，而不是轻易地责罚，常说:"干部各有所长只要善于使用,信任,个个都是好干部。"他对于干部的爱护和关心,实胜于他自己。

志敏同志一生艰苦奋斗,为了人民的解放事业,贡献全心全力创造闽浙赣苏区,对革命贡献了无限忠诚。志敏同志是沉着、冷静、寡言的人,没有任何嗜好,生活异常朴素。为了工作,常深夜不睡,在行军时骑着马打瞌睡来休息。真是每天做十六点钟工作的精神。

1934年10月①,志敏同志率领着北上抗日先遣队出发,曾在途中给我一信说:"这次出发,任务是非常伟大的,将来的胜利,也是很伟大的,你今后将在无线电里得着我们胜利的消息……"当时,志敏同志充满着胜利的信心和勇气,抱着伟大的志愿,完成党给他的任务。由于志敏同志的英勇斗争,创造了八百里的抗日根据地,并与各个抗日部队会合,领导千百万群众进行抗日民族革命战争。

1935年,敌人用了一切力量,对苏区实行"烧杀"、"清剿",在这个极端残酷的恶劣环境下,我见到与志敏同志同时出发的几位同志回来了,当时我热望着和志敏同志见面,并且常常想,"为什么不回来呢!?……"这时我怀疑,难过,可是见到的人,却用许多话来解释安慰。但这更增加了我的焦虑和伤心,盼望确实的消息传来。谁知他此时已陷入敌人的爪牙,与我永别了呢?!

1935年6月②我也被俘了。当我无法得知志敏同志的消息时,只听着各种传说。在我沿途解押中,一些不怀好意的人来看我,有的说:"方志敏现押于南昌军法处,国民政府很优待他,不致有危险,叫他悔过自新哩?现在他什么话都说了,你也应该好好地说,将来你们还会团圆!"他们用这样的话来欺骗我,但我深知志敏同志的意志是钢铁一般的坚强,绝不会向敌人屈服的,而我呢,一想起他的革命的坚强的意志,自己便百倍地勇敢起来。敌人的阴谋诡计,终为我们

---

① 1934年11月24日,方志敏率领红10军团开始了出击皖南的行动。缪敏回忆日期系农历。

② 此日期系农历。缪敏被俘日期是1935年7月7日。

所粉碎!

我在狱中得知志敏同志被杀的消息,如万箭穿心,悲愤难以自持,决心誓死为志敏同志报仇!同时又得知老母及几个孩子被俘入狱的消息更为痛心,我处在敌人监狱里,几年来更加使我对志敏同志怀念,我想到志敏同志的优良作风,坚强的意志及勇于自我牺牲的精神,而更加鼓励了自己。

记得志敏同志曾说过:"我们被俘不是判罪监禁的问题,而只有坚决的牺牲……"志敏同志实践了自己的誓言。

志敏同志牺牲的时候,才只有36岁,年纪还轻,可惜为党的志愿未能完成,这只有加重在闽浙赣80万群众和干部肩上,以完成志敏同志的遗志。志敏同志在生前最爱的几个孩子,在党的爱护教育与培养之下,已升学念书了,他们更要继承爸爸未竟的事业。

在方志敏同志殉难照片前①

1935年7月②你被国民党杀害于南昌，到今年已整整16周年了，在今天，我内心无限的悲痛，万分愤恨，特别是在彭部长处见到了你殉难照片，更增加了我的阶级仇恨。回到机关反复地细看，从你殉难照片中可以看出你那慷慨就义的精神，魁伟镇静愤怒的姿态，锐利的目光，足以表现出你英勇气概，你在那一伙国民党士兵野兽似的凶恶残暴下，坚贞不屈的为党为人民光荣牺牲了。正实行了你在生的诺言："敌人只能砍下我的头颅，决不能动摇我的意志！"

在江西解放前，我正在华北前方工作，正当打太原的时候，也是当部队渡江时，我怀着满腔的热情关心赣东北的解放，这时我正在病

---

① 本文原载《长江日报》1950年10月28日。并加编者按：革命先烈方志敏同志，1935年7月在江西南昌遭国民党杀害，今年已16周年了。现特将缪敏同志（方志敏同志的爱人）此文发表，以示悼念。《长江日报》当时是中共中央中南局机关报，面向中南区六省二市发行。

② 方志敏于1935年8月6日牺牲。本文缪敏回忆日期系农历。

中，当我在报纸上见到赣东北解放的消息时，我是多么兴奋！

从去年九月回到你亲手创建的苏区——15年前离别的故乡见到了与你共患难的战友、同事及烈士家属们，真使我悲喜交集，尤其当我见到你那苍老的母亲时，更为难过。过去同你十余年在苏区共患难同艰苦的生活，到今天历历在目，回忆你生前的一切，更使我坚定了为党为人民的事业而奋斗的决心。

在全国胜利发展的今天我回到江西后，群众对你生前的一举一动甚至一言一行常常谈及，因为你的牺牲关系着他们的命运，有的说："方主席领导苏区革命时，我们苏区年年丰收，就是没有种过禾的田第二年也能收野禾两石一亩。"这是老百姓从切身利益中对你的怀念。

现在你的老母在南昌深受党及政府的热爱与优待，陈政委①及邵②、方主席③和各首长都亲切关怀与爱护她，你在生前所爱的几个孩子现已长大，在自由幸福的东北【哈】工大升学了，这是可以告慰你的，请安息吧！

你的牺牲是党的重大损失，亦是全国人民的重大损失，形体虽殁，但精神是永远活在中国人民面前的，你的名字将与闽浙赣【根据地】历史流芳于万古。

今天全中国人民解放战争已获得伟大胜利，人民解放军空前壮大，即将解放台湾，与杀人凶手来算清这笔血债，我们一定踏着你的血迹继续前进！为建设独立自由的新中国而奋斗，最后让我来高呼吧！

方烈士精神不死！

为死难烈士复仇！

---

① 即时任中共江西省委书记陈正人。

② 即时任江西省政府主席邵式平。

③ 即时任江西省政府副主席方志纯。

全中国解放万岁!

中国共产党毛主席万岁!

1950 年 10 月　写于上饶地委

方志敏同志的故乡①

回到湖塘村

6月2日,我们从弋城出北门,步行60余里,便到了漆工镇,再向东北走,前面便是一片密密的丛林。丛林中间,有一条弯曲的小径,穿过丛林,即是石桥,桥底下流着碧绿的山泉,可以看到游鱼。越过石桥向右拐弯,便是一片广阔的田野,顺着田径望去,前面山脚下几十间稀稀落落的茅屋,这便是方志敏同志的故乡——湖塘村了。公元1900年阴历八月13日②,方志敏同志便诞生在这个幽静的村庄里。由于18年的别离,全村农民都兴奋地跑来和我们畅谈,妇女们打着红旗,带着笑容欢迎我们。看到全村的景象与从前大不相同了,心里感到异常凄凉。到了晚上,男女老幼都来诉说国民党十余年来对

---

① 本文原载《江西日报》1951年6月30日。
② 方志敏出生日期,说法有多种,主要有1899年说和1900年说。现一般认为方志敏出生于1899年8月21日。

他们的摧残。该村原有70多户，现在只剩下30余户了。最后他们说："见了你们，就像见了方主席①一样高兴和亲密。"有的问："邵主席②、方副主席③怎么没有来看看呢？"

翻天覆地的日子

湖塘村的土地虽然不少，但大部分是落在地主、富农手里。这里流行的定租额是：农民种地主一亩田，得交两石租谷和两块银圆的押租金，谓之"双租双顶"。如果种到三亩以上，还要另请租饭；逢到年头四节，要送鸡送肉到地主家中去。农民一年中的一大段时间，是靠吃番薯、杂粮度日，连番薯、杂粮也吃不上时，便只好投奔于高利贷的门下，饮鸩止渴地求得暂时度过。过了春荒，但熬到秋谷登场，一年辛苦的收获又眼巴巴地属于别人了。年逾一年的痛苦的生活，使农民逐渐认识到，唯有革命，才是出路，因此，长久抑压在农民心头的仇恨，终于在1927年如火如荼地暴发了。1928年农民以不可抗御的力量，从各地暴动起来，展开了抗租抗债，打土豪，分田地，轰轰烈烈的运动，建立了工农政府，农村景象焕然一新。

记下了一笔血债

革命势力一天天的扩大，这不能不使地主阶级及国民党反动派感

---

① 指方志敏。
② 指邵式平。
③ 指方志纯。

到莫大的恐惧和威胁，它们前后组织数次大规模的进攻革命的人民和革命根据地。

在1929年，国民党军在数次惨败以后，一天拂晓，趁湖塘村某处防备不严，突然集中力量一拥而入，漫山遍野而来，湖塘村群众，只好逃入深山暂避。

敌军扑入村庄以后，见财产便抢，见人就捉，见妇女就奸，见牛、猪就杀，连小孩也被挑走了。企图用这种蛮横毒辣的手段，强制群众下山归保。方高显、方华义、方高烈①当时来不及逃走，藏在草堆里被敌军查出来了，押到弋阳县城，踩杠子、鞭打、火烧，样样苦刑都受尽了，但他们始终没有屈服，不久便慷慨地牺牲了。

1929年4月，方志敏同志的胞姐方荣姊听说妈妈病重，从德兴县回家，当晚漆工镇保卫团64名白军，将湖塘村团团包围，严密搜查，以为是方志纯等同志从红军回来了，要方荣姊来探听情况的，在深夜将方荣姊捉去，后经群众证明，才保释恢复了自由。

同年九月，清乡局听说方志敏同志和我在济川源开会，又连忙派出大队人马，幸好群众站在高山上为我们瞭望，放出信号，我们才跟着全村群众逃到梅岭去了。反动派扑入个空，便一路放火而去，火势冲天，到处冒着浓烟。

像这样的包围、搜查、烧杀、掳掠，湖塘村前后遭受了十余次。

可歌可泣的事迹

1935年10月②，国民党组织了巨大的人力物力，集中了四个师，

---

① 1929年7月10日，方志敏大伯方高显、堂叔方高烈等在弋阳县城被国民党地方当局杀害。

② 应为1933年10月。

对付这一个小村庄——湖塘村。湖塘村人民是不轻易屈服的，他们男的架土炮、埋地雷、筑碉堡、侦敌情；女的编草鞋、抬伤员、烧开水、煮军饭、护伤员，涌现出了不少可歌可泣的英雄事迹。如乡妇干事邵兰香，不顾疲劳，带领担架队，在枪林弹雨的战场上，抢救了不幸受伤的战士。妇女组长陈桂花整日整夜在伤病员周围护理照料。妇女代表郑绿蓉临死之前，郑重地交代她爱人方华里说："我死后你不要忘记共产党，不要忘记工农政府，虽然我们目前失败了，你绝不要灰心，革命总有一天会成功的。"啊！这些英雄人物，难道她们以前不同样是个平常的农妇吗？而这时，她们受到党的教育显得多么伟大啊！

湖塘村人民不甘心受国民党军的蹂躏，他们在深山搭下去草棚，白天躲在树林里，晚上便偷偷地爬到草棚过夜。风声一紧，一夜连移几个山头。带的粮食吃完了，便采野果充饥。

志敏同志的家属，也和群众一样日晒夜露，东奔西跑。志敏同志的父亲，因年老就在这种艰苦的奔波中死去了。国民党军对志敏同志的母亲特别注目，数次的逮捕，由于群众的送信、掩护，才免于危险。

血泪凝成的生活，湖塘村人民一直熬到 1949 年 5 月 10 日，才重见了天日。

共产党员的范例[①]
——纪念党的 31 周年和方志敏同志殉难 17 周年

七一是我们党的生日，而今年又是方志敏同志殉难的 17 周年。当我以万分愉快的心情来欢庆党诞生的 31 周年的时候，又不得不使我沉痛地回忆起方志敏同志伟大的一生。尤其是他那高贵的共产党员品质，和艰苦朴素的无产阶级作风，时时地在教育和鼓励着我，我永远也不曾忘记的。

志敏同志的一生是伟大的，他热爱祖国和劳动人民，他对党与人民的革命事业表现了无限的忠诚，他以高度忘我的精神进行革命工作，生活作风艰苦朴素。廉洁奉公，最后把自己的生命也付给了祖国和人民。他在狱中的遗著《可爱的中国》和《清贫》就是他这种崇高品质和伟大的爱国主义精神的表现。当去年十月我看到他这本遗著《可爱的中国》时，一口气把它读完。在阅读时，我的心沉浸在每一

[①] 本文原载《长江日报》1952 年 7 月 1 日。

个字句里，我为他那种热爱祖国的精神，为党为人民革命事业的忠诚勇敢的品质深深地感动着。

1935年1月，志敏同志被捕，囚禁在南昌黑暗的牢狱里已一年余了，敌人企图达成自己无耻的目的，每时每刻都在对他进行着卑鄙的威胁和利诱。志敏同志在那万分险恶的环境中，虽然与外面隔绝了联系，但他仍然怀着满腔热情，想尽了一切办法，用尽了一切智谋，不愿牺牲一分钟的时间而为党紧张地工作着。他利用敌人企图利用他的机会，为党中央写了很多重要的文件与信件，《清贫》《可爱的中国》也是在那时写出的。在写材料的同时，他争取教育了同情者，援助他将这些重要材料秘密的携带了出来。而敌人的卑鄙企图完全失败。

志敏同志虽被监禁，被镣铐，行动上失去了自由，但他顽强的斗争意志，革命胜利的信念，对祖国、对人民的热爱，始终是饱满和刚强的。在狱中写的每一件材料，都表现了他的爱憎分明，他的每一篇文章——那不是气馁写的，而是用他的热血凝成的——都能鼓舞着每个人的斗志和胜利信心。我读完《清贫》一文后，为他对党对人民的事业的忠诚、坚苦，没有任何虚伪骄傲而受到感动。在我们九年共患难共艰苦的夫妇生活中，他的一言一行，只有党的利益，毫不计较个人得失。在任何时候，他口袋里从没有一个钱。他个人没有任何嗜好，他交党费还总是找我要钱，他常对我说："有些人没有远见，为什么要贪污腐化，革命并不是为了自己有金钱，我们应该为人类求得解放而献出一切。"

他热爱国家财产，他重视人民群众利益，因此他看不惯那些自私自利的人，对损害党的利益的现象总是进行着坚决的斗争。记得有一个干部，在前方工作，他把胜利品常常偷偷地寄给自己的爱人，志敏同志知道后，表示了很大不满，对该同志立即提出了严厉的批评说："这样是违犯纪律的，将在群众中造成极不好的政治影响。"

志敏同志掌握着经济大权，但他从没有无故浪费过金钱。而是一点一滴的用于革命事业，在长期革命斗争中，他个人是过着艰苦朴素的生活，有时衬衣穿得稀烂，他还是补补再穿。有一次他回到家里，他四婶问他："你做了这么大的官，你妈妈连替换的裤子那没有，你还不买一条给妈妈？"志敏同志回答说："我自己也是一样，我革命为人民，又不是国民党贪官污吏，我私人哪里来的钱呢？"志敏同志家中曾遭受了国民党军无数次的摧残，生活极为贫苦，那时志敏同志的父亲向他要钱买药吃，志敏同志说："要经过大家讨论才行。"志敏同志长期在坚苦困难的环境中进行斗争，从没有叫过苦，也从没有为个人和家庭生活而计较过。相反的，他经常关心着群众生活和部队战士的生活。志敏同志是以一个廉洁奉公，矜持不苟，舍己为公的共产党员的榜样教育着我们。

志敏同志一生艰苦奋斗，为人民解放事业，不知疲倦地忘我地工作着，学习着。为了工作常深夜不睡，在行军时骑着马打盹休息，他每天的工作做不完是不肯休息的。在繁忙的工作中，他还经常地抓紧时间学习，细心地研究马克思列宁主义理论，他常将自己学习的东西，讲解同志们听。同时，也经常教育着每一个同志要加强学习，志敏同志常说："我们应该学习列宁同志一天做十六点钟的工作精神。"所以说，志敏同志也是一个努力学习马克思列宁主义并认真忠诚地使用于实践斗争的榜样。 现在全国革命已经胜利了，为了迎接全国即将到来的大规模经济建设的高潮，学习方志敏同志艰苦朴素、廉洁奉公的高贵的共产党员品质，和为祖国为人民而牺牲自己的壮烈精神，巩固这一伟大的胜利，在毛泽东同志的光辉旗帜下，建设我们伟大的祖国，使我们的国家更富强，人民的生活更幸福。

亲爱的志敏同志！请安息吧！我一定永远踏着你的血迹，继承你的意志，奋勇前进，为你复仇，为祖国的建设事业与全人类的解放而奋斗到底！

方志敏同志战斗的一生①

少年时代

在几个帝国主义国家,同时侵略我国,封建的清朝政府已经腐朽欲坠的1900②年,方志敏同志诞生在江西弋阳漆工镇一个有二十几亩田的农家。

志敏同志,8岁开始读书,十分用功,而且有很强的记忆力,一向很受老师的称赞和同学的爱戴。由于他终日手不释卷地苦读,家里人都叫他"书痴子"、"痴果体"。但是,谁晓得他在十几岁的时候,不仅有了一般科学知识,而且已经很热心地研究中国农民革命史了。

---

① 本文原连载《文汇报》1952年7月31日、8月2日,后略做修改,以《方志敏战斗的一生》收入江西人民出版社1957年6月出版的《回忆方志敏同志》(缪敏著)。

② 关于方志敏出生日期,参见第9页注释2。

当时弋阳农村封建地主剥削很严重,农民吃不饱,穿不暖,为了交租甚至倾家破产。幼年的志敏同志,便对这种现象,十分不满。他了解了农民具体的悲痛事实之后,便产生了对地主阶级的愤恨。同时,改革这种不合理制度的崇高理想,亦在幼年的志敏同志心中萌芽了。

在这个时候,帝国主义的商品,也倾销到偏僻的弋阳,手工业者和农民,受到严重的打击。有一次,弋阳酝酿抵制外货,志敏同志慷慨激昂地号召与组织全校同学示威游行,抵制外货倾销,反对帝国主义侵略,这次得到县里广大人民的拥护,形成了弋阳历史上第一次抵制外货运动。这时志敏同志,只有15岁[①]。

年轻的革命家

中学时代的志敏同志,因为好学、诚实、热心帮助同学,所以屡次被选为学生代表和学生会的领导人。他反对读死书,积极鼓动同学们参加社会活动。他曾领导全校同学,排斥腐化无能的教员,反对贪污、专制的校长。为了这事,校方勾结了反动政府,派出大批警察逮捕志敏同志,未成,结果无理开除了方志敏同志。

1920年左右,他已接受了科学的革命思想——马克思主义。【1922年】,他和一些青年,在南昌东湖边上开办了一个新文化书店[②],对青年们进行启蒙教育。由于这一进步思想的影响日益扩大,方志敏同志创办《新江西》刊物,亲自担任主编,向青年宣传革命的思想,推动和指导江西青年的革命运动。

---

① 应为20岁。
② 新文化书店,即南昌文化书社。

同年，赵醒侬①同志从上海来到南昌，协同方志敏同志主持新文化书店，并与方志敏同志发起组织江西社会主义青年团（后为共产主义青年团）。第二年春天，团开始进行公开活动，组织马克思学说研究院及民权运动大同盟，不幸这两个组织刚一建立，就被反动当局查禁，新文化书店及《新江西》也遭封闭。

就在1923年②，志敏同志参加了中国共产党，领导江西人民组织江西国民会议促进会。不久，党派他深入农村，开展江西农民运动，从此方志敏同志便和农民日夜相处，创造了农村革命群众的组织基础，领导农民抗租、抗税，因而保证了1926年北伐军迅速战胜了十倍于己的敌人，使革命力量在江西居于统治地位。

在1926年到1927年，国共合作期中，志敏同志担任国民党江西省党部执行委员兼省农民协会秘书长，1926年9月③，在他的领导下召集了江西历史上第一次的全省农民代表大会。1927年初，志敏同志领导广大群众迫使蒋介石退出江西，粉碎了蒋介石在江西建立中央政府的企图。

"四·一二"蒋介石公开背叛了革命，残杀中国共产党员和工人群众，下令解散农民自卫军。就在"五·六"④那天，我与志敏同志结了婚，三天后，江西省反动政府"礼送"共产党要人出境，志敏同志也是被"礼送"者之一。

革命的失败，需要党领导革命的人民进行有秩序的防御和退却，

---

① 赵醒侬（1892—1926），又名赵干、赵兴隆等，江西南丰县人。1921年加入中国社会主义青年团，不久转为中共党员，江西中共党团组织的主要创始人。曾任中国社会主义青年团南昌地委委员长、中共南昌特别支部书记、中共江西地委组织部长等。1926年8月10日在南昌被捕，9月16日牺牲。

② 方志敏于1924年3月加入中国共产党。由于20世纪50年代初查阅档案不便，缪敏在本文采用了《方志敏自述》中的时间。1958年后，缪敏在著述中采用了《我从事革命斗争的略述》中的方志敏入党时间：1924年3月。

③ 江西省第一次农民代表大会于1927年2月20—28日召开。

④ 方志敏和缪敏在1927年6月5日结婚。缪敏回忆日期系农历五月初六。

需要将党组织的一部分力量转入反革命势力比较薄弱而革命比较有基础的农村，创建农村革命根据地，领导农民进行土地斗争及游击战争。在党的这个方针下，志敏同志被派往赣南农村搞农民运动。但因环境不佳，志敏同志与党的关系暂时隔绝，他不得不作重回南昌的打算。但，在反革命气势暂时嚣张的情况下，他不能冒险入城，又在鄱阳坚持一个时期的秘密工作。我们相见时，他又黑又瘦，胡子很长，已经磨折得像个久病未愈的人了。可是，他胜利的信心，是更加坚定了。

农民运动的领袖

不久，他回到白色恐怖笼罩着的故乡——弋阳、横峰一带，进行革命活动。这时志敏同志的肺病，又因奔波劳累而复发，吐血不止。但是，他在重病中还与邵式平、黄道①、马维奇等同志，接连开了几天会，研究怎样在弋阳、横峰、德兴、贵溪一带建立农民基层组织，组织党的领导核心，建立革命根据地与扩大革命武装等工作。病还未愈，他便以湖塘村为基点，亲自发动贫雇农团结组织起来，与地主展开免租、废债的斗争。在志敏同志的热心教育下，许多贫雇农，了解了共产党的伟大，认识了人民的力量，决心参加中国共产党。党的纲领，受到广大农民的拥护，他们纷纷投到革命阵营中来，从而逐步展开了江西东北部如火如荼的土地革命运动，打倒了土豪、劣绅的封建统治。劳动人民在政治上有了民主，贫雇农

---

① 黄道(1900—1939)，江西横峰县人。1924年加入中国共产党。大革命失败后，和方志敏、邵式平等领导弋横暴动，是闽浙赣革命根据地和红10军的创建者和领导人之一。后历任中共闽浙赣省委组织部长、闽赣省委书记、新四军驻赣办事处主任等职。1939年5月23日在江西铅山县被敌人暗害。

人都分到三亩田，生活得到了改善，因而能够开办学校、医院，苦难的农村出现了新的社会秩序和新的景象。从此，党和这个地区的农民建立了血肉的联系。

在第三次反"围剿"时，当地的许多群众，帮助红军侦察敌情、修筑碉堡、埋地雷、抬伤员，并且有无数群众积极参加了敢死队。

记得有一次行军，志敏同志害着重病躺在担架上，中途遇到敌人，群众忙着把方志敏同志背起，逃出了险境。还有一次，志敏同志正在高桥庙里办公，敌人突然追近，群众引他藏在深山里，敌人虽派了一排人去搜索，结果还是失望而回。

革命武装的创建者

土地革命，如果没有革命的农民武装，其胜利是不可想象的。志敏同志，从在湖塘村组织领导农民革命运动起，就极重视创造革命武装。1927年冬某夜，在方志敏同志领导下，湖塘村及其附近一百多农民，扛着花枪、土炮、梭镖、矛子等旧式武器，一举打垮了漆工镇的警察派出所，全歼了敌人，缴获了两条半枪（一共三条枪，其中有一条枪打不响①），江西的工农红军，就是这样从无到有建立起来的，至今江西还流传着"方主席靠两条半枪打天下"的有名革命传说。

革命的武装，因不断缴获敌人的武装而逐渐发展，革命的烽火很快就蔓延在弋（阳）、横（峰）两县，正式成立了工农政府，颁布了工农政权的政纲，将游击队中一部分有新式武器的战士，组织成工农革命独立连，不久扩大为工农红军独立营。而志敏同志，于1928年

---

① 作者后在本文结集出版时，改为"其中有一条枪没有退子钩"。

左右,被推选为信江流域工农政府主席。在极其艰苦的反"围剿"斗争中,志敏同志虽患很重的肺病,但他始终和战士们一起吃野菜、吃竹笋、住茅棚、睡乱草。有时遇到大雨滂沱、雷电交加而又发现紧急情况的黑夜,志敏同志也和战士们一样,在泥泞的丛山中爬越。不论环境如何困苦,他永远充满着坚定的胜利信心,而且谆谆地告诫全军的战友:"不要因革命暂时失利而泄气。应当更加加强坚决奋斗的勇气。友邻区的工农红军都支持着我们,我们的斗争是正义的,最后胜利一定属于我们!"红军战士们在志敏同志不断地教育下,逐渐锻炼成了钢铁般的革命勇士。党和红军在广大群众的热诚拥护下,终于粉碎了敌人无数次的进犯,几年工夫,江西东北部的革命根据地范围,就扩展到赣东北二十余县和闽北、浙西及皖南。这支革命力量与毛主席、朱总司令所领导的红军主力汇合之后,就建立了赣东北省工农政府与红军第 10 军团,方志敏同志担任省工农政府主席和红军 10 军团的领导者。在第一、二两次全国工农政府代表大会上,志敏同志接连当选为中华工农政府中央委员。

志敏同志,一方面非常重视部队政治 育工作,亲自给指战员讲话,体贴入微地爱护指战员,重视干部间的团结和培养教育干部。另一方面,志敏同志也是一位沉着机智的指挥员。有一次,在横峰歇凉,志敏同志正在吃饭,突然接到一个紧急情报,他看了一下,随即写了一道命令交原人带回。同桌吃饭的人,谁都不晓得发生了什么事情。直到红军消灭国民党军两个师的消息传来后,大家才知道国民党军自贵溪北岸进攻,志敏同志命令两个团连夜出发,赶到险要地区,乘拂晓敌军行军涣散、首尾不相接应时,斩断猛击。结果红军的两个团,就在志敏同志的指挥下全歼进犯者,缴获了大批精锐武器,足足装备了两个师。

北上抗日途中遇难

1934年日本帝国主义加紧进攻东北，蒋介石撤兵卖国，毫不抵抗。这时志敏同志接受党中央的命令，组织北上抗日先遣队，北上抗击日寇。

当蒋介石听说志敏同志率领抗日先遣队北上抗日，便派出大批军队，一面切断红军横渡长江的道路，同时进攻赣东北革命根据地。

志敏同志和红军第10军团，这时被七倍于己的敌人包围在怀玉山。志敏同志率领一部红军不顾饥寒，不分昼夜，在险陡的高山中与敌人苦战了七天七夜，到了人马都已万分疲惫、尽粮绝的时候，才冲出重围，回到了革命根据地。

但他忽然发现军团长刘畴西同志还在敌人包围之中，即刻又冲入重围，去找刘畴西同志。这时刘畴西同志已经负伤，不能行动。正当设法突围时，敌人又集中了兵力，志敏同志在激战中率领一部分同志转移到山后。当晚，便召集大家开会，一再鼓励大家要站稳革命立场，要以最后一滴血，与敌人搏斗。

1935年1月4日，反动派的军队便在密集的炮火掩护下，层层地包围了志敏同志所在的陇首村。志敏同志下定决心要突出包围，命令他的传令兵魏长发下山寻找10军团政治委员设法营救。但是，卑鄙无耻的魏长发，竟在敌人40块银圆利诱之下，丧尽了人性，叛变了革命，带枪投敌告密，并且厚颜无耻地引着敌人逮捕志敏同志。志敏同志，就是这样被叛徒出卖给敌人了！

坚贞不屈

当志敏同志被俘的消息，传到其他部分的红军战友和革命根据地的群众的耳中，大家都悲愤万分。弋阳群众听说志敏将经弋阳车站转赴南昌，就在志敏同志到达那天，有三千多群众，自各地不约而同地向城里扑来，有的拿着锄头，有的拿着扁担、木棍，希冀在路上截夺方志敏同志。但是，敌人出动了30辆汽车的士兵，警戒森严，群众无法可施。敌人为了瓦解当地人民对志敏同志及共产党的信仰，搭了个台子，将志敏同志示众，但又不敢让群众靠近。结果，群众激怒的情绪，把敌人吓得匆匆将志敏同志押上铁甲车开走。

志敏同志被解到南昌军法处，戴上手铐脚镣，关在囚笼里，游街示众，但是志敏同志始终没放弃和敌人作斗争，每到一处，必沉痛地向人民宣传抗日救国的道理，强调说明，只有共产党才能救中国。他的思想、语言，引起了广大群众的同情。

1935年2月6日①，蒋介石在南昌豫章公园安排了"庆祝生擒方志敏大会"。但是，志敏同志的炯炯目光，激昂的神态，引起群众无限的敬仰，国民党当局见情不妙，又不得不慌忙悄然收场。

在敌人审讯期间，志敏同志受尽了敌人最残酷的严刑拷打，遭到了敌人种种可耻的威逼、利诱、挑拨、软化的手段，但他始终坚贞不屈，表现出共产党员高贵的品质。

志敏同志在狱中，不顾自己的新伤旧病，不管今天生或明天死，他所念念不忘的，只有党的事业和人民的抗日斗争，他整天拿笔给同志写秘密信，写过去的工作经验与对未来工作的意见，在他以血泪铸成的给全党同志的信里，说："……我能丢弃一切，惟革命事业，却

---

① 应为1935年2月7日。

耿耿在怀，不能丢却！同志们：十分亲爱的同志们！请你们经常记起你们多年在一起奋斗的战友们之惨死，提起奋斗的精神，将死敌日本帝国主义赶快赶走吧，将万恶的国民党统治赶快推翻吧！""我们临死前，对全党同志诚恳的希望，就是全党同志要一致团结在中央领导之下，发扬布尔什维克最高的积极性、坚决性、创造性，用尽自己的体力和智力，学习列宁同志'一天做十六点钟工作'的榜样，努力为党工作！"

党的优秀而忠诚的儿子——方志敏同志，终于在1935年8月6日光荣牺牲于南昌了。

在我们党诞生30年纪念即将到来的时候，想起志敏同志，最令人告慰的是：志敏同志的伟大遗志，在英明的毛泽东同志的领导下，由于全党同志的奋斗，已经胜利实现，并将继续实现。我们的党，在志敏同志牺牲的时候，还是个年轻的、斗争经验不足的党，而今天，已经是锻炼的十分坚强，有丰富的斗争经验，成为更加布尔什维克的伟大、光荣而又正确的大党了，并且，领导着全国人民缔造了人民民主的共和国，在世界人民革命中，特别是在东方人民的解放运动中，已经有很重要的贡献。但是还有更艰巨的革命任务，担在我们的肩上，我们必须坚持不懈地努力，再努力，才能最后实现志敏同志牺牲之前所热切期待于全党同志的："将全世界无产阶级和人类，从痛苦的死亡毁灭中拯救出来！全世界的光明只有待共产主义的实现！"

1951年6月18日

回忆方志敏同志[1]

时间飞快地过去，方志敏烈士就义，至今已有19年了。19年来，革命事业的发展和胜利，正是志敏同志理想的实现和胜利。今年是多么不平常的一年！全国人民代表大会第二次会议上，庄严地宣布了我国第一个五年计划。全国人民都在欢欣鼓舞地迎接这个宏伟的五年计划，在为实现这个伟大的五年计划而奋斗着。我们可以想到，五年计划实现以后，那林立的工厂，那奔驰在原野上的拖拉机，将要给人们带来多少幸福呵！这些日子，我每想到这些，心里就很容易激动，也很容易回忆起志敏同志。因为我今天的幸福生活，是与志敏同志以及我们无数先烈们的英勇斗争分不开的。

这是亲见志敏同志英勇就义的人们告诉我的情景：志敏同志是在1936年8月，秋冬之间[2]的一个天色尚朦胧的早晨，被敌人提出牢狱

---

[1] 本文原载《长江文艺》1955年第10期，后收入《回忆方志敏同志》（缪敏著）。
[2] 时值8月初，应是夏秋之际。

的。他所想到的是如何利用他生命中最后的、也是最宝贵的时刻,再一次与敌人作坚决顽强的斗争。志敏同志知道是不幸的时刻到来了,但他对个人的得失丝毫也不考虑。在赴刑场的途中,志敏同志激昂的呼声震撼了沉寂的南昌城,"打倒帝国主义"、"中国共产党万岁"的口号,唤醒了正在酣睡的人们,他的声音是那样震动人心,那样响亮有力。人们都在纷纷猜测着:今天被刽子手们杀害的一定是个了不起的人物!是的,志敏同志英勇不屈的精神唤醒了他们以及千百万中国人民对于蒋介石反动统治的更深的仇恨,提起了他们对于革命斗争更坚强的信念。而敌人被这种响亮的口号震慑得惊慌失措。敌人用武力屈服不了志敏同志,他们害怕志敏同志坚毅无畏的精神。他们更害怕公开杀害这样一位人民英雄,将会引起江西以及全国人民烈火般的愤怒。他们就采用了极其恶毒的暗害手段,布置了秘密杀害。

天色昏暗,天上落下了蒙蒙细雨,刑场上,早就布满了荷枪实弹的宪警士兵,志敏同志虽然仍拖着脚镣,但他英勇地挺起胸膛,昂然地走进刑场。他那高大魁伟的身体,他那炯炯的目光,是多么凛然不可屈服。站在敌人面前的虽然只是一位被镣铐紧缚着的凛然的革命战士,但卑劣的敌人却胆怯得如临大敌,士兵们一个个连气也不敢出。志敏同志像一座威严的岩石一样,满怀着对国民党的极端仇恨和鄙视,昂然屹立在祖国这一块土地上。

一个民族的巨人,党的忠实的战士倒下了!方志敏同志英勇壮烈牺牲了。

在敌人杀害志敏同志的前一天,军法处就在城外严密布哨岗,敌人将卖茶点的小贩们都统统赶走,戒严断绝了交通。直到第二天下午四点钟,由宪兵、警察和哨兵监视着将志敏同志遗骸埋葬后,才撤退军警,恢复了交通。

但是,群众的耳目是掩蔽不住的,虽然他们在当时只知道被杀害的是个了不起的人物,而不知道是谁,但事后很快就知道了是我们敬爱的方志敏同志,并且知道了志敏同志就义的地方。来往不断的行人经常在这里哀悼致敬，悼念我们伟大的革命战士！19年了，如今这块被烈士鲜血染红了的土地上，已长满了绿草，开遍了鲜花。不久，将要在这里修建起方志敏烈士陵园。记得，志敏同志被捕后，他仍念念不忘革命斗争，还用他对我们祖国，对于我们民族解放的纯真强烈挚爱的情感，用他凛然不屈的英雄的气势，来鼓励着人们。这是他1935年5月2日在狱中写给朋友的信：

"……假如我还能生存，那我生存一天就要为中国呼喊一天。如果我不能生存——死了，我流血的地方，或在我瘗骨的地方，或许会长出一朵可爱的花来，这朵花，你们可视为我精诚的寄托吧！在微风吹拂中，如果那花是上下点头，那可视为我对于为中华民族解放奋斗的爱国志士们在致以革命热诚的敬礼；如果那花左右摇摆，那就可视为我在提劲儿唱着革命之歌，鼓励战士们前进啦！"

这些是多么激动人心的字句，充满了多么深刻的爱国主义热情呵！是的，志敏同志牺牲了，他为革命献出了生命，但今天，不仅在他就义的地方开放了美丽的花朵，革命事业在全国取得了胜利，我们祖国已变成了幸福美丽的花园了，志敏同志就是培植这个花园的最忠实、最勤奋的园丁之一，他以自己的鲜血灌溉了这个花园。

志敏同志是伟大共产主义战士，他有远大宏伟的理想，他预见到革命的前途是光明的，因此他对敌斗争是坚贞不屈的，下面是他在同一封信向同志们写下的誓言：

"我老实地告诉你们，我爱护中国之热诚，还是如小学生时代一样的真诚无伪，我要打倒帝国主义为中国民族解放之心还是火一般的炽热……我虽然不能实际为中国奋斗，为中华民族奋斗，但我的心总是日夜祷祝着中华民族在帝国主义羁绊之下解放出来之早日成功！……亲爱的朋友们，不要悲观，不要畏馁，要奋斗，要持久的艰苦的奋斗，把各人所有的智慧才能提供于民族的拯救吧！"

志敏同志就是这样以他的不屈不挠的乐观的爱国主义情感鼓舞着同志们为革命事业不懈的战斗。在我和他共同生活的岁月中，也突出感到这一点。他很清贫，但他从来没有为生活问题考虑过。他曾说："清贫、洁白朴素的生活正是革命者能战胜许多困难的地方。"他整天都是全心全意地为革命奔忙，他明知在当时白色恐怖下和敌人斗争是危险的，但为了革命事业，就是在敌人刺刀下，他也毫无畏惧，他还向我说过："我要是被捕，不是监禁判罪的问题，而只有牺牲，到那时敌人只能砍下我的头颅，决不能动摇我的意志。"当他说这些话时，非常乐观，非常自豪。终于在最残酷的敌人面前，他实现了他的誓言。当志敏同志牺牲的时候，才只有36岁，可惜他为党为人民的志愿未完成，志敏同志未竟的大志落在我们肩上了。志敏同志的一生，是奋斗的一生，他的意志钢铁一般的坚强，他坚贞不屈、视死如归的精神，将永远活在我们心里，永远值得我们学习。

今天，我们在毛泽东同志领导下，幸福地生活着。今天我们可爱的中国，就是志敏同志理想的中国。他曾非常愉快地写出过他的理想：

"我相信，到那时，到处都是活跃跃的创造，到处都是日新月异的进步，欢歌将代替了悲叹，笑脸将代替了哭脸，富裕将代替了贫穷，康健将代替了疾苦，智慧将代替了愚昧，友爱将代替了仇杀，生之快乐将代替了死之悲哀，明媚的花园，将代替了凄凉的荒地！……这么光荣的一天，决不在辽远的将来，而在很近的将来，我们可以这样相信的，朋友！"

是的，像这样的一天，已经到来了，不仅像志敏同志理想的那样，而且比他的理想更幸福、更美好。今天我们全国人民在伟大领袖毛主席领导下，为五年计划的完成，为建设社会主义幸福的生活忘我地劳动着，在我们庄严的队伍中，虽然没有了我们敬爱的志敏同志，但他那英勇奋斗的精神，他那振奋人心的遗言，却在鼓舞着我们前进，鼓舞着我们的建设热情！

方志敏同志的遗志实现了[①]

志敏同志被国民党杀害于南昌，至今已整整 20 周年了！他的遗志，终于实现了。可爱的中国已经进入了社会主义。我和方志敏同志曾经一起为这个可爱的中国共同奋斗过，今天看到伟大的社会主义在中国实现，我又重读了方志敏同志的遗著《可爱的中国》，心中感到无限欢欣和兴奋，同时，回溯既往，不能不联想起所有为党的事业而牺牲的许多烈士。在今天继承烈士们的遗志，把我们已进入社会主义的祖国建设得更好，正是我们年轻一代应有的责任。

在三年前，我从江西省府见到了志敏同志的亲笔遗著《可爱的中国》，如获至宝，拿回后，即一口气地把它读完。在当晚阅读时，我的心沉浸在每个字句里。我为他热爱祖国的精神，为他对党对人民革命事业的忠诚、坚苦，没有任何虚伪骄傲的品德，而受到感动。

志敏同志被囚禁在南昌黑暗的牢狱里时，敌人为了达到其无耻的

[①] 本文原载 1956 年 3 月《解放军文艺》第 55 期。

目的，每时每刻都在对志敏同志进行卑鄙的威胁和利诱。在敌人严密的监视下，虽然与外面隔绝了联系，可是他竟能在那万分险恶的环境里，怀着满腔的热情，想尽一切办法，用尽一切智力，不分昼夜地很紧张地为党工作。不仅争取了难友们的同情和援助，还利用敌人要他写材料的机会，争取时间向党写密信，报告他被俘的经过及在狱中的一切表现。《清贫》和《可爱的中国》即是在南昌国民党陆军监狱中写成的。而敌人所得到的只有一份表现志敏同志坚强意志的亲笔自述书。敌人一切企图都被粉碎了。

志敏同志被监禁，上了镣铐，行动上虽然失去了自由，但他那顽强的斗争意志，革命胜利的信念，对祖国对人民的热爱，始终是饱满和刚强的。他在狱中所写出的每件材料，都表现了他爱憎分明。他的每篇文章每句话都激动人心，鼓舞着千百万人的斗争意志和胜利信心。这些文章是用他的热血凝成的。

他在入狱前与敌人进行了公开的武装斗争，而在失去自由的时候，为党献出生命以前，又能在极端困难的条件下，冲破了重重难关，与敌人进行隐蔽的笔杆斗争。因此，我们应该珍重这些宝贵的遗言，并将它一字一句永远地牢记在心。

志敏同志能写出这些宝贵的信件和文章，并把它送到党中央及每个同志的面前，使我感到这是我党及全国人民伟大的胜利与光荣。

在写材料的同时，他争取了一位同情者。这位同情者在志敏同志的教育下深受感动，帮助他带出了这些重要信件和材料。这不能不说是志敏同志宣传和说服力量的成功，正如斯大林所指出的："共产党员是用特殊材料制成的。"这说明只有共产党才有这样无穷的力量，才能培养这样坚强优秀的共产党员；也说明了共产党员在任何困难环境下是决不会放弃和敌人进行斗争的。

《可爱的中国》出版后，受到了千百万读者的热爱与欢迎。各地学校、机关、部队青年掀起了广泛的学习热潮。这个不朽的作品在今天仍然是一个响亮的号召，鼓舞着每个人的斗争意志。志敏同志不仅过去是而且永远是我们青年人学习的榜样。

不仅是我读了《可爱的中国》有无限的感触,给了我以莫大教育,就是我在江西所接触到的广大青年学生也都深深地受到了感动。我曾接到不少读者来信,有的对我说:"这本书真是百读不厌,可惜对他一生的东西了解得太少了……"有的说:"我深深地被这本书所激动、从这本书受到教育。"甚至志敏同志所说的每一句话,他们都能记得很熟。

现在有些学校已经成立了方志敏英雄班,有的成立了方志敏锻炼小组。他们热情地画着方志敏烈士的遗像悬挂在自己的教室里,并用各种各样的方式向方志敏学习。有许多学校的学生为了向方志敏学习,争取命名为"方志敏英雄班",常常来信要我解答方志敏同志是怎样成长的,怎样学习的,他的生活特点怎样等等问题。江西萍乡高小二年级丁班全班同学来信中说:"我校自上学期开始了班级命名的工作以来,全班同学正在积极地为实现这一理想而努力创造条件,同时也正努力采用为我们所崇敬的英雄的斗争事迹来鼓舞我们,指导我们,我们坚决为争取命名为方志敏班而努力。"江苏省徐州师范学生王德本来信中说:"在两年前我就读到了方烈士的遗著《可爱的中国》一书,这本书对我的教育是很大的,方志敏的英雄形象活跃在我的脑子里,有力的鼓舞着我前进!"上海大同大学附中高二丙班方志敏小组来信说:"星期天校内组织了生活小组,并且以英雄烈士的光辉名字作为小组组名。这一英雄的精神永垂不朽,这一英雄的光芒照亮了祖国的前途,在全中国发光——他就是方志敏同志……通过对'可爱的中国'的学习和漫谈,我们认识了

人
什么是真正的人,
什么人值得骄傲,
什么人值得光荣,

方志敏同志

——是我们学习的榜样，

是我们前进的旗帜，

他为千百万人民解放，

而牺牲了自己，

流了最后一滴血。

我们知道，

在今天，

方志敏同志在祖国的大地上流下的鲜血已结成了胜利果实，

方志敏同志的精神，

会使我们顽强勇敢；

方志敏同志的意志，

会使我们刚毅机智；

方志敏同志的光芒，

照耀着我们前进。

方志敏

——这英雄的名字，

永远使我们坚强有信心，

我们

为方志敏同志欢唱

为方志敏同志讴歌。"

桂林第一中学高中第十一班锻炼小组的来信中说："以英雄的名字——方志敏作为小组的名字，在命名会上，我们每个组员举起自己的右手宣誓。在命名之前，我们读了《可爱的中国》，每个人都为方志敏同志高度的爱国主义精神和对革命事业无限忠诚的优秀品质所感动。他为了祖国的解放而英勇牺牲，他这种英雄壮举，是我们每个同学的光辉榜样。我们一定要向他学习，学习他热爱祖国、团结、虚心的高贵品质。"

一个19岁的西藏学员仇洛桑同志来信中也谈到他读《可爱的中国》后的感想。辽宁省复县第二初级中学和方志敏故乡弋阳初级中学的同学都来信表示争取把自己的班命名为方志敏英雄班的决心。

回忆我和志敏同志同监禁在南昌时，既不能见面，又不能通信，是何等的痛心啊！在当时的情况下，我愤恨，我悲痛。既不能同生，也愿与志敏同志同死。谁知我会被长期监禁呢?!

我在狱中与党失掉了联系，同时又为了日夜思念志敏同志，常从噩梦中惊醒。当我在狱中不明志敏的消息时，更是日夜不安。我们是夫妇、是同志、是党的儿女，像我们这样深厚的革命情感，不是笔墨所能形容的。当时，我虽处在敌人严密监视下，可是入狱的同难，却终于把志敏的不幸消息告诉了我。这不能不使我伤心落泪，但更坚定了我对敌斗争的决心。

我在狱中为了纪念志敏同志，便在袖子上整天挂着一块黑布。那些看守见了便欺骗我说："方志敏没有死，现政府很宽大他，你们是会团圆的，你以为他真的死了吗？"哼！我能相信他们那套鬼话吗？在他们那种黑暗的地狱里，所作所为的都是惨无人道的卑鄙罪行，哪里有什么真话呢！

那时，许多同难的劝解，都不能镇定我难过的心情。我不论在任何时候，想起了志敏的话，就好像有什么东西在胸中刺痛。他在生前对我是那样亲切热爱；他无论写信或和我谈话，总是鼓励我努力工作，努力学习。有时甚至用严肃的态度来检查和质问我的学习进度。可是有时我竟回答的不能令他满意。他对我的热望是那样的深厚，到今天我怎能忘记呢！

在狱中，敌人只能束缚我的自由，决不能动摇我的革命意志。每当想起了志敏同志的优良作风，坚强的意志和自我牺牲精神，就更加鼓舞了自己的斗志。

为了表示我的决心、愤怒和希望。我曾写了这样一首诗：

为了志敏，我永远忘不了这仇恨！
几年来忍受了敌人种种逼迫和审讯，
在铁窗里生活，
既不明志敏消息，又不知我何时绝命，
谁知我会被长期监禁？！
我的热血在胸中沸腾。

敌人用了种种卑鄙欺骗手段，
更增加了我的仇视与痛恨！
虽然行动上失去了自由，
但我革命的意志更为坚定。
想起了英明导师——列宁在狱中的斗争，
使我在精神上得到了莫大的鼓舞与安慰。

在不自由的地狱里，
尝尽了人间的苦味，
三年来看不到任何书籍，
看不到太阳，
看不到光明。
但我心里有太阳，
我心里有光明。

痛恨那万恶的敌人，
对志敏杀害的那样残忍！
我年迈的父亲也关在那牢狱里得病而死，
害得我老母一目失明，

我的幼儿也关在那牢笼，
敌人企图将志敏全家斩草除根。

深夜里常常听到悲惨的哀声！
我为了志敏常从噩梦中惊醒；
我难过的是与党失掉了联系，
好似婴儿失却了慈爱的母亲，
好似失却了一盏引路的明灯，
怎叫我不伤心和气愤，
为了志敏，我永远忘不了这仇恨！

现在，可爱的中国在党和伟大的领袖毛泽东同志领导下，不仅杀害志敏同志的国民党得到他应得的惩罚，而且志敏同志所毕生为之奋斗的可爱的中国也已经进入了社会主义社会。

我们悼念志敏同志，要学习他无私的革命精神，用忠诚忘我的劳动，建设我们伟大的祖国！

1955 年 12 月

方志敏同志回忆琐记①

志敏同志在狱中所写的《清贫》一文中说:"我从事革命斗争,已经十余年了。在这长期的奋斗中,我一向是过着朴素的生活,从没有奢侈过。经手的款项,总在数百万元,但为革命而筹集的金钱,是一点一滴地用之于革命事业。"是的,这些话都是非常真实的,志敏同志的确是舍己为公,处处为国家为人民着想。

志敏同志自从参加革命,就全心全意地为人民服务,他的一言一行都是为了党的事业;从不计较个人得失,从不为家庭及私人打算。他大公无私,一生从来没有一点积蓄,他任何时候口袋里都是没有一个钱的,连交党费也总是找我要钱。他常对我说:"有些人没有远见,为什么要贪污腐化呢?革命并不是为了自己有金钱,我们应该为人类的解放事业而献出自己的一切。"

在苏区,我们经过了八年的艰苦斗争。当时,苏区工作人员的

---

① 本文原载《作品》1957年第5期。

工作和生活是异常艰苦的，还没有津贴费，可是大家工作劲头大得很。志敏同志在个人生活上更是以身作则，给大家作出榜样：不计较吃穿；当下去巡视工作时，和群众同吃同住，生活上打成一片；晚上打赤脚穿草鞋，一跑就是几十里。那时工作是很紧张的，志敏同志往往为了工作而深夜不睡，只在行军时骑在马上打着瞌睡去休息。他常说："我们干部一言一行应做群众榜样，不应有任何特殊。"

在我们共同生活中，志敏同志虽然掌握了经济大权，但他一贯主张精简节约，反对铺张浪费。他热爱国家财产，重视人民群众利益，对于损害党的利益的现象总是进行坚决的斗争。记得有一个干部在前方工作，他将胜利品常常偷偷地寄给自己的爱人，志敏同志知道后很不满意，对该同志提出了严格的批评："这样是违犯纪律的，将在群众中造成极不良的政治影响。"

1930年冬，志敏同志是省苏维埃主席兼财政部部长，有一次，他到下层巡视工作时经过家里，就顺便回家看看。他的四婶笑着问他："正鹄（方志敏的乳名），你做了这么大的官，你妈妈连替换的衣服都没有，你还不买点布给妈妈做衣服穿。"志敏同志就回答说："我革命是为人民，又不是国民党贪官污吏，我私人哪里来的钱呢?!"又有一次，志敏同志家中遭受了敌人无数次的摧残，家中极为贫困，他父亲向他要钱买盐吃，他就说："经过大家开会讨论再说。"在环境较稳定的时候，志敏同志的母亲在葛源省苏维埃机关玩，正遇上红军缴获了许多胜利品在葛源街上拍卖。各机关和群众都纷纷去买，志敏同志的妈妈也去买了一点东西，刚好我和志敏同志上街去碰到了，他就劝他妈妈不要买，并解释说："这样影响不好，如果不了解情况的人会发生误会的……"

志敏同志个人生活是刻苦俭朴的，但是他对干部却是非常体贴照顾。1932年3月①，他率领部队攻打福建崇安一带，那时他不但亲自

---

① 应为1931年4月下旬。

布哨，而且往往深夜起来查哨，给士兵们盖被子，并且经常关心与照顾伤病员。至今有些当时的伤病员同志回忆说："方主席处处都关心我们，真比自己的爹娘还更亲，在他不断教育鼓励下，当时我们的战斗勇气是更加提高了……"

志敏同志在游击战争环境中，有时在山上被敌人包围时，常常几天吃不上饭，有时连喝水也很困难，肚子饿得没有办法就吃野果野菜。尤其是在夏天的时候，山上的蚊虫特别多，志敏同志的一双脚被咬得又肿又烂。就在这样艰苦的日子里，志敏同志仍然斗志昂然，毫无畏缩之意，因而也就受到群众的爱戴。记得有一次我们在洋梅岭吃晚饭，那时天下着雨，刮着风，我们正考虑晚上住宿问题，一位白发苍苍的老同志走来对我们说："方主席呀！今晚我带你到最保险的地方去睡吧，我盖起了一个茅棚，那里是谁也找不到的。"于是这位老同志就戴着斗笠，拿着镰刀带着我们往山上走去。在山上，那位老同志一边走着，一边用镰刀为我们开出一条小路来，走了很久，来到了一座搭在密林里的小茅棚边，那位同志对我们说："方主席，你今晚尽可放心睡，明天一早我一定送饭来给你们吃。"第二天的清早，那位老同志就真的提着篮子给我们送饭来了。人民群众就是这样热情地关怀着志敏同志。

志敏同志从不贪图安逸生活，在任何情况下都充满革命的乐观主义精神。他在20多岁时，医生就说他的肺病已经到第二期了，但他并没有什么伤感，仍然精神百倍地工作。他常说："我虽然处在这样奔波流动的环境里，但我的肺病也只有爬山越岭，暴晒太阳才能逐渐好转。"又说："过去我在省农协工作时，生活虽然是那样优裕，但整天坐在办公室里，对肺病反而没有什么好处。"在苏区较安定的环境中，志敏同志生活上都是很有规律的，如穿衣服爱整洁卫生，在葛源枫树坞时，每天清早还到山顶上去运动，做八段锦。就在这几年的游击战争环境中，他的肺病结疤了，身体健康起来了。

志敏同志在学习方面也是很认真的，无论在任何环境中，他从来不终止理论学习。有一次他躲避在一个农村里养病,没有书看,他就感到十分不安与难过。他说:"本来休养就是我们学习最好的机会……"

志敏同志的一生,就是战胜一连串困难的一生,他所以能够这样,就是因为党的教育以及他在《清贫》一文中所说的:"清贫,洁白朴素的生活,正是我们革命者能够战胜许多困难的地方!"

弋阳暴动①

1927年8月间，蒋介石叛变革命之后，赣东北的反革命势力疯狂地向革命进攻，农民斗争情绪十分高涨，一心想打倒地主阶级和反动派，但苦于没人领导。党在这时及时地把方志敏同志派到了弋阳。当时国民党对我党组织和革命活动追查甚严，方志敏同志到弋阳后，住在横峰姚家垅黄道同志家里，白天不出来，只在晚上进行秘密活动。

9月间，方志敏同志到了横峰楼底蓝家村②。1926年，黄道同志在这个村就已建立了农民协会，党在领导群众进行的革命斗争中，培养了一些为农民所拥护的自己的领导者，如蓝长金③、花春山等。方志敏同志住在花春山家里，酝酿组织农民革命团。他有时化装为农

---

① 本文曾收入江西人民出版社1957年6月出版的《回忆方志敏同志》（缪敏著）。

② 本书中横峰楼底蓝家村，即楼底兰家，也称刘底村。现地名为横峰县姚家乡兰子村。

③ 本书中蓝长金，据查应为兰长金。

民，有时假扮成商人，夜间出来活动。首先团结了大革命时代农民协会的积极分子，通过他们再去找那些欠债最多，受苦最深的贫雇农进行谈话，启发他们参加农民革命团。方志敏同志常常对他们说：

"欠豪绅地主的租不交，债不还。他们的田地是我们的，一定要拿回来分过。要分田就得打倒国民党反动派和豪绅地主的统治，就要我们农民团结一条心。"

同年10月间，方志敏同志又带了几个同志到琯山去秘密活动。他身穿灰布袍子，化名"汪祖海"，因此，群众也称他"老汪"，或"老汪叔"，"老汪哥"。他除了找贫雇农个别谈话，还常利用贫雇农座谈会的形式宣传党的主张和革命道理。

那时，中国共产党中央已经召开了有名的八七会议。在这个会议上，党中央规定眼前要做的事情是："组织农民暴动，夺取政权，实行土地革命，推翻国民党反动统治。"11月间，党在弋阳九区窖头村召开了弋阳、横峰、贵溪、上饶、铅山等五县的党员会议（窖头会议），由方志敏同志传达八七会议的决议。他说："大革命虽然失败，中国革命还是要继续下去。有了中国共产党的领导，一定可以取得最后的胜利。"到会的同志受到了强烈的鼓舞，一致拥护八七会议的决议，随即建立了五县党的领导机关——弋阳中心县委。由方志敏同志担任书记。成立起义司令部，决定大规模发展农民革命团，准备组织起义暴动。

赣东北各地农民革命团风起云涌的组织起来了。楼底蓝家村原先只有十多个团员，窖头会议以后，就发展到40多人。他们公开进行抗租抗债斗争，还利用当地习惯的形式，吃鸡血酒宣誓，表示决心。一面发展组织，一面收集鸟铳、土炮、花枪，进行武装暴动的准备。

12月24日①，县里派了四名法警，到楼底蓝家村来逼租和逼税，农民再三恳求缓期缴纳，法警不依，并威胁农民说："今天不缴，一

---

① 应为12月10日。

定带人。"农民再也忍不住了，跑去请示志敏同志，要求起义。志敏同志坚决地支持这一要求，十几个农民革命团员拿着磨得雪亮的大刀、花枪和鸟铳，猛冲上去把法警的轿子打烂了，缴获了一支枪，法警吓得狼狈逃跑。

群众性的斗争火焰升起来了，方志敏同志又集中数百人，打进了姚家垄大恶霸地主黄文忠家里，逼着黄文忠将契约债据统统交出来，当场烧毁。群众情绪更为高涨，还杀了两只猪来庆祝。

方志敏同志看看农民革命团已经露面了，起义的准备也做好了，时机已经来到。当晚召集附近几个村的农民革命团的领袖开会，决定举行起义，废债分田，并通知各地立即行动。弋阳七区由邵式平同志领导，九区由黄道、方志纯同志领导，横峰三区由吴先民同志领导，横峰、葛源由程伯谦领导。

弋横暴动开始了，几天之内，弋横一带方圆一百里，到处是农民革命团的势力，到处扬起了红旗。

不数日，方志敏同志又组织了三千余人，在霞阳村一次大会上宣布攻打过港埠和鞍碑胡家，分两路向敌人进攻。激战数小时，捉住了几个土豪劣绅，缴获了许多枪，取得辉煌的胜利。

从此，各地纷纷建立了苏维埃政权，奠定了赣东北根据地的基础。

英勇倔强的洪家村[①]

洪家村在漆工镇西边,是革命机关常驻的地方,也是方志敏同志影响很大的地方。在未革命前,该村原有住户30家,160余人。土地革命时,由于敌人无数次的摧残,牺牲24人,被敌人搜山打死男女20人,连儿童总计死亡74人。房屋曾被烧过9次。当1935年群众下山回家时,野草长得比人高,到处是破墙烂壁,屋基上长了三个脚盆大的南瓜。该村群众回忆当时情景说:房子烧光了,人也几乎被国民党杀光了。

1935年,敌人疯狂地向老根据地"清剿",每个山头都建筑碉堡。白天烧山搜山,晚上打埋伏,见到群众黑夜摸下山来寻找粮食,就开枪扫射。敌人以断粮绝食的办法围困老根据地,威胁洪家村群众说:哼!你们洪家村是起祸根苗,要将你们杀个精光!同时还放出谣言:领导你们的方志敏,被我们捉到了,你们躲在山上还有什么指望哩。

---

① 本文曾收入江西人民出版社1957年6月出版的《回忆方志敏同志》(缪敏著)。

红军都打垮了,你们游击队躲在山上有何用呢?饿都要饿死你们。但是,他们谁也不相信敌人的话,仍然在山上坚持了半年。他们的生活很艰苦,没有粮食,每日在山上寻找竹笋、山梅、苦菜、竹叶等度日。尽管环境怎样困难,但丝毫也没有动摇他们的意志,他们互相鼓励着说:我们不要灰心,不要忘记共产党呀!

毛主席是会回来的

经过几个月的围攻,被围下山的群众,都解到漆工镇登记。白天回家做田,晚上一律归保。当时既还要替敌人做炮台、挑面粉、做挑夫。没有粮食,又没有钱,只好每天到处寻找野芋荷、田螺蛳吃。没有盐吃,走起路来没劲,挑不动东西,便被棍子打得满身鲜血淋漓,有的被打成残疾。敌人越残暴,他们就越想念共产党,他们坚信毛主席是要回来的,总会有出头的日子。1949年的夏天,红军终于回来了,他们喜笑地说:"红军盼回来了,毛主席回来了。"

当访问团到了湖塘村、漆工镇时,洪家村的群众连续派人来迎接。到了晚上,他们都怀着兴奋的心情谈论着。特别是老根据地时代的党团员,更为兴奋,他们回忆起自己参加革命的情况,很得意地说:我们过去加入党团,都是在山上,将手指咬破,用血写誓词。我们永不违背誓词。他们对入党的条件记得很熟,谈得非常起劲。如黄镇同志是50多岁老年人,但精神十足,当他被捕后,敌人用香火烧,要他供出苏区情况,但他坚决拒绝说:"我死了也不能背叛党。"特别是他唱国际歌,每段都记得很熟,有人问他:"你怎么记得那样清楚呢?"他笑着说:"过去在敌人监视下,虽然不能公开唱,但我总是心里默,有时便细声地唱,这也是表示我心里并没有忘记共产党。"

周春凤在土地革命时任村代表,后任乡妇女部长,在工作中一贯积极，带领全乡妇女参加劳动生产，组织互助变工组。抬伤兵、慰劳红军，她总是带头，深得群众的拥护和爱戴。在1935年的"围剿"中，周春凤不幸被敌所俘。当时敌人苦打逼招，她始终严词拒绝。终于在洪家山上被敌军用刺刀戳入胸部，二枪打入阴道，为革命牺牲了。她在就义前大声高呼："中国共产党万岁！"表现了共产党员的英勇气节，现在该村群众只要提到她，就会咬牙切齿地痛骂敌人，怀念周春凤。

洪家村在愉快地歌唱

富有革命优良传统的洪家村人民，在剿匪、反霸、征粮运动中，都表现得特别积极。他们以愉快兴奋的心情，计划着更好地劳动生产，支援社会主义工业建设。他们说：我们要热烈响应政府号召，重新建立我们的家园。把我们日子过得更美满。

方志敏同志的几个小故事①

有一天，天气非常热，太阳像火一样当空照着，一位红10军30师的战士杨烦兴同志，跟着部队从上饶姜李村出发打小玉山。行军途中突然病了，实在跟不上队伍，掉了队。他背着行李扛着步枪，走着吐着，心里急得很，可是又走不动，于是坐在大路上哭起来。

这时方志敏同志骑着一匹马，带着一个警卫员去参加会议，路过这个地方，远远看到了这个战士。等走近了，方志敏同志就下了马，和战士蹲在一起，拍着他的肩膀，亲切地问清原委，立刻亲自扶他上马，并且叫警卫员替战士背着那支步枪，他自己跟在马的后面走。

* * *

1928年的一天晚上，方志敏同志骑着马带着一个通讯员，走到

---

① 本文曾收入江西人民出版社1957年6月出版的《回忆方志敏同志》（缪敏著）。

弋阳漆工镇。镇上的邵家祠堂里，驻扎着一连多国民党军队，那些敌军们有的正在赌钱，有的躺在铺上抽大烟。方志敏同志走到村前下马，准备休息，他事前不知道这里有敌人，天又漆黑，他往里一看，知道情况不对头，急忙转身就走，没想到却被敌人哨兵看见了。哨兵大声叫喊：

"你是干什么的？"

他很镇静地回答：

"自己人，给你们去找粮草的。"

敌人信以为真，方志敏同志就从容脱险了。

1929年3月间，方志敏同志亲自率领队伍，在贵溪北乡与敌人打仗，他用计把山坡上的枞树砍掉上段，留下和人差不多高的下段，一棵树上放一个草帽，插上红旗，敌军在远处看见，疑是我军的队伍，就拼命放枪射击。打了很久，敌军见山上这些"队伍"屹立不动，甚为奇怪。赶上前来一看，才知道：上了当，白白消耗了无数子弹。

* * *

1929年夏天，方志敏同志在齐川源村，国民党军队一连人进入村庄，妄想抓住方志敏同志。他急忙披上蓑衣，站在大道上，敌军一窝蜂似的向村里摸索去了，方志敏同志从容不迫地安全出了村庄。

同年冬天，方志敏同志率领一小部分队伍，在贵溪北乡裴源地方，受到敌人的追击，方志敏同志立即命令我军卧倒在雪地上，爬入深垅里，暂时隐蔽。那些反动军队看见雪地上的脚印，就以为我军早已退出了，便不再追。这样一来，我军安全撤退了，敌人却又受到一次愚弄。

共产党员的范例[1]

　　方志敏同志的一生是伟大的,他热爱祖国和劳动人民,他对党和人民的革命事业表现了无限的忠诚,他以高度忘我的精神进行革命工作,生活作风艰苦朴素,廉洁奉公,最后把自己的生命也献给了祖国和人民。

　　方志敏同志被囚禁在南昌黑暗的牢狱里半年多,虽然被监禁、戴镣铐,行动上失去了自由,与外界隔绝了联系。但他仍然怀着满腔热情,想尽一切办法,用尽一切智谋为党紧张地工作着。他利用敌人企图利用他的机会,为党中央写了很多重要的文件和信件。《清贫》《可爱的中国》也是在那时写出来的。在写材料的同时,他争取教育了同情者,帮助他将这些重要材料秘密地携带出去,而使敌人的卑鄙企图完全失败。

　　他热爱祖国财产,重视人民群众的利益,因此他看不惯那些自私

---

[1] 本文曾收入江西人民出版社1957年6月出版的《回忆方志敏同志》(缪敏著)。

自利的人，对损害党的利益的现象总是进行着坚决的斗争。记得有一个干部，在前方工作，他将战利品常常偷寄给自己的爱人，方志敏同志知道后，表示很大不满，对该同志提出了严厉批评说："这样是违犯纪律的，将在群众中造成极不好的政治影响。"

方志敏同志掌握着经济大权，但他从没有无故浪费过金钱。而是一点一滴地用于革命事业。在长期革命斗争中，他个人过着艰苦朴素的生活，有时衬衣穿得稀烂，他还是补补再穿。在任何时候，他口袋里从没有一个钱，交党费还找爱人要钱，他常说："革命并不是为了自己有金钱，应该为人类解放而献出一切。"有一次，他回到家里，他四婶问他："你做了这么大的官，你妈妈连替换的裤子都没有，你还不买一条给妈妈？"方志敏同志回答说："我自己也是一样，我革命是为了人民，又不是贪官污吏，我私人哪里来的钱呢？"方志敏同志家中曾遭受无数次的摧残，生活极为贫苦，那时方志敏同志的父亲向他要钱买盐吃，方志敏同志说："要经过大家讨论才行。"

方志敏同志一生艰苦奋斗，为了工作常深夜不睡，他每天不做完工作是不肯休息的。在繁忙的工作中，他还经常地抓紧时间，细心地研究马克思列宁主义理论。他常将自己学习的东西，讲解给同志们听，也经常教育着每一个同志要加强学习。方志敏同志常常说："少做些事务主义的事情，要多从政治上求进步，提高自己的政治理论水平……"

现在全国革命已经胜利了全国正在轰轰烈烈的进行社会主义建设。我们在各个不同的岗位上，都必须学习方志敏同志艰苦朴素、廉洁奉公的高贵品质，才能对得起为祖国为人民牺牲的烈士的英灵。

九江二中记实①

4月间,我访问了方志敏烈士30余年前求学的同文书院②,参观了方志敏同志生前学习过的教室和寝室,并访问了过去与烈士一道同学过的黄昌言老师。

同文书院有90余年历史,它是帝国主义向江西施行文化侵略的最早的立足点。由于旧制度的庇护,帝国主义便利用教会向学生进行奴化教育。学校对学生控制甚严,不准学生参加社会活动。九一八事变时,九江各中学学生游行抵制日货,当游行队伍经过同文校门口时,帝国主义分子竟下令将学生关在校内,不准参加游行。学校平日对学生采取禁锢政策,学生外出需向帝国主义分子领取木牌,放在门

---

① 本文原载《江西日报》1957年7月14日,原题为"学生时代的方志敏"。
② 即九江二中。九江二中前身为同文书院,即 William Nast College,亦称南伟烈大学校、南伟烈学校。1901年,美国美以美会办的同文书院更名为 William Nast College。1920年,校方取消大学课程,但校名未变,William Nast College 一直沿用至1928年。

房，如未按时赶回学校，则罚数星期不能外出。学校内成立各种宗教组织，强制所有的学生必须作"礼拜"，并设有圣经课，大多数课程都用英文讲授。学校还规定凡交全费的学生，各科只需60分就可及格，交不起学费的学生不仅要替学校作杂务，如扫地、洗药瓶等，同时，各科成绩必须在70分以上才能及格。同学之间非至亲好友，很少接近，连报纸也无法看到。

方志敏烈士是于1921—1922年5月到同文书院读书的。据当时和志敏烈士共同学习的先生回忆：志敏烈士生活十分朴素，他的行装很简单，只有几套旧衣服和一件蓝色长袍，一双布鞋和一双只值得两块钱的破皮鞋。这双皮鞋平常舍不得穿，每逢下雨天穿过后，总要擦得干干净净，仍旧放在床底下，等下次再穿。同房同学有时吃花生把花生壳抛得满地，他便默默地把地下扫得干干净净。有的同学还怪他：为什么不让工友扫！可是他说：工友们都很忙，再说，我们自己弄脏的，把它扫干净也是应该的。

志敏烈士在校学习成绩很优异，他经常单独一人在房中读英文，做数理习题，自己不懂就请教旁人。星期天，同学们都喜睡早觉，他却一早就起床做习题。他对祖国语文的学习尤其用心，一次，语文老师出的作文题目是："学然后知不足"，他一口气写了长约七八千字的文章，当时老师的批语是：流水游龙，活泼异常，布局整齐，几如天衣无缝。他对同学们的学习也很关心，别人不懂的，他总是尽自己所知道的告诉人家。因为他对同学很关心，年龄又比其他同学大一些，所以大家都叫他"方大哥"。

在同文学习期间，方志敏烈士就立下了远大的志向。当时大多数同学的志愿是想投考海关、邮政或当翻译，想依靠洋人，获得优厚的生活待遇。可是，方志敏同志的想法却和一般人不一样。他时常对同学们说：人活着不只是为了自己的生活，生活中应有伟大的目标。一次，他走在租界上，看见迎面来了顶绿呢大轿，内中坐着担任当时九江邮政局长的高鼻子洋人。他回来后就气愤地对同学说：中国的邮政局长为什么要让洋人来当！每次，当他看到一些不合理的现象时，总要向同学们进行宣传；他欢喜吟咏一首这样的诗：昨日入城去，归来泪满襟，遍身罗绮者，不是养蚕人。

每次，当学校逼着学生做礼拜时，他总是不愿去，有时被迫不得不去，却偷偷地看他自己的书。那时，志敏同志虽不是社会主义青年团员，但他已与上海进步青年有着联系，一次，一位朋友从上海寄来一份《先驱报》——中国社会主义青年团的机关报，他在仔细看过之后，非常拥护它的政治主张。便下决心要加入社会主义青年团。同时，经常向同学们宣传社会主义，给同学们很深的影响。他还经常邀集许多同学在野外举行座谈，利用这个时机传播革命思想。在他的影响下，学生们团结起来了，很多原来为读书而读书的同学也都看起革命书报来了。以后，志敏同志又领导同学们建立了读书会的组织，起初，读书会还只是以一般书报杂志为主要读物，逐渐地发展到看进步刊物，到最后竟成了研究马列主义的团体。1922年春，从外面来找志敏同志的人一天多似一天，上海的进步朋友也经常给他写信，有时他也常常到外边去。在反基督大同盟成立的时候，志敏同志领导同学们在九江市张贴标语、在街道作宣传演讲，展开了大规模的反对美帝国主义运动，并获得各校一致声援。

学生时代的方志敏[1]

朴俭的生活

1921年秋——1922年5月以前,方志敏同志在九江同文书院南伟烈大学读书。这是一所美国人办的学校,帝国主义侵入江西最早的立足点之一。

方志敏同志是旧制中学二年级时进同文书院的,同学们见教室里来了一位穿得十分朴素、面容消瘦的青年,这就是方志敏同志。他的行装很简单,只有几套旧衣服和一件蓝色长袍;此外还有一床毯子铺在两个板凳架着的木板床上,一年到头就是一床旧被子。可是,志敏同志非常整洁,起床以后他总是要把被子叠得整整齐齐的,桌上的书也摆得非常整齐。他只有一双布鞋和一双只值两块钱的破皮鞋。平常他舍不得穿皮鞋,下雨天穿了以后,总要擦得干干净净地仍旧放在床

---

[1] 本文原载《文汇报》1957年8月6日。

底下，等下次再穿。同房的同学喜欢吃花生，花生壳丢得满地。他等别人吃完以后，就把地扫干净。大家笑他，为什么不让工友扫，他却严肃地对大家说："工友扫教室，又要扫寝室，他们很忙，应该我们自己来扫。"

方大哥

方志敏同志的数理很好，英文成绩也很好。他经常在院中踱来踱去读英文，自己不会就请问别人。星期天其他同学都喜欢睡懒觉，他却一早就起床，不是读英文，就是做习题。他很爱写文章，经常带着一个小本子写东西。对祖国的语言造诣更深。有一次，语文老师出了个《学然后知不足》的作文题，他一气写成长约七八千字的文章交卷，老师加上了这样的批语："笔如流水游龙，活泼异常，布局整齐，几如天衣无缝。"可是当时的同学都不知道他写些什么。他喜欢独自一人在风景美丽的甘棠湖畔散步或看书，他曾对湖吟诗曰："甘棠湖畔是我家，不管我家种桑麻……"

他不仅对课程学习很用功，还常常阅读进步杂志和报纸。方志敏同志对于同学的学习也很关心，别人不懂的，他总是尽自己所知道的告诉人家。因为他关心同学，年纪又比同房的同学大一些，所以大家都叫他"方大哥"。

大家叫他"社会主义"

在同文书院读书的时候，方志敏同志就立下了远大的志向。当时同学们都想考海关、邮政或当翻译，想依靠"洋人"得到较高的待遇。方志敏同志的想法却和大家不一样。他常对同学说："我们活着不能与草木同腐，不能醉生梦死，枉度人生。"

有一次，天下雨，他在九江租界上（现在的张官巷）看见迎面来了一顶绿色大轿，前呼后拥，轿内坐着一个高个子洋人邮政局长。他回来后很气愤地对同学们说："中国的邮政局长为什么要洋人当！一个邮政局长就有这样威风，怎么得了！"他在室内常念这样一首蚕妇古诗："昨日入城去，归来泪满襟，遍身罗绮者，不是养蚕人。"每当学校逼着学生做礼拜，他总是不愿去，去了也只是应付应付，在里面看书。他经常对同学说，要"先天下之忧而忧，后天下之乐而乐。"告诉同学很多革命道理。当有些同学为些小事打架，他总是调解说：

"我们萍水相逢，为什么要自己打自己？要打，将来就大打（指打敌人）。"

志敏同志当时虽不是社会主义青年团员，但他与上海进步青年发生了联系。有一次上海一位朋友寄来了一份《先驱》报，《先驱》是中国社会主义青年团（简名C.Y.）的机关报。志敏同志仔细看过之后，非常佩服它的政治主张，从此他决心要加入社会主义青年团。那时志敏同志对同学谈的，总是社会主义问题。比如"什么叫作社会主义"，"要怎样才能实现"……给同学影响极深。

当时大家对他讲的这些深刻的道理，还不十分懂，不过觉得他是个有远大志向的人，大家不约而同地叫他："社会主义"。有时他进门，同学们便喊道"社会主义来了！"他有时不在房里时，大家便彼此相问："'社会主义'到哪里去了？""社会主义"当时好像成了他的绰号。

走上革命的道路

　　志敏同志在校常邀集许多同学在野外座谈。他利用这个机会传播革命思想。在他的影响下，学生们团结起来了。大家都热情地看革命的书报和杂志，志敏同志又领导同学们建立了读书会的组织。起初，读书会只是以一般书报杂志为主要读物；到后来，发展到看新刊物了。这一发展，便形成了研究马列主义的组织雏形。志敏同志领导同学从事这一工作。不久，被学校知道了，志敏同志因此多次被校长叫去询问和训斥，而且一次比一次严厉，他不管怎样，态度总是泰然自若，毫不在乎。每当校长叫他谈话，当他走出来，总有同学们等着问他。"不理他，我们还是读我们的书！"他斩钉截铁地这样回答。

　　从此志敏同志就成了美帝国主义的眼中钉，经常有人在暗中监视他的行动了。他所订阅的报纸杂志也就常常收不到。因为这样，志敏同志后来将订阅的报纸杂志改寄朋友处，再交洗衣服的妇女带进来。

　　1922年春，志敏同志在校秘密进行了活动，常在夜晚开会。从外面找他的人也一天多似一天，上海朋友也常与他通信。由于他积极地暗中进行秘密活动，更引起了校长张南伯的不满。可是，志敏同志当时没有违反校规，那个洋校长又找不出他的错处，在无可奈何的情况下，又不能无故地开除他（深恐引起学潮），所以洋校长不得不等待机会下手。

　　在反基督大同盟成立的时候，志敏同志在南伟烈大学领导同学们在九江市张贴标语，进行街头演讲，展开了反美帝国主义运动，并获得了各校一致声援。

　　方志敏同志就这样走上了革命的道路。

方志敏和彭湃[①]

方志敏在广东

1926年1月,方志敏同志正好27岁,他到革命策源地——广州,出席广东第一次全省农民代表大会。[②] 当轮船驶进虎门要塞时,看到环绕要塞一道粉白围墙上写着"打倒帝国主义,打倒军阀!"十个大字,精神为之一振。到了广州,看到各处所贴的崭新的革命标语、省港罢工工人的坚决斗争精神、各地革命农民代表的踊跃赴会和革命军人和蔼可亲的态度,一切都是生气勃勃的,他大为振奋。当时他住在广东大埔县大埔角墟。农民代表大会开了五天,他从彭湃同志的谈话、演说中,学到了许多领导农民运动的经验和方法。

---

① 本文原载《作品》1957年第11期,后收入江西人民出版社1958年6月出版的《红色风暴》(第1集)。

② 应为1926年4月下旬,方志敏赴广州参加广东省第二次农民代表大会。

方志敏对彭湃同志很是敬重，并予以很高的评价。他在狱中遗言里说："彭湃同志是广东农民群众最有威信的一个首领，他于1929年①在上海被国民党屠杀了！他的名字，是永远在中国革命历史上辉耀着，广东的农民群众，也永远不会忘记当日领导他们向地主斗争的领袖！"

志敏同志在广东时还参加了10万人的纪念大会，随劳、农两大会的代表（中国第四次全国劳动大会②与广州农民代表大会同时在广州开会）到广州政府请愿，要求出师北伐；到省港罢工委员会、石井兵工厂等处参观，这一切都使他感到满意。他抱着满怀希望准备回到江西，大大地做一番事业，掀起伟大的革命运动，不料刚回到上海又吐起血来，肺病大发，热度升到摄氏41度，几濒于死。

志敏同志在上海医院（法租界）时，写信给詹、罗二位朋友，请他们去看他。那时，他躺在病床上，脸色苍白，病情十分严重，须发未加修理。他和这两位朋友交谈不到几句便咳嗽不已，痰沫中带有很多鲜血。当咳嗽暂停时，他对这两位朋友说："这次的病恐怕不易治好，个人的生命倒没有多大关系，只怕不能完成工作任务，那才是终生的遗憾啊！"当他在病情十分严重的时候，还牢牢记挂着革命工作，表现出一切都为了党的事业的牺牲精神，使这两位朋友感动得流泪。他们亲切地安慰他，问他需不需要钱时，方志敏同志说：

"每天四块钱的病房费以及医药费都有济难会的接济，你们每星期来看我一次，送我一些鲜花就够了。"

这两位朋友遵照他的意见，每到星期六或是星期日都带些鲜花水果去看他。

方志敏同志在狱中所写的遗言这样说：

"由于中国济难会的帮助，在上海医院医治了两个月，才能慢慢

---

① 彭湃于1929年8月30日在上海英勇就义。
② 应为第三次全国劳动大会。

地步行了；后来又转到九江牯岭晋仁医院医了一百余天，肺病才得到一点转机。这次要不是济难会给予医药费的帮助，早就病死了。"

他在牯岭医院中，天天盼望着北伐军胜利的消息。有一天，他从病友处得到一张武汉报纸，载有北伐军占领武汉的消息，不禁狂喜，认真地把报上每个字都念过。过了不久，北伐军占领了江西，他就依照党的指示，下岭到南昌工作去了。

1927年冬，方志敏同志在横峰任区委书记，自开始工作至暴动之日，只25天，但暴动的范围却占了横峰全县的一半地区，参加暴动的群众有数万人。就在这时，广州暴动的消息传来了，兴奋极了，说："广州暴动建立了中国第一个苏维埃政权。"后来，他知道暴动失败了，愤恨到了极点。

方志敏同志自到过广东后，由于彭湃同志给他的教育影响很深，大大地鼓舞了他对江西农民运动领导的决心。今年正是彭湃同志牺牲28周年，方志敏同志也牺牲了22周年了，但他们的伟大精神却永远活在中国人民的心里。

方志敏和彭湃

1927年"四·一二"，蒋介石国民党公开的背叛了革命，露出了他的反动本性，残杀中国共产党员和工人，造成了国共分裂，许多同志都光荣地牺牲了，反动政府下令解散了农民自卫军。

方志敏同志于1927年4月28日在民国日报副刊《呐喊》上，发表了一篇题为《李烈钧原来如此》的文章，他在这篇文章中揭露了李烈钧阻碍革命，压制工农的行径。

彭湃同志是在1927年1月来南昌的，党中央派他来省视察工作。他曾向全市人民做过多次公开讲演。武汉政府叛变后，彭湃同志即参加南昌"八一"起义①。

就在这一年"六·五",我和志敏结了婚,那时我们生活很简单,只是加餐吃了一顿好饭就是了。彭湃同志为了庆贺我俩结婚,即席写了一首诗,贴在我寝室的墙壁上。诗词是:"拥护中央政策,方缪双方奋斗到底;努力加紧下层工作,准备流血牺牲。"

彭湃同志是个中等身材的人,柳条腰,黑色脸膛,身体很健壮。他和我们谈话时很有风趣。那时正当夏天,他穿着一件柳条衬衣,白色西装裤,时常庄严地坐在寝室里,不是谈话,便是写信。他和志敏有时在寝室里细声交谈,显得很亲切,就像兄弟一般,到今天我回忆起彭湃同志那和蔼可亲的态度,印象还是非常深刻。

1926—1927年大革命时期中,中共江西地委改为省委时,志敏任省委委员兼农民部长、省农民协会秘书长、省农民协会主席、常务委员等重要职务,常驻会指导全省农运工作。江西各县农民运动在志敏同志领导下建立了广大群众基础。

1927年夏国共分裂后,志敏同志接到省农协被包围的消息,独自一人避入我党的秘密机关——南昌市黄家巷58号——那里的优越条件是地处偏僻。那是一层楼的土式瓦房,里面四通八达,如发生情况时有退路。当时长江局书记罗亦农同志亦在此,好像省委书记也是他。冯任同志是秘书长,廖秉刚同志是做妇女工作的,此外还有组织部王干事及其他一些同志。

当天晚上,我们都热闹地打起麻将来了。下局的是罗亦农、彭湃、方志敏和我,其他同志坐在旁边装作看牌的样子,以打牌作掩护,实际上是在开会。我们愉快地生活在一起,欢乐地笑谈,团结成一个革命的大家庭。

---

① 彭湃未参加南昌"八一"起义。

方志敏战斗的一生[1]

一

方志敏是江西省弋阳县漆工镇湖塘村人,生于1899年7月16日[2]。那是个动乱的年代。他出生的时候,正赶上兵变,附近的人们听见枪声,连东西也来不及埋藏,都逃上山去了。志敏一生下来,就嗅到了火药的气息。

湖塘村是个风景秀丽的地方,背后靠着两座矮山,山上长着茂密的森林,村边环绕着花果树,全村的茅屋,都掩蔽在浓郁的绿荫里。村前是三口塘,水明如镜,既养鱼又灌田。水塘前面,是一片田畈,再远一些,还有条小河,从村外东南方流过来,通过村口的一座小石桥,弯弯曲曲地流进右边树林里。一眼看去,真是世外桃源。但是,村里却很不美观。地面凹凸不平,尽是柴屑粪渣,沟里污泥淤塞,臭

---

[1] 《方志敏战斗的一生》于1958年1月由工人出版社出版。此后,该书再版多次,印数过百万册。

[2] 缪敏回忆系农历时间,即1899年8月21日。

水中蚊蝇滋生，房屋东倒西歪，茅舍里烟尘满布，鸡屎牛粪，臭气难闻，简直无法下脚。

方家在村里原是个大户，志敏的祖父在世时，男女老少40多口人，自己有田60余亩，又租种着地主100多亩，每年除去租税，也还够吃够用，是湖塘村里少有的自给自足户。祖父死后，伯叔们分了家，也没有出什么败家子弟，可是，不断的天灾和年年增加的租税，却比败家子厉害。方家因此败落下来。

志敏的父亲方高翥①，是个勤俭朴素的农民，他一生的精力，都消耗在剩下的20亩田地里。母亲金香莲②，是漆工镇一个农家的女儿，按当地的风习，妇女不下田，只在家里操持家务，做饭、洗衣、喂猪、背柴、纺纱、绩麻、带孩子，劳动很是繁重。母亲生了三个孩子：长女方荣姊③，次子方志敏，幼子方志慧④。荣姊长大后，嫁到德兴张村；志慧从志敏参加革命后，曾任红军81团团长⑤，在弋阳琬港战斗中负伤，不幸因流血过多牺牲了。

方家的孩子，照例可以读两三年书，为的是识得名字，记得工账。志敏7岁入私塾，下了学，仍然跟着孩子们一起去放牛、背柴，

---

① 方高翥（1877—1934），方志敏父亲，江西省弋阳县人，幼年读过私塾，粗通文墨。一生务农，兼做过茶叶生意。

② 金香莲（1878—1957），方志敏母亲，安徽省歙县人，幼时随父母迁居弋阳县漆工镇。聪慧贤淑，勤俭治家，闻名乡里。1933年，小儿子方志慧牺牲，越年丈夫病逝，再越年长子方志敏英勇就义。在白色恐怖的艰难岁月里，含辛茹苦独自抚养孙辈。中华人民共和国成立后，由江西省人民政府安排在南昌居住。1951年，中央人民政府南方革命老根据地访问团团长谢觉哉代表中央政府授予烈属荣誉勋章。1957年10月5日在南昌病逝。

③ 方荣姊（1897—1988），方志敏胞姐，江西省弋阳县人。方志敏入狱后，带侄子方明先后在横峰、弋阳县监狱和上饶集中营坐牢。出狱后，抚养弟弟的遗孤，照料母亲的生活。中华人民共和国成立后，曾当选为江西省政协委员。1988年2月在德兴去世。

④ 方志慧（1907—1933），方志敏胞弟，原名方远沛。中共党员。参加革命初期，从事举办白区货物和枪械的工作。曾任万年、余江、贵溪三县游击队大队长、红10军87团副团长等职。1933年7月，在弋阳县琬港桥作战中牺牲，年仅26岁。

⑤ 应为红10军87团副团长，见《中央日报》1935年7月28日。

或提个口袋去捡豆子。农忙时节,老师放了假,他就到田里去,跟在父亲后面拾谷穗;父亲舂谷的时候,他就在舂边扫碎脚米。

在本村私塾里读了三年,江西闹旱灾,村前的三个大水塘,干得见了底,村边的小河成了一汪细水,太阳整天晒着,田坂龟裂,禾苗枯黄;这一年,庄稼歉收,孩子们都跟着大人去找活路;先生走了,私塾里只剩下横七竖八的破板凳。

志敏天资聪明,读书又用功,平日很受先生喜爱。后来先生到烈桥地主张念诚女婿家教书时,又带了他去搭学。因此,到14岁时,他才离开私塾。

辛亥革命把皇帝撵下了台,老百姓割掉了辫子,虽然社会基础并没有什么改变,但新思想、新文化运动却得到开展,翻译洋书、开办学校、提倡女权、提倡天足,一时竟成了风气。弋阳城里有一座又叠山书院,原是历朝豢养秀才举人的地方,这时就也改成为"弋阳县立高等小学校"了。

1916年秋天,父亲送志敏到这个学校里来,并介绍邵家集的一个少年邵式平[①]同他认识。志敏和邵式平一班,他们很说得来,后来成了要好的朋友。

二

志敏在学校里,仍然是个用功的学生,过去读旧书,他总要写读

[①] 邵式平(1900—1965),江西弋阳县人。1925年加入中国共产党。大革命失败后,同方志敏一起领导弋(阳)横(峰)暴动,是闽浙赣革命根据地和红10军的创建者和领导者之一。1934年参加长征。中华人民共和国成立后,先后担任中共中央中南局委员,江西省人民政府主席,中共江西省委第二书记兼江西省省长,中共第八届中央委员会候补委员等职。1965年3月病逝于南昌。

后感，现在仍保持着这种习惯。因此，他的语文、诗词、习字等课程，都异常地好，先生常常称赞他。同学们见他生活朴素、态度诚恳、不尚空谈，也乐于和他接近。不到一年，他周围竟有许多群众了。那时候，宣传马克思主义的书籍虽然还极少，但是鼓吹民主革命、提倡民权、对现状不满的文章、小册子，在知识界里却很流行，志敏也偶有接触，他出身农村，对地主豪绅在乡中的为害作恶，原是感触很深的，这些文章就鼓动起他的反抗情绪，他和十几个在校的九区学生，经常在课后跑到校外草坪上去谈论，后来，就组织了一个"九区青年社"，决定要反对九区的土豪劣绅。

漆工镇上有一家大商店"邵鼎丰"，老板邵襄臣，靠放"加一老利"的债发了财，除去这一座大商店外，还是一个拥有一千多担谷的大地主。他放债一元，一月的利息就是一角；农民在年初借他一元，年底就要还他二元二角。借他的钱，实在等于吃毒药。他还养着一批流氓、烟鬼，用来逼租勒债，常常弄得债户家败人亡。有一次志敏去姐夫家，正碰上几个鸦片烟鬼，在一个寡妇家里寻闹，赖着不走，志敏很气愤，一问，才知是替"邵鼎丰"讨债的。他愤慨地对他姐夫说道：

"邵襄臣总会有一天要死在我手里，将来我要败他的家……"

他姐夫笑着说道：

"你姓方，他姓邵，你怎样能将他家败掉呢？"

志敏当时不知如何回答是好。现在他们组织了"九区青年社"，他就首先提出来，要打倒"邵鼎丰"。

他们没有能够打击"邵鼎丰"，因为这时候弋阳演起了选举议员的把戏，有人传来消息说，张念诚在九区操纵选举，想当议员。他们商议了一下，决定先回去打击张念诚。

民国以来，各地都闹起了选举把戏。于是，地方上的一些土豪劣绅，就凭空发起财来。他们操持选举，捏造选民册，用选民册和运动买票的土劣讲价钱。竞选的人拿钱买到选票，雇人写上自己的名字，就可以成为议员了。张念诚是九区的一个大地主，他除了靠出租土地和放高利贷剥削农民外，还勾结官府挑词架讼，敲诈勒索，无恶不作。眼前省议会要进行选举，正是他向上爬的大好时机，一心想捞个"省议员"当当，他耸着肩得意扬扬地对一班劣绅说：

"我的诗书算没有枉读，这个要参与国政了……"

志敏他们听到了这些消息，便都赶回来。分头去宣传鼓动，他自己并写了一篇文章，揭发张念诚十条罪恶，贴在王沙岭黄天寿饭店的走廊板壁上。张念诚气坏了，他暴跳如雷地叫嚷着说：

"我要闹得他全家鸡飞狗跳！"

张念诚联合了各乡地主、恶绅50多人，借讨论选举经费问题在漆工镇召集会议，要方志敏出席，想当场给以迫害。志敏的父亲吓得战战兢兢，扯着儿子不让去。志敏躺在床上想着去开会的对策，一伙同学对他开玩笑说：

"老方，张念诚是你的朝爷佬（志敏在张念诚女婿家搭读时，张念诚看他聪明，强认他做了义子），你敢推倒他？"

"什么朝爷佬"，志敏一下子站起来，说道，"非推倒他不可！走，你们带上家伙，马上就去！"他穿上灰布长衫，一手拿着白纸扇，一手抡着文明杖，大模大样地，就去开会了。

志敏一个人走进了会场，屋外看热闹的人看着他那俊秀的面孔，文质彬彬的风度，都替他捏一把汗。张念诚一见志敏走进来，就立刻摆出凶恶的面孔，对志敏说道：

"今天要你到此，非为别事，就是要问你捣的什么蛋！你破坏选举，要受官府的制裁！你为什么要跟我作对？老实讲来！不识相，就要对你不客气……"

志敏站起来，从容地摇着白扇，有意用使屋外看热闹的人都听到的声音说道：

"选举，是国民的权利，到一定年龄的人，都有选举权和被选举权，你有选举权，我们也有选举权，你可以竞选，我们也可以反竞选，这在欧美各国都不乏先例，一点也不犯法。选谁，这是我们的自由,是大家的自由,大家自然要选举好人,德高望重的人。"说到这里,他话锋一转,指着张念诚的鼻子说道:"你张念诚,剥削佃户,压榨农民,放高利贷,勾结官府,挑词架讼,是一个地地道道的土豪劣绅,大家能够选你吗?……"

"住口!"张念诚大喝一声,手把桌子拍得震天地响,他实在没有想到这个他看着长大的孩子,胆子竟这样大,懂得的竟这样多!他满面涨红,张着口,竟气得什么话也讲不出了。

"对不起,"方志敏把手一拱说,"你们既然没什么话说,我走了!"

他紧攥着手杖,大摇大摆地走了出来。等张念诚领人追出来时,一大群拿着梭镖、木棍的青年,已拥着志敏走远了。

张念诚受了这一番奚落,很不甘心,晚上就教唆镇上警察派出所的巡官,带人到湖塘村来捉志敏。警察打进志敏家里,志敏却早已得了信,跑到屋后来龙山上去了。

"把你的儿子交出来!"巡官搜索不到,向志敏的母亲吼着。

"我儿子到南昌去了!"

"这长褂子不是你儿子的吗?"

"不是,是我女婿的。"老太太镇静地应付着。

巡官望望屋后的来龙山,树木森森,黑压压一片,凭他带的这几个人,到哪里去找?再看看屋里屋外,又不是个有油水的户头,便抢了那件长衫,乱嚷了一阵,领着人走了。

张念诚仍不死心,伺机报复,后来一个青年社的社员,终被他栽赃诬陷,捉进牢里,坐了十个多月班房。志敏他们费了九牛二虎之力,向法院递了好几次申辩,花了许多金钱,才将那个青年营救出来。张念诚则满心称快,逢人便说:

"只要我稍动一下指头,就弄得他们坐笼子,他们这班年轻人想推翻我,说好听一点,正像屎缸蛆要推动大磨一样!"

大家闹了一场,这劣绅仍然占了上风。几个有钱的社员,在这次斗争中,也被劣绅拉了过去,有些人灰心丧气,觉得这个"社"没有力量。不过，经过这次斗争，志敏同志得到了启发，他初步认识到，必须要团结群众，只是几个人干，是什么事也干不成的。

三

1918年①，全国掀起了反对日本帝国主义的爱国运动。志敏在学校里特别关心国事。以前他已听到了不少日本帝国主义侵略中国、军阀政府卖国求荣的事情。当时学校里的历史课程，又恰恰讲的是中日之战。大家越听越气愤，讲堂上顿时形成了一种沉重紧张的空气，学生们都要哭出来。讲课的是一位青年教师，他把"二十一条"逐字念了一遍，最后归结道：

"……这二十一条约，把一切立国的政治、经济、交通、警察、土地等主权，统统卖光了。这是个彻头彻尾的卖国条约！是一纸中国的卖身契！"

志敏听到这里，再也忍耐不住，猛地把桌子一拍高呼道："我们打日本去！"

"对！我们要打日本去！"

学生们都站起来一齐嚷着，课也不听了，都涌出教室。

各寝室里马上响起一片响声，拉抽屉的，开箱笼的，噼里啪啦，摔起东西来。

"这是日货，扔了去！"志敏把一瓶金刚石牌的日本牙粉，从大开着的门里扔了出去。玻璃瓶子在门外二十几层的大石阶上磕碎了，淡红色的牙粉，洒在台阶上，黑胶木的瓶盖，顺着台阶一层一层地滚

---

① 文中所述事件发生的时间，应为1919年。五四爱国运动波及江西，弋阳县也掀起了反对"二十一条"和抵制日货运动。

下去。

"好呀！方志敏够痛快！"旁边的学生喊着。

"我愿与日本偕亡！"当的一声，他又把一只日货的洋瓷脸盆，摔在地上。"这也是日货！"他用脚狠狠地踩着。

又一个学生，也把一只东洋脸盆摔在地上，照样踩了几脚，脸盆凹下去了，一脚飞起，把脸盆直踢到墙角里。白色的瓷片，落了一地。

接着，志敏又把自己买的日本席子等日货都拿到学校揭晓处底下烧了，并在揭晓处墙上贴了一张纸条，上面写道：

我方志敏誓死打倒日本帝国主义，为中国独立解放而奋斗！

接着，很多同学都将自己所用的日货拿到揭晓处来烧，学生都不上课了，大家乱糟糟地喊叫着，焚毁着身边的日货，揭晓处前和学生宿舍里，到处是破烂东西。在一些青年教师的支持下，大家又议论着去游行，去街头演讲，去查禁日货。整个学校沸腾起来，这座"叠山书院"几百年来的沉寂空气，第一次被打破了。

这一切行动，引起了那些豪绅的恼恨，他们把这些学生看成是"祸胎"，是"怪物"，他们辱骂学生，说学生们的行动是"祸国殃民"，特别是对方志敏等几个为首的人，更是恨之入骨，他们动员学生们的家长出来，不让学生再"闹"。但是志敏不顾这些压迫，仍旧干下去，他对邵式平说道：

"我们痛恨这些东西，这些东西更痛恨我们，结果是要决斗的，我们准备吧！最后的胜利总是我们的！"

志敏白天游行、演讲，晚上写标语、印传单，他顾不得吃，顾不得睡，身体累垮了。他本来自幼多病，5岁里腿还软得不能走路，平日只用心读书，不注意锻炼身体，一经连日劳累，病魔就乘虚而入，到暑假毕业的时候，他吐了血，而且，从此种下病根，在以后艰难的日子里，肺病总是缠绕着他，一劳累过度就大口地吐血不止。

四

志敏回到家里，全家都很高兴。他的堂弟志纯，也特地跑来欢迎他。那时候，一个高小毕业生，被看成是中了秀才，在湖塘村里，还没有过这样的事情，亲戚、族人听说"志敏秀才毕了业"，也都跑来看他。父亲虽没请客收礼，也邀了几个至亲，吃了一顿酒饭。叔叔伯伯们都称赞志敏聪明，有才干，并劝父亲再送志敏到南昌去升学。亲友们说："多让他读些书吧，将来漆工镇上的绅士是你家的。"父亲被说得心动了，于是在当年秋天，借了笔钱，又送志敏到南昌，考进了江西省立第一甲种工业学校。

次〔同〕年，五四运动爆发了。志敏同志参加了南昌学联的工作，终日去街头讲演，查禁日货。他穿着一件长衫，手里拿了一面写着"查禁日货"的旗子上街了。和他一起的有万义生同志。

太阳当头，天气酷热。但到处是一圈子一圈子的人，人们用惊异的眼光，看着这些拿小红旗的人，听着他们演讲。志敏和万义生走出学校不远，一个人穿着一件灰色羽纱长衫，从他们面前走过去。志敏看着那件长衫说道：

"这人穿的长衫是日本货，撕他一块下来……"

万义生跑上去，拽住那人的长衫，哧，撕掉了一大块。那人吃了一惊，回头一看，见方志敏手里拿着"查禁日货"的小旗子，脸立刻红了，便赔笑道：

"撕得好！你们不撕，我自己也要撕的……"

他们走到河边上，一只大木船靠在码头边，船上堆着30多纸箱飞燕牌的香烟，船工正替一个胖胖的商人往岸上搬运。志敏不会吸烟，但他知道，飞燕牌是目前最流行的日本纸烟。

"我们是来查日货的，你这烟是日本货，不能卖了，你们交出来，我们烧毁它，以示警诫！"

胖商人向他们看了看，理也不理。志敏又和他讲了一番抵制日货的道理，那商人却冷冷地反问道：

"你有官府的谕子吗？"

志敏恼火起来，身上摸出几个铜板，向万义生说道：

"去买点洋油来，都烧了他的！"

商人一怔，但仍然挺着肚子嚷着：

"你敢烧么？烧了，就全卖给你了！"

"好得很，我们大家会赔你的。"志敏用手指了指远处听讲演的一大群人说。这时，有些人也凑过来，围了个圈子嚷道：

"烧了他的日本货！奸商！"

"又是东洋货呀！奸商定是私通外国的！"

胖商人见势不妙，扇子不摇了，抱起十多个方方的纸匣子就跑。万义生正好赶来，半碗洋油泼在剩下的十多箱上，用火柴燃着了。虽然只十多箱纸烟，在河沿上也烧得火光熊熊。

"好呀！看烧东洋货哩！"小孩子们快乐地喊着。看热闹的人，好像都得到了满足。

志敏和万义生又走进一家京果店。这店里摆了许多罐头、香烟、葡萄干、洋蜡烛……都是日本货。志敏便对店老板说道：

"这些东西都是仇货，不能再卖了……"

"我们这是将本图利，不让卖，我们吃什么？"店老板强硬地说。

"你爱不爱国？你是不是中国人？"万义生向他嚷着。

志敏和他讲了讲时局情况，最后劝他说道：

"做生意，可以贩些国货，这一次，你每样拿出一点来，我们拿去销毁，作为警戒吧！"

那商人却说道：

"做生意，我们给官府纳税，什么仇货不仇货，爱国不爱国，我们买卖人管不了这许多！"

志敏两人一定要拿一些，店老板一定不肯，双方争执不下。看热闹的人，听见吵嚷，都围过来，挤了一门口。店老板破口大骂，撵志敏他们走。志敏火了，把手里的小旗子倒过来，用旗子棍把架上的玻璃瓶子全打碎了。

"叫巡警来，你们砸我的店！白昼打抢，一个也走不脱！"老板咆哮着，叫人去找警察。

警察来了，志敏拿出"查禁日货"的证件，警察看了看，便对店老板说道：

"你什么货不好卖，单卖日本货？叫你拿出一点来，你还不干！你以为学生子是好惹的吗！告诉你，日本货全部没收。"

店主人愕然了，瞪着两眼看着这两个青年人，他不知道，何以世界变得这么快，官府竟会听起学生子的话来。

两人把洋酒罐头装了一筐，兴高采烈地走出来，到河沿上，他们坐了一只船渡河回去。

两个人都还没有吃午饭，饿得肚子直叫。万义生便打开一盒葡萄干要吃，志敏连忙制止他，说道："这是查禁来的日货，我们又怎么能吃呢！再忍耐一会儿吧。"

上岸以后，走到车站旁边，看见沙滩上竖着一块日本"仁丹"的大广告牌子，两个人放下筐，又把牌子给拆掉了。

学生、青年教师们，每天都是这样废寝忘食地干着，志敏更是干得起劲，后来又分派他去街头讲演，他成了这次斗争中的骨干。

不久，志敏又干出一件事情来。

漆工镇上的警察派出所，有个姓余的巡官，照官职来说，这巡官不过是芝麻小官，可是他一身却包办了立法、司法、行政三权，竟成了漆工镇上的一个独裁者。他搜刮民财的办法，也极巧妙，如果没有诉讼，案件清淡，他就派出警察，像商人招揽生意一样四处招揽诉讼。人民的禀帖一上门，他不问曲直，谁出的钱多，谁就有理，谁出的钱少就得坐拘留所，脱了裤子打屁股！打这一场冤枉官司，原告被告两方花的钱，多则一二百元，少的也有几十元。一个月内总有几十场官司，他来了不到半年，就刮了一万多元。土豪劣绅，更与他串通一气，为非作恶。害得九区民众叫苦连天，诉冤无门。志敏听说这事，满腔怒气，立时邀集了几个同学，写了张禀帖送到江西警察厅里，控告九区的那个巡官。当时志敏他们以为，一定是警察厅失察，只要打个禀帖，厅长知道了，还不立即下令将那混账巡官撤职拿办么！于是，他们满怀信心，下了课就跑到警察厅批示处去，看看他们的禀帖批示了没有。到了第十天，批示处果然贴出来了，几个人挤上去一看，只见上面写着："据禀悉，候查明办理可也，此批。"

"这是怎么回事，倒是准了咱们的状没有？"他的同学问。

志敏瞪着两只眼不作声，过了一会儿，突然握着拳头，照那批示牌一击，说道：

"完了。官样文章！当官的没一个好东西！"

禀帖果然是什么效力也没发生，余巡官照旧在九区作恶，只不过是，经过志敏他们这一告，警察厅长又凭空多得了那土皇帝的一大注赃银。

志敏在学校里读了一年预科，次年升入机械科一年级。志敏这次上学，本是靠父亲借债供应他的，因此他常常穷得没钱用，甚至交膳费也很困难，不得已将带的衣服、帐子也卖了。后来他的堂弟方志纯知道了，便瞒着父亲从家里偷出五亩田契卖了，把钱捎给志敏。志敏虽然这样穷困，他的学习，并未受到影响。他读书很用心，上课时用心听，下课后仍留在课堂上复习功课；晚上，他就到英数专修社去补习英文。因此，每次考试，他的英文、国文、应用力学成绩都很好。

"五四"新文化运动以后，马克思主义在中国得到了广泛的传播，这对志敏有着很大的影响。他一方面贪婪地读着《新青年》等刊物，吸取新思想，新知识；一方面自己也写白话文，写白话诗。反对旧礼教，反对复古，反对读死书。

甲工学校里黑幕重重，教员多是校长的亲戚朋友，不管有没有学识，也都来当教员，办事人员更是敷衍塞责，漠视学生生活。志敏选学的机械科，饭桶教员尤其多。志敏对这腐败情形自是不满，又加从《新青年》里接受了一些革命影响，便团结了一部分热心的同学，酝酿组织学生自治会。

有一天，一位姓赵的教师来上课，他本是个不学无术的家伙，但因为是校长的哥哥，每月也鬼混几十元薪水。在课堂上，学生向他提出好多问题要他解答，他答不出来。志敏便说："好，让赵老师准备一下吧！"过了几天，赵老师又来上课了，还是答不出来。下课后，志敏便领着全班同学去找校长，说道：

"我们几次提的问题，赵老师都不能解答，我们要求换掉这个老师，不能叫他耽误我们的学业……"

校长不答应，并斥责学生不该在课堂上提问题。赵老师没有撵掉，可是谁也不尊敬他，背后管他叫"饭桶"。

教英文的教师也是个拆烂污的家伙，他教英语"水"字的时候，先是拖长声音念："打不油-呵-提-伊-而路一禾特儿（water）。"然后说道：这个水，就是鄱阳湖的水，也是太平洋的水，鄱阳湖的水同太平洋的水有什么分别呢？于是他就从这里大发议论，结果一个钟头的英语，只教了一个"打不油呵提伊而路一禾特儿"。学生们很气愤，志敏便编了一个戏，叫作《私塾的怪现象》，讽刺那些误人子弟的饭桶教员。这个戏演出后，英文教员和赵老师恼羞成怒，一定要校长惩办编剧本的这个学生。于是，风潮便开始了。

学校出了一个布告："着记方志敏大过一次。"

当时，学校机械科的实习工场开放三天，土木科测量仪器等也展览出来，叫市民参观。学生要组织起来做一些服务工作。志敏就趁此机会，召开了全校学生大会，发起学校改革运动，并且组织了学生自治会，向学校当局提出改进校务的意见。但校长对这些意见置之不理。学生会便又开会，揭露学校种种黑暗腐败情形。这一下，把赵校长惹恼了，立即悬出牌来，开除方志敏等三个学生的学籍。学生登时就把牌子摘下，摔在地上，你一脚我一脚，一阵乱踏，把个牌子踏烂了。同学们喊道：

"走，找赵宝鸿算账去！"

"不收回开除的命令就不放过他。"

大家浩浩荡荡，跑到离学校有半里多路的大凌云巷，把校长赵宝鸿的公馆包围了。砖头像雨点一般投到院子里去，窗户上的玻璃打坏了不少。赵宝鸿吓得藏到床底下，学生们没有找到他，回到学校，学生自治会便另悬出一块牌子来，历数校长贪污公款、任用私人、漠视学生生活等等罪状，开除校长出校。志敏召开了全校学生会，发表演说，散发传单，随后游行示威，到教育厅请愿。足足闹了一个星期，但是毫无结果。原来，江西教育界是由所谓东洋系把持着，势力很大，教育厅厅长和这个甲工学校的校长，都是这个派系的重要人物。因此，闹尽管闹，校长也没有垮台。结果，校长使出一着毒计——悬牌提早放暑假，便把这场斗争给结束了。志敏仍然被开除学籍，赵宝鸿仍赖着做他的校长。但是，这次"驱赵运动"虽然失败了，志敏不但不气馁，倒觉得又长了一次经验。

五

南昌第二中学有十几个倾向革命的学生，组织了一个"江西改造社"。主持者是两个学生，一个叫袁玉冰①，一个叫黄道。袁玉冰、黄

---

① 袁玉冰（1899—1927），又名袁孟冰、冰冰，江西泰和县人。是江西传播马克思主义思想的先驱、江西中共党团组织的主要创始人之一。1923年加入中国共产党，曾任中国社会主义青年团上海地委书记、中共江西区委宣传部长、共青团江西省委书记等职。1927年12月27日在南昌就义。

道看中志敏是个革命青年，便介绍志敏加入了江西改造社。这是个研究性的团体，社员的思想信仰并不一致，志敏和袁玉冰、黄道等几个人是马克思主义的信徒，另有几个人，相信无政府主义，其余的人摇摆不定，无一定的政治见解。社内出了一种季刊《新江西》，什么问题都谈，影响并不大。此外，更没有什么作为了。后来袁玉冰、黄道和志敏都加入了共产党，一些有钱的社员升了大学，想做学者，这个团体也就无形解散了。

1921年秋，志敏又考上了九江的南伟烈大学（即同文书院）。这是美帝国主义办的教会学校，校舍富丽堂皇，又俯临着九江有名的甘棠湖，风景是很优美的。但是这个学校名义上虽是大学，实际上只有小学部和中学部。志敏即是在旧制中学的二年级。

这期间，志敏仍很重视时事，他终日埋头读新杂志，研读马克思主义的著作，而且研究着俄国革命发展的情况。他赞成俄国的革命，他认为，社会主义在中国必然会实现。他把在中国实现社会主义，当作终身追求的目标，平日跟同学们谈话，常常是"什么叫社会主义，要怎样才能实现？……"同学们笑他，给他起个绰号，叫"社会主义"，有时他一进门，同学们就喊道："社会主义来了。"他不在乎，照样谈他的；同学们不愿听时，他也背诵一些旧诗："昨日入城市，归来泪满襟；遍身罗绮者，不是养蚕人。"

过了三个多月，志敏到底团结了一些同学，他们成立了读书会，起初还只是看看新刊物，到后来，便成了研究马克思主义的小组了。

当时南伟烈学校是四个星期放假半天，平日是绝对不准出校的，否则要受严重处分。尽管如此，他们仍然设法从外面带进书刊。参加阅读的人也逐渐多起来了。

读书的办法，是由志敏指定某人专读某一本书的某一部分，到晚上打了熄灯铃之后，大家躺在床上，轻声讨论。如讨论不完，便利用第二天的午餐或自修前的时间，到偏僻处继续讨论。他们就是这样想方设法去找读书时间。

因为是教会学校,每天早晨都要做一次"小礼拜",星期四下午,还要做"大礼拜",只要你不是生了大病,不论是不是教徒,都必须去参加。每当做礼拜的时候,那些吃饱了洋饭的牧师,便站在礼拜堂上,俯首闭目,喃喃祷告,祷告完毕,就宣经讲道。志敏他们几个人既不信道,更是无告可祷。每逢走进礼拜堂,便觉得像进入牢狱一般。后来他们发现,这正是读马克思主义的绝好时间,于是每逢那些虔诚的牧师和教徒们在祷告、说教的时候,他们就读起他们的马克思主义书籍来了。

这学校,本来是个培养传教士和洋行翻译的地方,不少的学生都趋奉洋人,见到洋人来,便连忙鞠躬敬礼,洋人说话,总是点头说着"耶司(是)",志敏看不惯这些。有一次,他忍不住问一个同学道:

"你怎么对洋人总是这样恭敬呢?"

那同学回答说:

"你这还不知道,在洋学堂读书,不尊敬洋人,还尊敬谁?倘若谁得到洋人的欢心,在校可望免费读书,毕业之后,包管你容易找事。密司特方,你要明白,找到一个洋行翻译的差事,一个月就是几十块花边的薪水啦。如搞得更好的话,还可以在洋人帮助之下,去美国留学呢!密司特方,我不客气地说一句,像你不敬洋人,又不信教,那只好去讲你的'社会主义'了。"

志敏听他那恬不知耻、扬扬自得的腔调,心里很是愤慨,但是他也无可奈何,只好由他们去追求那一月几十块的花边了。

志敏在学校当局的眼里,本是个可疑人物,渐渐地就有人在暗中监视他的行动。他订的报纸杂志时常脱期,或者简直收不到。后来,志敏订杂志,就写上朋友的住处,然后再由朋友交洗衣服的妇女带进来。

1922年春,志敏在校进行了更积极的活动,常秘密地在夜晚和几个同学开会。当时他和进步青年已经发生了联系,外面来找他的人一天多似一天,上海朋友也常给他写信。在"反基督大同盟"成立的时候,志敏领同学们上街张贴标语,宣传演讲,展开反对美帝国主义运动。不料这时候,他的肺病又复发了,常常吐血不止。他在病中写了两首白话诗《哭声》和《呕血》,这两首诗反映了当时劳动人民的悲惨生活,和他对旧社会愤激的心情。

哭　声

仿佛有无数人在我的周围呵!
他们呜咽的悲哀的而且时时震颤的声音,
越侧耳细心去听,越发凄楚动人了!
"我们血汗换来的稻麦,十分之八被田主榨取去了!
剩的些微,哪够供妻养子?……"
"我们牛马一般的在煤烟风尘中做工,输运,奔走,
每日所得不过小洋几角,疾病一来,只好由死神摆布去了!"
"跌倒在火坑里,呵!这是如何痛苦呵!
看呀,狂暴的恶少,视我们为娱乐机械,又来狎弄我们了!……"
"唔!唔!唔,我们刚七八岁就给放牛、做工去吗?
金儿福儿读书,不是……很……快乐吗?"
"痛呀:枪弹入骨肉,真痛呀!
青年人,可爱的青年人,你不援救我们还希望谁?"
似乎他们联合起来,同声哭诉。
这时我的心碎了。
热泪涌出眼眶来了。
我坚决勇敢地道:
"是的,我应该援救你们,我同着你们去……"

五月六日于九江同文书院

呕 血

呵!
什么?
鲜红的是什么?
血吗?
血呀!
我为谁呕?
我这般轻轻年纪,就应该呕血吗?

呵!是的!
我是个无产的青年,
我为家庭虑;
我为求学虑;
我又为无产而可怜的兄弟们虑。
万虑丛集在这个小小的心儿里,
哪儿不把鲜红的血挤出来呢?

呵!是的,无产的人都应该呕血的,
都会呕血的,——何止我这个羸弱的青年;
无产的人不呕血,
难道那面团团的还会呕血吗?
这可令我不解!
我为什么无产呢?
我为什么呕血呢?

一九二二.六.二一晨.于九江。

在这个时期，志敏心中已经孕育着强烈的革命情绪了。同时，他的爱国活动，也遭到了北洋军阀的敌视。九江镇守使吴金彪，通过南伟烈学校将志敏开除出校。可是志敏并没有什么违反校规的事，功课（特别是英文）也很好，在学生中又有威信，所以校方犹豫着一直没有悬出牌来。到学期终了的时候，志敏却自动提出停学了。

志敏这几年读书用的钱，都是父亲借贷来的，从高小、工校到南伟烈，六年用的钱，连本带利，已变成了一笔七百元的巨额债款！这笔债款，像千斤重石压在全家人的头上。父亲母亲，一年365日都处在忧愁之中，这俩老人家，每天鸡鸣时候就都醒了，谈到的第一件事就是债！接着便是"咳！咳！"的长吁短叹，直到天明。志敏每年暑假回家最怕听的，就是这一类话。他深深地体会到负债人心中不可描画出来的忧苦！于是，志敏决心废学，他不愿意因自己一人使全家受苦！

不久，一个同学来信说：校内一个有力的洋人，希望他回校。只要他信基督教，不再谈什么革命，那洋人还答应供给学膳费用。志敏毫不犹豫地立即复信说道：

读书不成，只为家贫，但因贫而无受教育机会的人，在中国何止千万？无论如何，我是不会相信基督教的，现在，我也不愿再读那些无意义的书，我要实际地去做革命工作了。

六

志敏在南伟烈学校的时候，曾经接到过上海一个朋友寄来的一份《先驱》报。《先驱》报是中国社会主义青年团的机关报。它主张结成民族统一战线，打倒帝国主义，打倒军阀。他看过之后，非常佩服，觉得这种政治主张正符合他的思想，因此他决心到上海去找朋友，加入社会主义青年团。

他离开学校的时候，校长还想再拉他一把，给了他一封介绍信，叫他到上海去找一个牧师，说是可以找到职业。志敏一心去寻求革命的道路，哪理会这些，不过他想，若能利用这关系找个半工半读的事也不错，便拿了这封信。

他坐船漂流到上海来，不久经过赵醒侬同志的介绍，加入了社会主义青年团。志敏赁了一间亭子间住下，很久找不到事做，他也曾用南伟烈校长的介绍信去找那位牧师，但一无所获。因为那个牧师并没有闲心去无缘无故地帮助一个他所不需要的人。

以后，志敏给《民国日报》投了几篇稿子，认识了一个《民国日报》的人，后来，他就和一位姓洪的同志两人在《民国日报》里担任了一份校对工作。薪金自是菲薄的，工作又很累，而且都是在夜间工作，常常到天亮还不能完事。这时期，志敏仍不忘学习，有时他还到上海大学去旁听。

上海大学是当时的革命熔炉，学校里的教授有张太雷、恽代英、瞿秋白、向警予等同志，这对志敏来说，实在是个极好的学习环境。因此，志敏同志对马克思主义有了进一步了解，更加坚定了他的共产主义的信仰。

七

1922年秋，志敏同志和赵醒侬同志［先后］回到江西来，在南昌进行革命活动，发展团的组织。他们在江西建立起第一个社会主义青年团小组，这个小组只有赵醒侬、方志敏、袁玉冰等七个人。他们在南昌三道桥东湖边上，开办了一家新文化书店。专卖《中国青年》、《解放与改造》、《向导》等进步刊物和其他马克思主义书籍。他们就利用这个据点，对青年进行宣传马克思主义的启蒙教育。

当时，北洋系的军阀陈光远统治着江西，对人民的剥削压迫很重，对驻在九江、南昌的洋人，则是百依百顺，反动政府的政治、军事、经济、文化等各方面，均日趋堕落腐化；广大的青年学生意气消沉、悲观失望、彷徨歧途。一些中下阶层的人民，也多痛恨军阀的强征暴敛和惧外媚外的卖国政策。志敏同志便决定出版一种小报鼓吹革命运动。这个小报由志敏同志和袁玉冰同志负责编印，其他同志也时常写稿和帮助推销。

志敏当时虽然是书店经理，但是书店的营业并不好，收入很有限，而且这一点点有限的收入，也还要作为革命活动的经费，所以他这个经理也常常穷得没有饭吃。他工作得很紧张，写稿子，编小报，发展团的组织，晚上有时还要到很远的地方去参加会议。但是，他仍然要抽出些时间，到心远大学去旁听。

为了培养和扩大革命力量，团决定由秘密组织转向公开的活动（这时已改名共产主义青年团了）①，便组织了两个公开的团体，一个是马克思主义研究会，加入的人多是知识分子、学生；另一个是"民权运动大同盟"，加入的人多是具有民主思想的社会人士，也有些铅印工人和店员。这两个团体的组成，费了志敏同志不少心血，由于日夜的劳累，他又吐血了。同志们见他病情严重，便筹措了些钱，把他送到医院里去。

马克思主义研究会和民权运动大同盟，虽然算是合法组织，但并未取得合法地位，所以也不敢十分公开地活动。读《马克思传》，他们要把门关起来，开会或写稿子，也多是在夜深人静的时候；环境紧张时，开会甚至要划只小船到东湖中心去。他们办的一些刊物如《红灯》、《觉悟》，也不敢公开流传。虽然这样，还是没有逃脱反动军阀的迫害。两个团体成立不久便被查禁了。袁玉冰同志被捕了，没过两

---

① 1923年3月中下旬，"江西民权运动大同盟"、"马克思学说研究会"分别在南昌成立。时中国社会主义青年团未正式更名为"中国共产主义青年团"。

天，姓郭的等几个同志也被捕入狱了。赵醒侬等同志不得不暂时躲藏起来。新文化书店只剩下一个姓汪的同志支撑着。

这一天，军警光顾到新文化书店。

"你们经理到哪里去了？"

"我是卖书的，经理到哪去，没告诉我，我不知道。"汪同志说。

军警就坐在里面等，等了许久也不见方志敏回来，便对汪说：

"你们这书店不许开了，奉督军的命令，查封这个书店。"

志敏在医院里还不知道这些事情，赵醒侬同志派了一个同志来通知他，问他身体如何，是否可以离开南昌，因为敌人正在搜捕他。志敏听了之后，愤然坐起说道：

"我的病没什么关系，为了革命事业，我们不能做无谓的牺牲，好，今天晚上就走！"

志敏听说袁玉冰同志是在南浔路上被捕的，便想到车站上一定有侦探，乘火车到九江去是危险的。于是，叫人雇了一只小船，泊在医院后门墙外，等到夜晚，他穿着一件灰色长褂，帽檐遮住眼睛，溜出医院的后门，由一个同志伴着他，坐上船，逃了出来。

船到吴城，因为找不到赴九江的轮船，只得又雇了一只小船到涂家埠，搭火车去九江。到了九江，找到了在太古洋行做小职员的一个朋友，他的朋友给他买了到南京的船票，并护送上了船，才平安地到了南京。

志敏在南京仍无法找到工作，他住在凤仪门的一个小客栈里，写了一首诗——《同情心》①：

在无数无数颗的人心中摸索，
只摸到冰一般的冷的，

---

① 《同情心》写作日期为1923年4月23日，同年5月15日发表于上海《民国日报》副刊《觉悟》。

铁一般的硬的，
烂果一般的坏的，
它①，怎样也摸不着了——

把快要饿死的孩子的口中的粮食挖出，
来喂自己的狗和马；
把雪天里立着的贫人的一件单衣剥下，
抛在地上践踏；
他人的生命当膳飨②，
他人的血肉当羹汤，
啮着喝着，
还觉得平平坦坦。
哦，假若还有它，何至于这样？

爱的上帝呀，
你既造了人，
为何不给个它！

后来，上海有些同志知道志敏的窘境，便寄了一些钱来接济他。过不久，志敏便离开南京到上海。这时，赵醒侬同志也逃到了上海。

同年秋天，志敏同志和赵醒侬同志又被派回江西来开展工作。冬天，党在一个印刷所里建立了秘密机关。经过几年斗争的锻炼和团的教育，方志敏同志的思想和行动，已逐渐无产阶级化，树立了坚定不移的共产主义的信仰，在 1924 年 3 月，经过赵醒侬同志的介绍，在南昌正式加入了中国共产党。这是他生命史上一件最可纪念的事。他

---

① 它，在本诗中指同情心。
② 飨，音 xiǎng，同"享"。

在回忆这件事的时候,写下了下面一段令人心情激动的话:

　　……不管阶级敌人怎样咒骂诬蔑共产党,但共产党终究是人类最进步的阶级——无产阶级的政党。它有完整的革命理论、革命政纲和最高尚的理想,它有严密的党的组织与铁的纪律,它有正确的战略和策略;它有广大的经过选择而忠诚于革命事业的党员群众;并且它还有得到全党诚心爱戴的领袖;它与无产阶级和一般劳苦群众,保持亲密的领导关系;它对于阶级以及全人类解放事业的努力、奋斗和牺牲精神,只要不是一只疯狗,都会对它表示敬意!

　　共产党员——这是一个极尊贵的名词,我加入了共产党,做了共产党员,我是如何的引以为荣啊!从此,我的一切,直至我的生命都交给党去了!

八

　　在1923年的时候,江西的国民党党部就秘密成立了。当时,当政的北洋军阀,即把国民党认作是赤化党,捉到轻则坐牢,重则枪毙。因此,他们的处境也很困难,党员极少。国共合作以后,方志敏同志以共产党员的身份,参加了国民党做革命工作。不久,就在十几个县里组织了国民党的县党部。许多共产党员参加了这些县党部。1924年①夏天,临时省党部秘密地召开了一次全省的代表大会,选举省执委,成立了正式的江西省党部。赵醒侬同志被选做主要的负责人,志敏同志被选为执行委员兼农民部长。这个组织在后来"拥护孙

---

①　应为1925年。

中山北上"、"追悼孙中山逝世"两次运动中，发挥了极大的作用，唤起了江西广大群众对国民革命的认识和同情。

在这一年，赵醒侬和方志敏同志在南昌创办了黎明中学，他们俩就住在这里办公，团结和教育了不少知识青年。这个学校成了我们党活动的中心。

夏天，志敏同志又回到故乡湖塘村去，在村里创办了旭光义务小学和贫民夜校。一面办小学，一面秘密进行革命活动，在学生中吸收了24个骨干分子，秘密地成立了农民协会筹备委员会，每当夜深人静的时候，志敏便召集他们开会，给他们讲我党的政策和主张。后来，这24个人都成了农民协会的骨干。

志敏同志还到弋阳去，在弋阳高小组织了"青年学生会"，团结了许多农村中的知识青年。

1925年，爆发了五卅运动。这个弥漫全国的反帝国主义的民族革命运动，在江西起了很大的反响。九江就有帝国主义的军舰和洋行，江西人对于帝国主义者屠杀中国人民是领教过的。因此运动一开始，南昌、九江马上就形成了抗议的浪潮，立即组织了"江西沪案后援会"，举行群众集会，揭露帝国主义的残暴，积极地支援上海的群众。志敏同志是沪案后援会的组织人之一，他日夜紧张工作，几个晚上都没有睡觉。随后，又到各县去组织活动，将反帝运动深入到偏僻县份的群众中。

在这次运动中，志敏的吐血病又发了。当吐血的时候，他就静卧几天，病稍好些，起来再干，一干又病，就再躺几天，然后起来又干。

就是在病中，对革命工作，他也未尝有丝毫的懈怠。终于，经过这一次巨大的群众运动的紧张的组织和宣传工作，加上长时期的秘密工作的劳累，他的肺病更加严重了，此后更容易吐血了。走多了路要吐血，睡迟了也要吐血，受了什么刺激也要吐血。进了好几次医院，都未能根治。他每次都是稍愈就起来工作。

当时，反动势力统治着江西，南昌城里被白色恐怖笼罩着，他们行动很不方便，随时都有被捕的危险。就在这时候，革命力量受到一次惨重的打击。1925年秋天，赵醒侬同志被捕了①，军警到处搜捕共产党员和国民党员。赵醒侬同志在敌军法处押了两个月被枪杀了。消息传来，志敏同志因受刺激过重，肺病又复发了，吐血不止，同志们又把他送入南昌医院②。他的理智已克服不住情感，他痛哭失声，呼说："赵醒侬同志既已牺牲，我何足惜也！"

赵醒侬同志，是江西南丰县人，他原是一个破产的商人，在上海做秘密工作时，生活非常艰苦。他到各处去做革命活动，全靠两脚走路，连坐电车的钱都舍不得花。他是一个优秀的共产党员，志敏同志在参加革命前后，受了他不少的教导。他的死，对志敏同志来说，是失去了一个敬爱的领导者，失去了一个相知最深的同志和朋友。由于悲伤过度，志敏这次住院的时间比任何一次都长。

志敏同志住在南昌医院里，许多同志都担心他的安全，劝他最好迁往乡下暂住，躲一躲风头，志敏同志严肃地回答说：

"革命事业的利益，更重于我个人的生命，我虽住在医院里，但我还要领导南昌的地下工作，要与反革命军阀做殊死战，以配合国民革命军的北伐。如果军阀敢于派其爪牙到医院来逮捕我，我将以我的血，将他们喷死。你们不要以我的安全为念。不过，你们要赶快派一两个人到广州去，向党中央报告情况。"

说完，他脸上泛起红色，咳嗽几声，又吐出一口鲜血。大家连忙扶他躺下。

志敏同志这种坚强的精神，感染了这几个同志，他们退出医院时，感到步伐特别有力，黑暗与恐怖，都似乎不存在了。

---

① 赵醒侬于1926年8月10日在南昌被捕，9月16日牺牲。
② 应为江西庐山普仁医院。

九

1926年1月,志敏同志被派去广州,参加广东第一次全省农民代表大会。①

广州是一个生气勃勃的充满了革命朝气的城市,随处可见"打倒帝国主义"、"打倒军阀"的标语。志敏久处在白色恐怖之下,一见到这种情景,他心情的愉快是可想而知的。

农民代表大会开了[十]五天,他从彭湃同志的谈话、演说、报告中,学得了许多做农民运动的方法。大会开罢,又同中国第四〔三〕次全国劳动大会的代表一起到广州国民政府请愿出师北伐;接着,他又到省港罢工委员会、石井兵工厂等处参观,学习了很多东西,他满望着回到江西好好干一场,哪知坐船刚到上海,便又吐起血来了。这次肺病大发,体温升到摄氏41度,病情十分危险。幸得中国济难会的帮助,在上海医院治了两个月,又转到牯岭普仁医院医了一百多天,才渐渐痊愈。

广东的国民革命军这时候已经誓师北伐,消息传到医院,志敏兴奋极了,天天盼望着北伐军胜利的消息。

一天,志敏从病友处忽然得到一张北伐军占领武汉后出版的报纸,他大喜过望,把那张报纸上的每个字,哪怕是广告,都念了几遍。这张报纸,真比吃几瓶鱼肝油还顶用,他精神奋发,恨不得立即跑下山去参加工作。

不久,北伐军攻入江西,党来了指示,要他病愈后即来南昌,他接到指示后,就迫不及待地下山了。

---

① 应为1926年4月下旬,方志敏从江西赴广州参加广东第二次全省农民代表大会。广东省第二次农民代表大会于同年5月1—15日举行。

江西党的几个负责人中,赵醒侬同志殉难,袁玉冰同志已去苏联留学,因此,方志敏同志的责任就更加重大了,他回到南昌后,即被选为国民党江西省党部执行委员,并主持江西省农民协会的工作。

志敏此时身体尚未恢复,可是他仍积极地组织了南昌、新建近郊的几千农民,宣传"减租减息"、"耕者有其田",进行农村革命运动。

在弋阳、横峰等县,由于党早已撒下了革命的种子,所以也很快就把农民协会组织起来。

农民协会进行了轰轰烈烈的示威运动,广大农民在省农协的号召下,参加了革命工作,为北伐军带路、送茶、送饭、抬担架、运输粮草辎重。使北伐的东征军得以顺利地前进,迅速地消灭了军阀队伍。

1927年1月1日,国民党江西省党部召开了第三次代表大会,志敏同志被推为大会的临时主席。在改选执委与监委过程中,蒋介石手下的AB团①分子,阴谋贿选,企图排挤共产党员和左派国民党员,夺取江西省党部的领导权。但选举结果,志敏同志仍获得多数人的拥护,继续被选为执委兼农民部长,并担任了全省农民协会的常委与秘书长的职务。

AB团分子虽然没有抓到农民协会,但是省党部已经被他们控制了。他们便利用国民党省党部的名义,肆意向农协进攻,今天一个决议,明天一个决议,几乎天天都有刁难省农协的新花样。志敏是首当其冲的人,为了对付AB团的进攻,不得不耗去许多心思。AB团还委派了两个委员到省农协来,这两个委员,当然不是来做工作的,而是专门捣乱了;每次省农协开会,志敏总得与他们先争后闹,最后拍桌大骂而散。

不久,省农协开第一次全省代表大会选举正式农协执委,蒋介石怕AB团再度失败,便指使陈果夫提出圈定的办法,来圈定省农协的委员。志敏同志那时是省农委书记,便急电中央农委书记毛泽东同

---

① AB团是在蒋介石等的支持下,在江西南昌建立的国民党反共组织。

志，请示办法，毛泽东同志立即复电说：

"须坚决反对，宁可使农协大会开不成功，不可屈服于圈定办法。"

志敏同志得到指示后，立即组织对AB团的反攻，揭发AB团的阴谋。AB团又无耻地向各县代表进行贿选的活动，准备以5块光洋向代表买一张选票。志敏听到了这消息后，立即分别召集在大会工作的共产党员和进步群众开会。他坚决地说道：

"AB团以5块光洋来收买各县的代表投他们的票，我们不能用臭钱来收买代表；我们只有用革命的正义来说服他们。我相信各县出席的代表是经过农民群众挑选出来的优秀人物，是能够真正代表各县农民利益的，他们都富有正义感，一定能够认识谁是为他们谋利益，为他们的利益而奋斗的。只要我们在代表中广泛揭露AB团这些无耻阴谋和卑劣行为，代表们决不会受他们的欺骗。莫说是5块光洋，就是50块光洋也绝买不动他们的心。"

大家遵照志敏同志的话，向各县代表进行广泛深入的宣传，揭发了AB团的阴谋诡计。于是AB团的丑态便都暴露出来了。AB团阴谋败露，恼羞成怒，扬言要用手枪打死方志敏。志敏不以为意，继续严厉地斥责AB团的卑劣行为。AB团贿选又没有成功，最后只得仍由蒋介石出场，硬给圈去三个执委。

十

这年3月，上海工人武装起义，配合北伐军占领了上海，全国工人运动和农民运动大大发展了。农民同地主阶级的斗争，也在农村中普遍地展开了。志敏同志下乡去，亲自领导了湖塘村的斗争，农民协会召集了全村贫雇农来开会。他讲话说："今年土豪劣绅要来收租的话，你们首先要求减租减息，如果他们不肯，你们就跟他们算账……全省的农民协会一定支持你们。"

志敏有个五叔方高雨是个地主，勾结了一些人破坏农协的减租减息运动，志敏亲自领着贫雇农到方高雨家门口开会，他高声地向贫雇农说着："今天方高雨不把借据拿出来，我们就要坚决跟他斗争；不但要他把借据拿出来，还要他亲手还给我们。"于是，一场激烈的斗争展开了，群众情绪激昂地面对着方高雨跟他算账。方高雨还想顽抗。可是群众的威力，却把那些"小方高雨们"震动了。一个叫方高汉的富农自动跑了来，双手交出一些借据。至此，方高雨的威风倒了，不得不将借据交出来，并答应拿出十担谷作为农民夜校和农民协会活动的经费。

江西最大的地主，要算是龙虎山上的"张天师"。"天师"自汉以来就代代相传，越传越反动，变成了大恶霸地主，在江西有着极大的势力，历来的反动统治阶级、土豪劣绅，都要巴结他；龙虎山附近八县都有他的土地，八县农民多是他的佃户，财产多到不可计数。农民不仅要向他交高额地租，还要做他的奴隶，替他服苦役，稍有迟误，便是触犯了"王法"，不是严刑拷打，就是扣押监禁。在这革命的高潮中，一向在"天师"压迫下的贫雇农，便拿着梭镖、马刀、镰锄、棍棒，一气打到"天师"住的上清宫里去了。"张天师"呼风唤雨、撒豆成兵的"法术"，全然不灵了，他自己成了"妖魔"，被农民活捉了，并缴了皇帝赐他的"玉玺"。农民群众在"天师"的镇妖堂里开了斗争大会，把"天师"历年从农民身上剥削而来的财产当众分革命势力猛烈发展着，广大的农民群众被组织了起来，到处展开了火热的斗争，可惜的是，当时党的领导者陈独秀，对于共产党应该坚持革命的领导权这一点抱着软弱的态度，因此这个猛烈发展的革命形势没有得到巩固。

江西省主席朱培德，一天比一天反动，公开说工农运动过了火，现在要开一开倒车；志敏同志提出抗议，但是得不到省委的支持。省委只是叫对朱培德"拉拢拉拢"、"影响影响"，丝毫不想一点积极的办法。

当然，"拉拢"、"影响"是绝不会有作用的。街头上出现了反动标语："欢送共产党员出境！""共产党员如果不出境，就要不客气地对付！""制止过火的工农运动！"标语上的署名，都是朱培德军队里的什么机关枪连和迫击炮连。

志敏感到形势严重，几次跑到省委去说，要省委电中央想办法，但得到的回答总是："你们还是尽力去拉拢影响他们。"正当此时，有人来省农协报信说：朱培德要下毒手了。

志敏又一气跑到省委机关。就在他刚跑出去不久，朱培德派来一营兵，包围了省农协，将省农协的一连农民自卫军缴了械，又进到志敏的卧室里，翻箱倒柜地检查了一遍，然后，便"请"去了几个人。

朱培德一共要"欢送"24个共产党员出境。当时武汉的国共合作还没有分裂，他还不敢公开屠杀。他假惺惺地给共产党员摆酒饯行，送旅费和安家费，并派花车押送这些人上了火车。在这同时，他又把龙虎山上的"张天师"护送回了上清宫。他自己不久则死心塌地投靠了蒋介石。

省委决定志敏不要去武汉，要他到赣南搞农民运动。于是志敏就藏在省委机关里暂住，这时候正好彭湃同志也来到江西，他们就一起同住了几天。

就在这紧急的日子里，我和志敏同志在党省委秘密机关里结婚了。仪式很简单，只是大家吃了一顿好饭就是了。但是同志们热情地向我们祝贺，彭湃同志还写了一副很有风趣而又寓意深刻的对联，勉励我们为革命奋斗到底。

没过几天，志敏便乘了一艘小轮船，秘密地到了吉安。这正是秋收要交租谷的时候，他通过农民协会，到群众中去组织"二五减租"运动。

"二五减租"，本来是国民党北伐时提出的一个最低限度的改良主义的口号，但北伐军来到江西已经一年，"实行二五减租"仍然只是写在墙壁上的标语。志敏在吉安看到这些已经陈旧了的标语，越发激起了他深入群众、把农民组织起来的决心。

他在吉安、吉水、莲花、安福四县的农村里展开了工作，进行了农民耕种土地用费和纳租额的调查，在各县都召开了农民代表大会及农民群众大会，在这些会上，他具体地把地主的剥削账算给农民听。然后，他作一个简短的结论说道：

"同志们！我们贫苦农民，做牛做马替地主耕田，就算不望赚得什么，至少也不应该让我们亏本！过去我们糊涂一生，不会打算，替地主耕田，还要替他们赔这么多的本钱，天下应该有这样的道理吗？我们农民越做越穷，越做越苦，从前，总以为是八字坏，命根苦，现在晓得原因在哪里了——我们没有土地呀，我们租耕地主佬的土地要亏本呀，这就是我们一天一天穷苦下来的最主要的原因！现在的减租运动，当然还远谈不上'我种出来的东西，应该归我所有'——农民将来一定要做到这种地步，才算得到解放了，现在只是要求替地主耕田不亏本罢了！"

志敏同志的宣传已深入人人心，成百成千的农民组织起来了。他们打着旗子，扛着锄头，起来示威游行，长长的队伍，排了十余里；高呼着洪亮的革命口号。他们不但要求减租，而且要求土地，要求根本毁灭地主阶级的封建剥削制度，他们要从重重的压迫下，站起来伸一伸腰儿，做个自由的人！

那班平日不劳而食的吸血鬼们吃得纷纷逃走，不用说"减租"，根本没有人敢来收租了。吉安四县，就这样地搞了一次"秋收起义"。

十一

国共分裂的消息传来了：武汉的汪精卫投靠了蒋介石，公开反共了。党为了挽救革命，7月31日夜晚，由周恩来、朱德、叶挺、贺龙等同志领导11军24师、4军25师、20军和10军教导团，发动了南昌起义。8月1日上午，军阀朱培德的部队全部被缴械，南昌城头插上了红旗，一支完全在中国共产党领导下的人民军队诞生了。但是，起义军没能与江西的农民运动结合起来，8月5日就撤离了南昌。江西省委也未把南昌起义的消息及时通知地方党组织，所以志敏他们完全不知道。直到驻扎在吉安的白军第七师大肆搜捕共产党员，开始了血腥的屠杀，当地的党组织才知道发生了事变，急忙转入地下。

志敏避到吉安乡村一个农民家里，和党的机关失去了联系。住了十几天，也无人来找他，觉得这样下去不是个道理，遂决计回弋阳活动。

志敏换上了破烂的衣服，穿上草鞋，化装成贫苦的农民，独自走回弋阳。

路上走了十几天。到漆工镇正是薄暮时分。这里离他的家——湖塘村，只有二里地了。漆工镇附近的村庄，都是瓦砾成堆，被火焚烧成黑色的房梁屋柱，东倒西歪地支架着，已经完全不是原来景象。志敏吃了一惊，他不敢进镇里去，抄小径上了来龙山，等到夜深人静的时候，才摸到自己家门口。

志敏轻轻地叩了几下门，叫了几声，把睡着的父亲、母亲喊醒了，母亲打开门一看，又惊又喜：

"呀，你回来了！"

母亲连忙把他拽进门里去，看到他穿着一身破衣，知道是化装逃回来的，不免又替他担心。志敏问起漆工镇被烧的原因，才知道是劣绅张念诚又反扑过来了。

北伐军打到江西以后，有些土豪劣绅逃跑了，有的就被农民捉了起来；民愤不大的，罚了点款；罪恶大的，就送到牢里去。漆工镇上的"邵鼎丰"给封了门，烈桥的张念诚被农民协会捉起来，那个曾被他诬陷坐牢的青年，还打了他几个耳光，后来解到南昌，押在高等法院里。不想，"八一起义"时，他却乘乱逃了出来，带了一营反动军队来进攻九区，在漆工镇附近二十几个村庄放了一把大火。

"张念诚来搜查你几次了哩！"母亲讲完了这些情况之后告诉他。

父亲坐在一旁只是叹气。

"不要紧，我们还是要干的！"志敏倔强地说。

这时，许多同志也都跟党失去了联系，星散地潜伏在家里，不知如何是好。志敏便派方志纯等同志秘密地把这些同志都找来了。

"怎么办呢？"大家来了都不约而同地问他。

"暴动！"志敏同志把手一挥，直截了当地答复着说：

"我们重起炉灶，从头再干！"

于是，领导核心又重新组织起来了，并召集了共产党员大会。会上，志敏同志说明了当前形势，指出国民党已经完全反动了，革命事业，只有靠共产党人重整旗鼓，担当起来。并批判了一些人的悲观动摇、灰心消极的情绪。会议决定组织农民起义，提出纲领如下：

打倒帝国主义，杀尽贪官污吏；
推翻国民党，铲除土豪劣绅；
平债分田分地，建立劳农政府；
如果中途变心，刀斩弹穿不赦。

通过了这个纲领，大家便分头活动去了。

这几县的农民早受过革命影响，这次，有些地方又受了一次洗劫，对敌人的仇恨更大了。在一个农村中只要找着一两个积极的农民谈话，一两日内即可邀集很多人，于是3人一班，10人一排，30人一团，农民革命团便秘密组织起来了。大家插香叩头，吃鸡血酒，宣誓同生共死，然后选举正副团长及排班长，点名编队；随后用种种名义去收集与夺取农村中的武器。武器夺到手里，即以打猎为名进行操演。经过一个月零五天的紧张工作，居然组织了170多个农民革命团，有五六千个团员，可是武器还几乎没有。志敏决定到鄱阳去搞枪。

鄱阳原有一个警备团，有枪一百支，团长是共产党员，连队里面，共产党员也不少。可以说，这个团是共产党控制的。志敏从吉安回来时，途经鄱阳，曾在船上找到鄱阳的同志来谈话，要他们将警备团带到弋阳来，以保存实力。他们答应了。所以志敏这次去鄱阳是满怀信心的，心想即使带不来一团人，至少也可以带来一半。哪知到了鄱阳，情况已经大变。鄱阳党的几个负责人经不住这严峻关头的考验，就用牺牲警备团作为与当地劣绅妥协的条件，将警备团断送了。团长撤了职，共产党员悉行开革，警备团现在变成豪绅地主忠实的看门狗了。志敏听说他们还有十支枪也准备送到县衙门去"以清手续"，不禁大怒。他跟那几个"共产党员"嚷道：

"你们把枪送给县衙门，就是反革命！"

争吵了一阵，他们才勉强将还没有送走的10支枪交了出来。志敏拿到这10支枪，连夜运回弋阳，准备秋收起义时用来攻打弋城。

在鄱阳的时候，志敏碰到了省委派来的特派员，听到了关于中央"八七"紧急会议经过的报告，才知道党已经严厉地指斥了陈独秀的机会主义路线，重新决定了"土地革命"的口号，发动秋收起义。志敏听了，满心欢喜。

志敏回到弋阳，马上召集了几十个村的农民革命团的团长开会，讨论秋收起义问题。会还没有开成，突然有人跑来报告，张念诚领着一营白军又杀奔湖塘来了。当时，农民革命团还没有武装起来，那10支枪分散在几个农民手里，自然没有抵抗力。志敏只得宣布散会，叫大家赶快各走各的路。

白军杀来了，捉不到人，村里人都逃到山上去了。他们就又放起火来，湖塘村家家都被火烧着，满村乌烟，火苗乱窜。白军放起火即开走了，农民们马上跑下山来救火，虽然扑救得快，仍有50余家被烧得房屋倒塌，一片片断墙碎瓦，比上次烧得更为惨重！女人们都大哭起来，边哭边骂，男人都咬牙切齿，骂劣绅，咒白军，要与白军拼命。

后来，劣绅又带着白军来了几次，每次来都是大烧大杀，湖塘村里的几所瓦房烧光，茅屋烧一次修补一次，竟被烧了四次。

志敏知道目前无力抗敌，便和几个同志带领十几个持枪的农民，到登山村去暂避。

登山村是一个四山包围着的小村落，村中人生活极苦，对革命很坚决，是一个可靠的革命村坊。村北五里，就是一座大荒山，叫作磨盘山，山上茂林修竹，躲进山里，是很难找到的。

在登山住了两天，张念诚又领兵来围；志敏躲到山里，他们扑了空。

就这样，计划的秋收起义，没有能够实现。

十二

秋收起义没有成功，反而毁掉许多村庄，这给志敏同志很大的刺激，又因几日夜的过度劳顿，吐血病又复发了，脸色苍白，吐血不止。大家很着急，登山村不好休养，便在夜晚把他抬到几十里以外的张村他姐姐方荣姊家。

住了没几天，一天夜里志敏姐夫的妹妹突然跑了来。她在德兴戴家听到几个反动派说："方志敏在弋阳造反了，我们明天到张村去捉他。"她得了这消息，便连夜跑了来告诉志敏。

此地是不能再住了。当晚请了两个人，将竹椅做成轿子，把志敏抬到离张村15里路的王武村一个亲戚汪家。这晚上既没月亮也没星光，一片漆黑，路上没有碰到一个人。

就在志敏离开张村的第二天，50多个敌兵，带着大刀铁尺跑到方荣姊家搜查，幸好志敏的一网篮书放在床顶上，未被发现。

这些家伙对荣姊威胁说：

"方志敏到你家来，推了三车东西，藏到哪里去了？"

"方志敏到哪里去了？快把他交出来。"

闹了半天，荣姊损失不少东西，后来还是村里一些老人出来，赔情说话，请吃了一顿酒饭，又凑了十几块银圆，才把这几十个流氓打发走。

志敏和我一起住在王武村①，藏在汪家最后面一间小屋里，王武村有六七十户人家，大革命时期，村里地主都跑光了，这村又是大姓，大多同族同姓，因此一般反革命党徒也不敢来，志敏就在这里住了三个多星期，直到他恢复了健康。

在病情稍稍好转的时候，他就着人找贫雇农来谈话，他们秘密地坐在小屋里，志敏给他们讲：种田不交租，欠债不还钱，贫雇农团结一条心，等等，并说明了我党的政策和主张。农民们听了很感动地说：

"要是有那个日子，种田不交租，那我们穷人就翻身了！"

志敏同志说道：

"现在你们就秘密进行活动，将所有的贫雇农都团结起来，组成农民革命团，对有钱的人就要注意他，我们要打倒这班有钱人的土豪劣绅，穷人才会大翻身！"

就这样，王武村里也点燃起革命的火种。

志敏病完全好了，就写信到各处去，把他的战友们找回来再干。这时期，劣绅张念诚请来的白军，大部分已转调去县城，环境不像从前那样险恶了。很多农民都来找志敏，要求领导群众报仇，志敏便动身到鄱阳去请示县委（弋阳是区委，归鄱阳县委领导）。但县委指出群众准备工作还不够，若白军进攻仍无力击退。县委又考虑到志敏在弋阳工作，目标太大，惹敌注意，决定派志敏同志到横峰任区委书

---

① 王武村，即乐平县篁坞村。

记,由黄道同志任弋阳区委书记。可是,在他回来的时候,同志们已经干了起来,并缴到三条枪,一支是汉阳造,一支是"三八"式,还有一支是半截的"九响毛瑟枪",合起来不过是两条半枪。所以后来流传了"方志敏两条半枪打天下"的传说。

这时,张念诚请来的白军已全部退走,志敏就发出通知,召集附近的农民群众,集中出发,去攻击张念诚所盘踞的烈桥。应召来的有300多人,沿途临时加入的有3000多人。攻入烈桥时,张念诚和他的走狗都吓跑了。张念诚一下子逃到上海,不久就死掉了。弋阳九区,从此就成了红色根据地。

1927年11月中旬,志敏同志潜伏横峰工作。他在横峰姚家垅找到黄道同志,和黄道同志讨论了横峰的工作。黄道同志把横峰的同志介绍给他后,便到弋阳去了。

大革命失败以后,横峰的共产党员和积极分子,都受过反革命的打击,有的罚过款,有的才从外乡逃回家来,情绪有些低落,对于党提出的平债分田的口号,抱着观望的态度。志敏同志耐心地进行宣传动员,过了几天,终被他说动了几个,他们说:"照你这样说,革命是会成功的?"

"会成功的。天下只有由咱们工农来坐!"志敏肯定地回答他们。

过了两天,他们又邀集了34个人,要志敏同志再去讲话。志敏去了,且不讲话,先问他们,谁欠了财主佬的债,谁交租给地主佬,大家都一齐举手,嚷道:

"哪一个不是穷的,不穷也不来革命了。"

志敏又问道:"大家赞成平债分田吗?"

大家又一齐举起手来,齐声叫道:"赞成呵!"

"那就好了,"志敏说,"还讲什么话?我们的道理就是活不下去了,要平债,要分田,要革命!"

于是,一个一个地发誓:"斗争到底,永不变心!"在红纸名单上自己的名字下画过押,喝了鸡血酒,编好组,成立了农民革命团,选出了团长和委员。

志敏同志有时去开会，便带了农民革命团的骨干一起去，叫他们坐在旁边看着、听着，这样经过几次，这些农民同志便也学会了宣传、组织群众的方法，志敏就分配他们到各村去宣传。农民自己的宣传，力量是大的。不上几天，三四十里内的村坊，都逐渐有了农民革命团的组织了。农民革命团一经建立，村里的权力，即暗地转入这些有组织的农民之手，从前村中的那些叫鸡公、宗老板，都没有人齿他们了。

旧历年关迫近了，这是工农群众的鬼门关，豪绅地主照例来逼租逼债，农民们起初还设词拖延，后来愈逼愈紧，眼看这鬼门关又要过不去了，于是各村都纷纷找到志敏跟前来催问：

"什么时候起义呀？"

志敏鉴于弋阳那次的失败，这次便想多做些准备工作。他答复他们说：

"还早啦，准备还不够得很！"

"赶快动手吧，实在忍不住了，要逼死人啦！"

每次总要解释许多遍，才能说服这些农民。但过不了几天，他们又来催问了："为什么还不下命令起义呢？"

事有凑巧，就在靠近年底的几天，兰家村的革命团和官家发生了冲突，于是，几十个村子一下子就都宣布起义了。

兰家村有几个贫苦农民，在村边开了一个小煤窑，干得顺利，一天可以挖出两块钱的煤，不顺利只能挖出块把钱的煤。几个人为着这一两块钱，每天都要脱得精光，在漆黑无光的煤洞里，过上十几点钟，挖的挖，拖的拖！爬出洞来，满脸满身的乌黑，有时还会有被煤砸死砸伤的危险，真是一文钱，一滴血！但是，县衙门却不放过搜刮的机会，看到每天还有一两块钱的出息，便硬要他们上税，每月五块大洋，叫作煤捐。

这一天，县衙门来了一个收煤捐的委员。他到窑前的茅屋里坐下来，眼睛望着屋顶，神气十足地等着给他端茶递烟。

从前，收捐委员到煤厂里来，哪个敢不恭不敬之，笑脸相迎。但是，今天却不同了，这些挖煤的已暗地参加了农民革命团，他们想，债要平，田要分，捐税还不废除？有了团体就有了力量，革命团的宗旨有一条，"杀尽贪官污吏"，你这些鸟委员就是要"杀尽"的，哪个还要敬你。所以尽管委员坐在屋里望屋顶，那些挖煤的人也不睬他。

那个委员要是晓事的，倒也罢了，偏偏还要抖威风：

"你们每月五块钱的捐，不按期送县缴纳，还待我来催！"

"近来煤出得不旺，只出石头，找不见煤！"一个挖煤的吸着烟懒懒地回答说。

"我们官府，哪管你们这些，我们只是要捐！"委员火了。

"没有煤，饭都没得吃，哪有钱交捐？你这个人讲的话，全无道理！"本村农民革命团的团长蓝长金是个性情暴躁的人，忍不住大声叫起来。他才从煤洞里爬出来，满身又是汗水又是煤渣。

"呵！原来你们敢抗捐！我早听说你们要结党造反，这倒是真的了！好！我回衙门报告，明天就把你们一齐捉进牢里去，坐到头发三尺长。你们这班狗东西！"

"你说哪个是狗？你才是狗！不交捐，你敢怎么样！"蓝长金气得站起来。

委员哪里听过这样黑的人骂他，立刻跳起来，赶上来照着蓝长金的头一拳打下去。蓝长金学过一些武术，力能敌住两三个人，早将来拳接住，顺手向委员的肋下一推，这个"纸老虎"就两脚朝天，倒在地上了。总算他是官场中人，善识风头，一翻身爬了起来，一边向外跑，一边喊：

"你们抗捐不交，还敢殴打委员！好！明日派兵来捉你们这些……"

委员边走边骂地去远了。大家有些后悔起来，这样鲁莽，县衙门怎肯甘休，要是明日发兵来，可不是好耍的，不是家破，便是人亡。

蓝长金用拳头往胸前一捶，说：

"怕什么！组织农民革命团是作什么用的！打起锣来，召集各村革命团的人，去把那狗委员捉来杀了，就没有人去请兵了。"

大家都赞成这意见，飞跑回村，找到一面铜锣，大敲起来。一面敲，一面喊：

"革命团的人都快点来，去捉那只狗委员，他要请兵来捉我们革命团的人喽！"

各村组织好了的农民革命团团员，在家里的或在田坂上种田的，听见召唤，都一齐托梭镖、拿大刀，立刻集合了四五百人。这些人蜂拥着赶上去，哪里还赶得上，委员早已跑进城里去了。

这伙人赶到离城几里的地方转回来，并不解散，集合到兰家村的祠堂里，杀猪煮饭吃，准备第二天真有队伍来，大杀一场。

这时，志敏同志正到弋阳九区开会去了，他们便连夜派人追赶，半路上将志敏追上，把情形告诉了他，志敏马上转回横峰。

志敏刚到兰家村，大家就把他围住了。志敏看看，有千多人。他知道准备还不十分充分，但事已至此，年关就要到了，是不能再按捺下去了。大家问他："同志，怎么办？"他便回答道：

"照往日开会所讲起义时应该做到的事，努力做去，起义吧！"

这个命令一传开来，几千农民便都拿着刀枪绳索，跑到高利贷者和地主家里去索借字契据。那些地主们和放高利贷的，平素是连一升租谷、一文利钱都不肯让的，这时却都驯驯服服将借字契据全拿出来，交给起义农民，当面赔笑地说："革命也是好事啦。"

农民群众平了债、分了谷，还分了地主一些财物。一些平日作恶多端的土豪劣绅，也都被农民革命团镇压了。

志敏当夜便发出各地同时起义的通知，没两天工夫，葛源、青板桥等地，横峰县半县的地方都行动起来，参加起义的农民有五万之众。

起义队伍的人数很多，装备却很差，只有几条枪和一些鸟枪、梭镖。可是驻扎在横峰城里的一营白军，却不敢出城一步。农民还常跑到城边去放土炮示威。

起义坚持了两个多月，横城白军又调来一营兵，起义被镇压下去了。

但是，革命的火焰是扑不灭的。起义失败后，党调邵式平同志去横峰工作，志敏同志又调回弋阳工作。志敏对这次失败并不灰心，他和黄道、邵式平等同志积极活动，把弋阳、横峰联结起来，成了一个弋横游击区，征集了十几个起义时的积极分子，脱离生产组织了一个游击队，志敏同志他们走到哪里，这支游击队就跟到哪里。遇到不多的敌人，就收拾它一下。枪呢，还是那几条。

但这几条枪，也给农民长了威风，队伍走到哪里，哪里就有人招待，队伍有钱就给点钱，没钱就不给，也从没人计较。军队和老百姓，都认为是一家子。而且走到哪里都有带着鸟铳来要求参加队伍的。渐渐地队伍就有了一连人的样子了。

组织队伍是要打敌人的。人多了，就更要想法搞枪了。当时规定谁缴到一条枪，就奖给谁50块银圆。这个办法很起作用，不仅战士们积极去缴枪，有的老百姓，也转弯抹角地去白军里买枪。部队也不管枪是怎样来的，拿来一条枪，就给50块。后来又派人到鄱阳等地去买了一些枪。

十三

1928年，是艰苦斗争的一年。此时革命根据地，只有弋阳九区的四十几个村子，和横峰县的十几个村子，纵横不过六七十里。军队虽然是组织了，但枪支、子弹很缺，特别是没有军事干部。拿住三个在白军当过几个月兵的人，便做了红军的队长班长。军队当然是没有什么战斗力的,而来进攻的白军,总是两营或一个团。许多重要的村庄,都有白军驻扎,并且天天派队伍围山搜山。同志们被搞得无处藏身,只好躲到树林里、岩石下或芦苇搭的茅屋里去住,有了情况便要立刻起身,有时一个晚上甚至要翻过无数的山头。革命的群众虽也受到白军很大的摧残,斗志仍是昂扬的,房屋烧毁了,就在山上搭起茅屋,饭锅打破了,剩下了半口锅,就用三块石头支起半口锅来弄饭。他们坚决地同白军斗争。

5月间,形势一天天严重了。白军一个主力团和地方部队靖卫团,四路围攻红色区,许多村庄也都派了重兵,步步进逼,这块小小的红色区越缩越小,最后只能在磨盘山上活动了。群众躲山既久,随身带的粮食吃光了,也难再支持下去。这时候的形势,确是十分危急,有个同志动摇了,一时说,"埋枪逃跑出去做秘密工作!"一时又说,"突围出去做土匪"。他这样一闹,就影响了一部分干部和战士。

6月间,敌人大举来搜磨盘山,大家连夜逃到一个光秃秃的山上,地名叫作方胜峰。志敏同志和黄道、邵式平等十几个领导同志,集合在山顶上的破庙里开紧急会议,志敏同志担任会议主席。会议开始,就有人提出,把枪埋起来,把队伍解散,几个同志负责到大城市去;或者把队伍拖到别的地方去,躲一躲风头再说。但是,同意这类主张的并没有几个人,多数人都是坚决反对这种逃跑主义,争论得很激烈。

方志敏同志坚决反对这种逃跑的主张。他以大无畏的精神,坚决地说道:

"这里的群众跟我们一起革命,如果我们在困难的时候便埋枪逃跑,不是共产党员应有的态度,共产党员应当与群众共患难,我们在有群众基础的地方尚站不住脚,到白区没有群众基础的地方,还能存在不被消灭吗?而且,我们一跑,群众失掉了领导者,革命运动就要立刻失败……"

说到这里,他斩钉截铁地说:"我们要和群众一起坚决斗争下去,谁再想埋枪逃跑，谁就是革命的罪人。"

经过详细讨论，都认为逃跑是错误的，大家一致赞成方志敏同志的意见，主张逃跑的人也放弃了自己的主张。会议便又讨论如何把敌人引走的问题。这次讨论，没有什么争论了，大家得出一致的结论，认为在根据地里，有群众可以依靠，如果转移到新的地方去，人地生疏，是自取灭亡。再说，敌人消息灵通，把敌人引出根据地，我们回来，敌人也还是会跟了回来的，应该坚持斗争。

方志敏同志详细地分析了当时的情况，说道：

"我们还没有跟敌人正式交过手，而现在敌人兵力很分散，群众又不支持他们，真的打起来，不见得就打不过。至于敌人消息灵通，紧紧跟着我们转，那是因为根据地内还有反动派存在，我们想走也走不了，只有打。再说在万不得已时，要转移阵地，那也得事先有些布置，在新地区先做好群众工作。万一仗打不赢，可以按照布置好的步骤转移。"

大家听了志敏同志的分析，坚持斗争的信心更强了，觉得"打"是最可靠的办法。接着，大家就一起研究了敌情。认为弋阳这一路敌人，是靖卫团，比较好打。这些地头蛇，也最为群众痛恨，群众曾几次要求我们打它，打了它可以把广大群众争取过来。于是，就决定了先打这一路。

接着又研究分工，决定：一、将部队集中，由邵式平同志统一指挥，坚决打下去；二、分六条枪给方志敏同志，去搜、镇压反革命分子，做好群众工作；三、派黄道同志去贵溪开辟新根据地。

会议结束的时候，夜幕正好挂下来，还下着蒙蒙细雨。大家怀着兴奋的心情下山，分头去执行任务。

队伍下了磨盘山，雨渐渐下大了，队伍淋着在快天亮的时候，到达了指定地点——金鸡山。邵式平同志已先到了金鸡山，等了许久，却不见部队开上来。原来这时部队里还没有传达方胜峰会议精神，士气很不好；同时战士们看见这山上光秃秃的，没有掩蔽的地方，都不敢上来。那时候的部队,都是自愿参加革命的农民,志敏他们也没一个搞过军队的,只知道应强调民主,不知道教育战士遵守纪律,所以部队里有点极端民主,打仗都是要大家自觉自愿,报名参加,或者举手赞成,不愿意去打的可以不去。这后来队伍扩大时,才纠正过来。这时候,队伍都还停在山脚下边,硬是不上来。式平同志知道了以后,赶紧跑下去动员,将会议上的精神跟大家一说,战士们高兴起来,顿时情绪奋发。正好这时传来消息说,敌人来了。

远处冒起了一团一团的黑烟,黑烟里蹿着熊熊的火光,十几里地长的一带村庄,在大火中燃烧起来。式平同志登在高处一看,见成群的农民,被敌人驱逐着,呼天抢地,满山遍野地逃过来;在群众后面,约有一连的靖卫团。看样子是从过港埠方面杀过来的,正是预定要打的一路。式平同志马上命令队伍隐蔽在竹林里,等着群众过去。

不一会儿,群众跑过去了,靖卫团也过去了,我们这支队伍,出其不意地从他们背后杀出去,一下子就将警卫团冲垮了,敌人转回身夺路奔逃,一阵大乱。后面人手中的枪,戳到前面人的屁股上,前面的人就杀猪似的喊叫起来:"红军同志,我是被抓来的!"

被敌人追赶的群众,也都回过身来,替红军助战。四面都是喊杀声,弄得敌人摸不清红军究竟有多少人了。

敌人朝来路溃退,红军乘胜追击,一气追了50里。逃进城的敌人,纷纷传说红军有多么厉害,人如何多。这时,我们又向城里放了几排枪,城里人便也乱成一团了。县长头一个从南门逃跑了,许多人跟着逃了出去,在一道浮桥上,有的竟被挤落到河里淹死。真是乱得一团糟,一瞬间,弋阳竟成了个空城。

这一场战斗之后,又接连地在樟树和胡家墩打了两次伏击仗,都取得了胜利。

在这期间,志敏同志把群众完全动员了起来,并在漆工镇镇压了一个反动地主;横峰一个姓黄的反动富农,在家里刚刚写好给白军的接头书,就被革命农民杀死了。黄道同志也打扮成一个看病先生,在贵溪一带秘密地组织了农民革命团,待机起义。

根据方胜峰会议的决定,果然取得胜利。敌人被打垮了,退下去了,局面又重新开展了,原来的逃跑主义者,这时也积极工作起来。这一次的斗争,不仅干部和队伍没有损失,队伍还扩大了。而更主要的,是使赣东北的革命运动坚持了下来。

10月间,志敏同志悄悄去湖口出席了江西全省代表大会①。这次大会,是紧接着第六次全国党代表大会之后召开的,讨论并决定了好几个重要问题。

在志敏同志参加大会期间,邵式平同志到白军里去做士兵运动。志敏同志回来的时候,式平同志已在国民党黄天培部队里搞了兵变,70多名白军士兵拖枪来当了红军。这样,不但突然增加了一倍以上的武装,而且添了一批中下级军事干部,他们里面有不少人懂得什么散兵线,什么利用地形地物,能讲出许多军事名词,于是,就叫他们做了红军的教官。但是这些人军阀主义作风很厉害,打军棍打得很凶。红军部队里那些农民战士,又是极端民主化的,两个极端碰在了一起。有的农民挨了军棍,就不愿干了。志敏和式平等同志,乘这个机会,整顿了一下军队,在队伍里反复地讲,我们要军队化,军队要有规矩,但是不准打人,因为参加革命队伍是自己来的呀。费了很大力气,才说服了这些农民战士和哗变来的教官,教官们同意不打人了,并且还规定:打了人的要撤职(后来硬是撤了几个),不遵守纪律,要受批评和教育。经过这一整顿,站队、行军、前进、后退、整整齐齐的像个军队了。这些从白军哗变来的干部,后来经过斗争的锻炼,不少人做了红军的师长和团营长,立下了很多战功。

这年年底,在靠近弋阳九区的德兴磨角桥一带的地方,又有三十几个村坊举行了年关起义,成立了工农政权,红色根据地便又扩大了

---

① 1928年12月9—12日,方志敏在湖口县王燧村出席中共江西省第二次代表大会。

40余里。

艰苦险恶的1928年，终于挣扎过来了。

十四

　　1929年的春天，赣东北红军队伍扩大了，成立了一个独立团，缴到的枪也很不少了，每个连都有四五十条枪。由于财政困难，缴到枪的一时得不到奖金，缴多少枪，都是暂记下来欠着，枪虽然缴了不少，但是也欠了许多枪债。那时开伙食的钱、发军衣的钱都没有，哪里还有钱来还枪债呢，士兵也晓得部队里财政困难，心想，要到多少是多少，就天天来找几个领导人逼债，真的逼得好苦！这时候就只好开个会来"废债"，做了一些说服工作，宣布所有缴枪的债都不还了。战士们也知道队伍上一块钱都来之不易，自愿放弃了奖金。这一来，没有哪个来逼债了。但是战士或农民仍然积极地去缴枪，缴到了枪，立即就给部队上送来。

　　有了枪，没有子弹。除了靠打胜仗缴一点子弹外，没有别的来源。于是就办了一个小兵工厂，制造土子弹。用旧子弹壳子，用旧锡器做子弹头，用红火柴头上的火药放在屁股上，这种子弹的杀伤力比普通子弹更大。部队里还规定，可以拿打完的弹壳来换子弹。每次打完仗，还要收集敌人丢下的弹壳。就这样，勉强解决了子弹不足的问题。

　　5月间，敌人又来了一次进攻。这次进攻，是广信、饶州等十余县的豪绅地主和白军一起发动的。战术也很新奇，叫作砍树战术。原来那些土豪劣绅们，以为红军所以能够迂回、伏击，屡打胜仗，无非是有山林掩护的缘故，如果把几座大山上的树木都砍光，那么，红军就无藏身之地了！所以这次"围剿"着重砍树，计划组织几十万人砍树队。

敌人下了令,各村都要组织砍树队。加入砍树队的人,每人备柴刀一把,锯一把,米几升。如被红军打伤,每人赏洋100元,如被打死,给偿命钱300元。这笔钱,全由不参加砍树队的人出,每人至少要出20元。这件事闹得乡村中鸡犬不宁。弋阳县做得最为起劲,经过县官和豪绅地主们的威迫利诱,竟组织起6000余人。

志敏同志也派了许多人,去参加砍树队。这些人到了砍树队里就替红军壮声势,说红军如何厉害,方志敏已摆下阵势,进九区去砍树,一定要被打死,准定不活,有去无归。这一来,有些人就害怕起来,哭着要退出砍树队,有些人人则怀着进去试试看的想法,先拿上一笔出发费再说。红军真打起来,拔起脚再跑。

7月间,"围剿"开始了,前面是白军,后面是浩浩荡荡的砍树队。但是砍树队的人越走越少。临近九区的时候,天黑下来,1000多民夫集中在一个祠堂里睡觉。半夜,有个睡觉在戏楼上的民夫起来撒尿,将尿撒在楼下的壁板上嗒嗒地响。忽然有人从朦胧的睡梦里,跳将起来喊道:

"不好了,红军打来了!"

这一喊,将满祠堂睡着的人都惊醒了。大家摸不着头脑,也不问情由,全往门口冲!你挤我,我踏你,人堆人地压倒在一起,狂喊救命!一下子,1000多人逃了个干净。

另一路来得猛些,一直开进九区。但是,连绵不断的山,遍山的树,简直无从下手。更谈不上砍光了。白军带着几千民夫,不但吃饭难,就是作战也不方便。白军在九区扎了两天,烧了十几个村坊,就慌忙退走了。

但是,这时候志敏同志已经把红军伏在要路口上,一阵枪弹,白军伤亡了30余名。那几千名砍树队员,吓得在地上喊叫打滚,把好几里地的草都滚平了,丢下柴刀、铁锯、梭镖无数。红军撇开砍树队,一直把白军追到弋阳城边才回。

"砍树围剿"就这样打垮了。随着,白军撤出了九区周围的许多据点,从1927年起被封锁的九区解围了。那些逃回去的砍树队员,都做了红军的宣传员,到处传说红军如何厉害,白军如何无能。于是,党的工作,党的组织,便由九区的一隅,伸展到弋阳全县。

这时候,方志敏同志,被任命为弋阳县委书记。

十五

秋收到了,由于红军在群众中有了威信,群众斗争的勇气提高了,哪个还愿交租给地主!在志敏同志的领导下,全县掀起了秋收起义的风暴,除了一座弋阳县城还在反动派手里以外,全县都成了红色区。于是,便建立了戈阳工农民主政府。

方胜峰会议上,曾派黄道同志秘密去贵溪县开辟新根据地。经过一年多的工作准备,这时也掀起了秋收起义。贵溪的大起义和弋阳的大起义,正好成了呼应的形势。

贵溪是新区,党为了巩固贵溪起义的胜利,便又派志敏同志到贵溪去工作。

白军想一下子把这个新红色区镇压下去,从贵溪城里杀了出来。红军三连一个迎头痛击,将前卫击溃;再冲上去,白军的水机关枪响了。红军还从来没有遇到过有机关枪的敌人,一听这连续的声音,慌忙退了下来。白军乘势反扑,占领了贵溪起义的中心——周坊村。

红军于是开到横峰。这时横峰城里正空虚,红军攻了进去,缴获了一批枪械。

红军开走之后,志敏同志检查贵溪工作,并开了一个短期训练班,来训练干部,教他们一般革命常识和工作方法。几天以后,受训干部都分派下去领导群众斗争,围困敌人。扎在周坊的白军完全孤立了，三五个人不敢出村一步。

过了20多天，红军又开来贵溪作战，周坊只剩下一连白军和余江靖卫团。红军决定消灭它。

接火以后，白军全连人蹲在壕坑里应战，壕坑后面的一座小山，让给靖卫团去守。红军抓住这个弱点，派一个连先拿山头，还距离几百米远，靖卫团就一溜烟逃跑了。红军占领了这小山，即向壕坑里猛射。伏在壕坑里的白军，听到背后打起枪来，还以为是靖卫团瞄错了目标，后看见山上插了红旗，急忙退出战斗，但归路已被截断，红军从四面冲过来，白军只好束手被俘。此役除缴到一连步枪外，还缴到一挺水机关枪，四箱机枪子弹。

从此再不怕同有机关枪的敌人打仗了。

仗打完了，大家都围拢来看机关枪，有的人还没听过机关枪怎么响，都要求打一梭子听听。于是就打了一梭子弹。一听，这个声音很容易模仿，大家你一言我一语，当时就发明了一种假机关枪。用装煤油的铅皮桶，在开口的一头，放进一挂爆竹，留个引火线在外边，再封起来，放起来竟跟机关枪的响音一模一样。放完了，就提起煤油桶一跑，爆竹屑都落不到外面。后来许多群众武装，就用上了这"土机关枪"，敌人一听机枪响，以为主力来了，拔起腿就跑。

贵溪红色区域从此又得到了很大的发展，除县城之外，都成了我们的天下。

志敏同志从余江、万年逃难的同志中，选出了几个人来，放在县委机关训练，然后便派他们回本县去工作，志敏同志也经常去指导和帮助他们，余江、万年的工作也渐渐展开了。红军后来又开去打了几个胜仗，遂又创造了余江、万年的红色区域。

因为红军的胜利和红色区的扩大，1929年下半年，环境大大好转。西线扩大了弋阳、贵溪、余江、万年四县红色区，东南线横峰红色区扩大了几倍，差不多全县都归入红色区域，上饶也举行了年关起义，成了上饶红色区；在北线，德兴红色区也有发展。白军小的部队，不敢随便进入红色区。因此，红色区人员脱离了天天爬山爬岭、躲山躲坞的生活，比较安稳地建立起机关来做工作了。

十六

1930年2月，党调志敏同志去做军事工作，担任了赣东北①军委会主席。

志敏同志接受军委工作时，当时只有一个江西红军独立第一团，有步兵五连，机关枪一架。各县还有一些游击队。军委会机关驻扎在芳墩，从主席到卫兵，只有20余人。志敏同志立意要把独立团锻炼成一支有较强战斗力的精锐队伍，因此天天深入到队伍中去检查，去讲话，去指导，去督促。每发布一个命令，必将这命令的意义和内容，向战士们解释清楚，使每个战士都要懂得为什么要如此做，以及怎样去做。此外，并极力改善战士生活，加强战斗训练，严格整顿纪律；他自己首先以身作则，做模范；经过这些努力，红军的政治水平和战斗情绪日益高涨，逐渐扫除了游击习气和自由散漫的现象。独立团变成了整齐严肃的正规红军。

各县游击队经过同样的整顿，都日有进步。

5月间，津浦沿线，蒋、阎、冯三个军阀的大混战爆发了，根据地周围的国民党军队，大都陆续调去参加这场军阀混战，剩下的多是地方上的靖卫团了。

德兴有一个靖卫团，士兵尽是当地的流氓地痞，惯会压迫敲诈群众，是一个最凶恶的地主武装，群众恨之入骨。有一天，该队盘驻

---

① 时为信江苏维埃时期。

在张家川村①，群众来报告了消息，红军当夜就出发去消灭它。那晚，下着大雨，夜黑到伸手看不见手指。红军战士每人将洗脸手巾系在头上，后面的人，可以看到前面人头上的一点点白光，大家脚跟脚，跌跌撞撞，跋山涉水地走去。拂晓时到达张家川。靖卫团满以为这样大雨，夜又这样暗，还隔着一座又高又峻的大茅山，料想平安无事。当他们还在安安稳稳地睡觉的时候，谁知枪声一响，红军已冲到跟前了。大部分就这样做了俘虏，另一部分跳在村前的河里，河里正涨水，溺死不少。

这伙靖卫团消灭之后，全县群众都很高兴："这一伙害虫也会死！"红色区马上又发展了三个新区。

接着，又在秧坂②、众埠街打了两个大胜仗，又缴了乐平东南乡各村的地主武装，一个星期里，缴到长短枪300多支。

从这以后，独立团声威大振，一连攻下河口、景德镇、弋阳、余江、乐平、德兴等几个城市，真是势如破竹，缴获很多。

袭击景德镇时，也是倾盆大雨的夜间，洪水骤涨，桥梁冲倒不少。红军冒雨前进，到达景德镇时，商团还不知是什么队伍，有几个商团士兵，在街上买东西，见到红军，还举手敬礼。只打了几十枪，敌人就全部缴械了。红军在镇上纪律很好，公平买卖，没有扰民之事发生。红军几千人没一个吸纸烟的，更使镇上商民惊讶。

短短的三个月，红军得到了极大的发展，独立团实力增加三倍以上，占领了好几个城市，红色区纵横500余里，人口有了100余万。

7月间，根据中央指示，将独立团改为红10军。以周建屏同志为军长。志敏同志又调政权部门工作。

8月1日，在弋阳的芳墩召开了赣东北全特区工农兵代表大会，

---

① 张家川村，现地名为德兴县泗州镇张家畈村。
② 秧坂，现地名为乐平县众埠镇秧畈村。

成立了赣东北革命委员会。方志敏同志当选为赣东北革命委员会主席。

十七

这年11月，蒋介石反动集团内部暂时取得了妥协，很快地结束津浦线上的战争，又将军队调到江西，一心一意"围剿"红军。白军第5师、第4师、第55师，都开到赣东北，在红色区横冲直撞，红军所占领的城市，除横峰城外，全部失掉了。

志敏同志看到情况紧急，便立即下去组织群众，以村为单位，合伙吃大锅饭，脱离生产，配合红军作战。红军得到群众协助，形势才逐渐好转，红色区才又得到巩固。

接着，红10军开进贵溪。这时白军18师，有一团兵深入到贵溪的周坊，这一带都是老红色区，白军又是无援的孤军，红军一到便把它打垮了。接着红军开到余江、横山，在徐家村又消灭了一个保安团。于是，贵豁、余江红色区也巩固了下来。

1931年3月间，党为了加强部队的领导，志敏同志又被调到红10军工作，暂代政治委员。

正当此时，闽北红色区突然吃紧，闽北红军独立团屡次失利，团长牺牲。闽北党组织派了人来请求援助，红10军便开进闽北作战。红10军在闽北打了大小11仗，仗仗皆捷。旋又开回赣东北。由于胜利的鼓舞，战士们情绪高涨，个个要求消灭白军55师，55师有一团人驻芳墩，红10军赶了去，不上一刻钟，消灭了它一个营，剩下的白军就连夜逃走了。其余的白军便都吓得撤退了。

闽北这时已划归赣东北领导，为了扩大闽北红色区，和打通闽北与赣东北两个红色区的联系，1932年9月间，党决定红10军再度进军闽北，并决定由志敏同志负领导军事行动的责任。

红10军按照计划攻下赤石街和新村街①，消灭敌人一个团，这一仗缴到了许多银圆和金子，并且意外地缴获了一架无线电报机，这就有了和党中央用无线电联系的条件了。

接着进攻浦城。红军前卫刚到了洋溪尾，恰遇着一个白军营长带了一连兵来收赌捐，红军打了几枪，白军营长听见枪响就钻进柴窝里，敌一个连大部分被消灭了，营长做了俘虏。俘虏带到志敏同志面前，志敏同志见他身胖肤细，不像个军人。一问，果然是个有钱的少爷因羡慕手枪皮带的威风，用三千大洋捐了这营长来当的。他没有打过仗，所以一听到枪响就往柴窝里躲。这营长连连给志敏同志叩头，哀求饶命。逗得大家大笑。只得把他带在队后，跟着一路走。

志敏同志本来计划轻袭浦城的，但是在洋溪尾败下来的白军残兵，跑得更快，不顾命地逃回浦城。刚到城门口，就一边跑一边喊："红军来了，红军来了，快关城门！"于是城门就关上了，沙袋也堆起来，守军全上了城墙。红军到浦城时，白军已经有了准备，只得强攻了。

这个仗打得很激烈，红军连爬了三次城，都未爬上。敌县长提面铜锣，从东街敲到西街，一边敲，一边喊道："各商店都起来抵御共军，共军进了城，房屋都要烧光的。"他敲锣喊叫完了，回转衙门，恰好红军一个迫击炮弹，落到衙门里，离他有百多步远，虽没有炸，然而却把这位县长吓出一头冷汗！他将舌头一伸道：

"呀，幸喜未开花，否则，我还有了人？"

他的铜锣也扔了，再也不上街去喊叫了。东躲西躲，一心只盼天黑溜出城去。

天一傍黑，攻城的枪声和手榴弹、迫击炮弹的爆炸声都响得更激烈了。白军为了抵御红军爬城，从城上丢下许多燃着的蘸了煤油的布

---

① 新村街，现地名为武夷山市星村镇。

匹，把靠近城门口的民房都烧着了。大火熊熊地燃烧着，白军借着火光，枪弹打得更密了，沿城织成一片火网。但是，勇敢的红军，仍然有一队人爬上城去，手榴弹在白军身边一个一个地爆开，接着红军四处都爬上了城，从城上一直打了下去。拂晓，结束了战斗，顽强地占领了浦城。

这次战役，缴到了一些枪支，在县衙门里，又缴到无线电机一架。浦城县长早逃出城去了。但是，没有抓到多少俘虏，志敏同志很奇怪，便带了一些红军战士上街去找。果然捉到好多化了装的白军士兵。于是便要他们带去搜枪，不仅搜出了不少枪支，还在一栋房子的夹墙里，搜出了一个白军团长。

第二天，志敏同志到街上去看，见一个人苦力装束，举止却又是很斯文的，形迹很是可疑，叫住他一问，竟是个"日本留学生"，志敏同志问他对红军有什么意见。那人说道：

"我是不赞成红军的，红军烧杀淫抢。"

志敏同志听了，并不发怒，平心静气地问他道：

"你说红军放火，这次到浦城，在哪个地方烧了一栋屋，请指出来！"

"没有烧。"他答道。

"靠近城门口的几十栋房屋，城中白军怕红军利用房屋接近，用布匹蘸洋油从城楼上抛下来烧的，你知道不知道？"

"知道的。"

"不是红军烧的吧？"

"不是。"

"你说红军杀人，现到了浦城，杀了哪一个，请指出来！"志敏同志仍然平静地问他。

"没有杀。"

"你说红军奸淫现到了浦城，奸淫了哪个妇女，请指出来！"

"没有奸淫。"

"你说红军抢劫现到了浦城，到底抢劫了谁个或谁家的东西，请指出来！"

"没有抢劫。"

志敏同志的神色变得严厉起来：

"你这也说没有，那也说没有，那你为什么说红军烧杀淫抢？"

那个日本留学生有点慌张了，他回答道：

"我听到别人这样说，人云亦云而已。"

志敏同志严厉地斥责他道：

"不顾事实，乱造谣言，诬蔑红军，那是不合理的！"

"是，是……"他连连地点头称是，全不是先前那副傲然的样子了。

志敏同志对战士们说："去查查他的底细！少不了是个大地主！"

两个战士带着那日本留学生去了，一查，果然是个有200石租的地主。

在浦城，志敏同志主持了组织工会和贫民协会的工作，并帮助他们分散了土豪的财物。还给他们做了几次演讲，给他们解释红军是为他们谋利益谋解放的，红军是工农自己的军队，等等。他们也领着红军捉了几个土豪，搜出许多枪支，并将捡到的枪支送交红军。

红军在浦城住了三天，即开回崇安红色区。这时候，白军的79师，已全师开到铅山，想阻止红10军开回赣东北，于是在铅山车盘地方，又大战了两天，才回到赣东北去。

志敏同志这种发展武装、发展根据地的策略，是极正确的，毛泽东同志在《星星之火，可以燎原》一文里这样写道："……而朱德毛泽东式，方志敏式之有根据地的，有计划地建设政权的，深入土地革命的，扩大人民武装的路线是经由乡赤卫队、区赤卫大队、县赤卫总队、地方红军直至正规红军这样一套办法的，政权发展是波浪式地向前扩大的，等等的政策，无疑义的是正确的。"

十八

　　从1930年至1934年，志敏同志一直负责赣东北工农民主政府的工作。在这期间，赣东北红色政权有很多建设，例如建立了工农民主专政，发扬了民主精神，创造性地解决了在敌人严密封锁下的经济问题和经过了数年战争的财政问题，以及其他改善人民生活的重要问题；把许多工人、农民选进了政权机关，政权工作人员差不多全部是工农干部，他们经过刻苦学习，都能很好地处理各种政治斗争问题；为着战争的胜利，政权工作人员和人民群众都节衣缩食、刻苦耐劳，领导人从赣东北工农民主政府主席方志敏同志起，更是以身作则，同群众一起同甘苦；政权机关也从不遮掩自己的错误，更勇于改正错误。正由于这种种优良作风，群众对红色政权是极其热爱，极其拥护的。政府决定要做的事，从不用一点威力和强迫，群众都乐意去做，而且宁愿牺牲个人的一切，帮助政府。

　　在第一次全国工农代表大会的时候，中央奖给方志敏同志以红星勋章和红10军全体指战员一面奖旗。在葛源黄山底，并举行了隆重的授奖仪式。当时赣东北根据地出版的一本油印刊物上，刊载了中央给方志敏同志的一封信，信里写着：

　　　　中华苏维埃全国第一次代表大会：授你勋章一枚，并授红10军全体指战士奖旗一面，以嘉奖为苏维埃政权而艰苦奋斗的英勇战士。

　　志敏同志从不居功自傲，他把一切功绩都看作是属于党，属于群众的，他在答词里说：

　　　　闽浙赣苏区90万工农群众在共产党领导之下，坚决不动摇地斗争，结果推翻了豪绅地主资产阶级的国民党政权，建立了自己的政权——苏维埃政权，创造了很大一片的苏区。这一苏区，在全国苏维埃运动历史上有很重要的地位，目前已成为全国六大苏区之一，是中央苏区一个有力的右翼，而且已成为粉碎敌人大举进攻争取更大胜利，以至全国胜利的一个有力的苏区。这一苏区的创造，很显明的是由于全省工农群众与全体红色战士艰苦奋斗与共产党坚强正确的领导，尤其是自1931年中央苏维埃政府成立后有力的领导的结果。全国苏维埃第一次代表大会授给我的勋章，不仅是奖励我个人，而且是奖励全省工农群众与红色战士的光荣斗争。

我接受勋章以后，更加坚决地在中央政府领导之下，与帝国主义国民党及一切反革命派作坚决的斗争，在目前我更要尽我个人所有的力量，努力工作，尤其是对于这次大会决议要特别尽力执行，并号召广大工农群众一致武装起来，粉碎敌人大举进攻，为建立苏维埃的新中国而斗争到底。

的确，闽浙赣人民是无上光荣的。他们不仅从两条半枪创造了红军，从几个小村庄创造了几百万人口的根据地，并且也创造了模范的群众工作，在不断的斗争中，克服了各种困难，坚持了艰苦的斗争。四年以后，中央在瑞金召集的第二次全国工农代表大会上，毛泽东同志对赣东北根据地的工作，又给予了很高的评价。毛泽东同志说："……像兴国与赣东北的同志们，他们把群众生活和革命战争联系起来了，他们把革命的工作方法问题和革命的工作任务问题同时解决了。他们是认真地在那里工作，他们是仔细地在那里解决问题，他们在革命面前是真正负起了责任，他们是革命战争的良好的组织者和领导者，他们又是群众生活的良好的组织者和领导者。"

志敏同志效忠于党，效忠于工人阶级、劳苦大众的辛勤劳动，受到了革命群众的拥护和爱戴，受到了党中央、毛主席的鼓励，但是，人民的敌人对他却是万分仇恨的。敌人在南昌、福州、安庆等处，大街小巷贴满了千百张巨幅的悬赏告示，"凡生擒或献出方志敏头颅者，赏5万元"，后来又增加到8万元。但是不管国民党反动派出多大的赏格，他们仍无法收买人民的良心，凡是志敏同志所经过的地方，老百姓都是尽心保护他的。

有一次志敏同志患着重病，睡在担架上，不意遇着敌人的追击，于是群众把志敏同志背在背上逃走了。还有一次，志敏同志在高桥庙里办公，敌人已经逼近，群众把他带入深山，敌人的军队在山上搜索，而终于在群众的掩护下，逃脱了险境。

十九

连续四次的反"围剿"胜利之后，在1933年10月，蒋介石在帝国主义的直接指挥和帮助之下，又疯狂地发动了第五次"围剿"。

国民党军的这次进攻，是经过了较长时间的准备的。1933年7月间，就在庐山办了军官训练团，轮流调集蒋军军官，由德、意、美国的军事教官施以法西斯主义的军事和政治的训练。帝国主义国家并借给了蒋介石几万万元的贷款，作为战费。而最主要的，是蒋介石总结了过去"围剿"失败的教训，改变了战略战术，不采取从前急进深入的战略，而以堡垒战术，逐步向前推进，造成封锁线，逐渐缩小根据地，以图彻底消灭红军。

由于毛泽东同志被排挤失去了对党中央的领导，特别是排挤了毛泽东同志对红军的领导，以致我们最后丧失了根据地。

国民党军的这次围攻，发动了100万军队，50万人围攻中央根据地，50万人围攻赣东北等几个根据地。进攻赣东北的主力是敌21

师，进攻的主要方向是上饶、横峰。红军浴血苦战，屡创强敌，总共杀伤敌人在5万人以上，但终未打退敌人的攻势。敌人步步筑堡前进，终于迫近了我们驻扎机关的葛源。

根据地的范围日渐缩小，壮年劳力也减少了，中央了解了这情况之后，便决定红10军出动皖南，北上抗日。命令方志敏同志为红10军团政治委员会主席，率军北上。志敏同志此时正患着严重的痔疮，每天流很多脓血，不但不能走路或骑马，坐椅子也只能半躺着。但是志敏同志忍住了痔痛，率军出发。对于党的决议，他从来是无条件地执行，他在他的遗著里写道："党要我做什么事，虽死不辞！"

红10军由德兴出发，经开化、婺源、休宁，而至太平，横扫敌人碉堡100余座，截获敌21旅军用汽车四辆，缴枪100多支，迫击炮二门。到太平县的汤口地方，与由瑞金出发的红7军会合了（红7军原是赣东北红10军的一部分，调到中央后改为红7军）。会师后，大家情绪更为高涨。志敏同志便按照中央的指示，将红10军与红7军改编成红10军团，共编为19、20、21三个师。志敏同志为红10军团政治委员会主席，代表中央，负责统一指挥红10军团北上行动。

改编后在皖南打的第一仗，就是谭家桥之战。敌人的主力已经挡在眼前，敌49师、7师、21旅及补充6旅、浙保一团等，集中了七倍于我的兵力，包围了我军。敌军占据乌泥关，向我军正面攻击。我军被迫进行仰攻，连续猛攻八九次，均未攻上。在这一场激烈的战斗中，我19师师长寻淮洲同志不幸牺牲，部队遭遇了第一个挫折。后我军又埋伏于六三〇高地南端森林内，准备夺取乌泥关一带阵地，也未成功。经过一天一夜的血战，反复冲击，子弹消耗过多，一人剩不下五粒子弹。加上部队在离开根据地时，一直是急行军和作战，很少休息，战士们都已经非常疲乏。志敏同志为保存力量，决定暂回根据地，整顿队敌人在各个要道口都驻扎了重兵，红军只得进入深山，走那些艰险曲折、人烟稀少的小道，突破敌人的包围圈。

正是年底，天气很冷，树枝上都挂满了又粗又长的冰柱，满山上都冻冰了；许多人的鞋子走破了，手脚冻裂了口；饥饿、疲劳的身体；崎岖难行的山路……单是行军就很困难了，何况还有敌人从公路上抄近路来追击呢！一路上艰苦万分，又要挨饿，又要打仗，志敏同志也和大家一样，以野菜充饥，将自己的马让给伤员骑，处处"以身作则"，与士兵共甘苦。

红军由开化的杨林，越过好几条高岭，才到了港头村，大家都已经精疲力竭，走不动了。这时买到了一些米，战士们饿极了，也有向老百姓要了一点米的，于是有的就煮大锅饭，有的就用洋瓷缸煮饭吃。可是还没有把饭煮好，敌人的补充5旅，已抄近路追了过来，于是放下饭碗，只好又打。

被迫应战已经是处于劣势，加上弹尽粮绝、人困马乏，部队几乎完全丧失了战斗力。在敌人的冲击下，红军前后被打成两段。前一段约800余人，由志敏同志、参谋长粟裕、政治部主任刘英同志等带到陈家湾村，大队伍被截在后面。志敏同志是全军的最高负责人，他要对党负责，对全军的战士、干部负责，于是他要粟裕同志带着这800人先走，自己则重新突入重围，去找后面大部队。他站在一家门口石阶上，嘱咐粟参谋长说道：

"我要去找后面的部队，你和政治部主任带领侦察员和21师，今晚要通过敌人封锁线，在大十坪占领阵地，准备粮食，等候我们……"

他不顾危险，又冲入敌人重围去了。

二十

志敏同志冲到德兴，找到了部队，这时，部队只剩了2000人，军团指挥员也负了伤。志敏同志当下找人抬着伤员突围。

敌人很快就截断了后卫部队前进的道路，14个团的兵力在纵横不过15里的地方，把他们包围了。

情况是这样的严重，但志敏同志仍镇定地沉着指挥。他带着队伍在夜间钻出封锁线，回到玉山、上饶的边境，想从这里进入根据地。

在深夜12点钟的时候，志敏同志带着部队摸到一个游击区里。但是，这里的地方党组织有的被破坏，有的暂时隐蔽起来了。一连几个晚上，都未与地方党的同志联系上。志敏同志焦急万分。怎么办？没有向导怎么能穿过敌人的重重封锁呢？

第六天晚上，好不容易找到一个60岁的老汉。老汉对志敏同志说，他很熟悉这一带地方，可以把红军排到去区去。志敏只好请他带路，但是他有病走不动，便又叫了几个人抬着他。

老向导领着红军摸黑走进一条山谷，只要从这条山谷穿出去，就钻出敌人的封锁线了。

可是，山谷两面都有了敌人，敌人听见底下有人经过，就乱放起枪来。只好又退出山谷，另外找路。

志敏同志带着部队，左突右冲，怎么也冲不出包围。敌人的队伍愈聚愈多，封锁得一层又一层。这时红军部队几乎天天都有伤亡。志敏同志只得又把所有的部队整编成一个团，任命乔信明同志为团长，准备最后一次冲过敌人封锁线。

这一天冲到八礤、分水关地方，前面有八礤来的堵截之兵，后面有怀玉山的追兵，腹背受敌。只得又分兵抵御。激战了五小时，虽然红军战士已经很疲乏，很饥饿，但是八礤之敌的几次冲锋，都给打退了！背后的敌人，没有击退，冲了上来。红军正要向另一条路退走时，敌49师又从三亩、八亩地方拦头打来。一阵乱打，我们的战士由于饥饿、疲乏，已经支持不住了，有的躺在地上起不来，有的跑到树林里。幸好天黑下来，敌人不敢在夜间短兵相接，都撤到山下去，我军才得到休息。

夜间，志敏同志站在山头上大声叫喊，并烧着两堆大火，在树林里藏躲着的红军战士，能走动的都走出来了，数了数，只有80余人。其余的，除伤亡的，都因疲劳过度，又饥饿无力，都躺在树林里、山坡上起不来了。

第二天，敌人上来搜山，好多红军战士已冻、饿得失去知觉了。志敏同志躲在树林里，真是心如刀割，几次想拿起手枪向自己头上放一枪，但他又想：

"自杀，不是共产党员应取的行动，这次遭了失败，就悲观不干了吗？不，还是要干！这次队伍损失了，凭着我们半年一年的努力，仍是很快可以恢复起来的。怕什么！悲观什么！总要紧紧记着这次血的教训，努力地干！废寝忘餐地干！不怕不成功的！"

想到这里，他又精神振作起来，平添了无限勇气。他挽着身负重伤的军团指挥员，冒着风雪，躲着敌兵，爬山越岭前进。跟随在他身边的，只有三个机要人员和一个传令兵。

志敏同志已经七天没有吃饭了，饿得两脚走不稳，一走一晃，时常被地下的冰雪滑倒，他冻得浑身发抖，人已是疲劳万分，但是他咬着牙关，忍受下去，他鼓励同行的干部说道：

"吃不得苦，革不得命，苦算什么，越苦越要干！越苦，我们越要快乐！"

但是，他们几次没有冲出封锁线，四面八方都有敌人的重兵。志敏同志想了想，便命三个机要人员和警卫员将中央发的指示、电台密码，全部烧毁了。随后他严肃地对同志们说道：

"我们要做一个忠实党员，要坚决保守我党及中央决议与整个中央行动的秘密。"

他看了他们一眼，又接着说道：

"如你们有机会逃出去。要将我们一切经过情形面告中央首长。"

他们继续躲避着敌人，在山里走着。后来三个机要人员和军团指挥员也被敌兵冲散了，只剩下他跟警卫员魏长发。魏长发一见形势如此危急，就偷偷跑到山下去，向敌人投降了。这个无耻的叛徒，在敌人 40 块银圆的诱惑下，出卖了志敏同志。

敌人 43 旅开始了严密的搜查。志敏同志躲在树林子里，用烂树叶子遮蔽着自己的身体，他心里还惦念着那些干部和战士，自语道：

"反动派呀，反动派！这次我们若能逃出罗网，我们定要与你拼一死命！不打倒你，我们决不会休止呀！"

敌人一次又一次地从树林中走过去，呼喊着，叫嚣着，一批一批的敌兵，在树林中搜寻。

志敏同志躺在烂树叶子里面，心里想着："方志敏呀！你的斗争，就在这次完结了吧！"但又转念一想："不要管它吧，如被搜出，只是一死了事；万一不被搜出，那还可以做几十年工作！"想到这里，他心里也泰然起来了。

敌兵在许多军官的指挥下，搜索了六个钟头之久，都没有搜到他；但是在他们临退走的时候，两个敌兵，无意中却把他发现了。

他们把志敏同志拉出来，浑身上下地摸，从棉大衣的领子，一直到脚底，甚至把志敏同志袜子上的补丁都捏了几捏，但是除了一只怀表和一支笔之外，一个铜板也没有搜出。

"把钱藏在哪里了，赶快拿出来，不然就是一炸弹！"

他们挥着木柄的手榴弹，威吓地吼着。他们想，像方志敏这样的"大官"，随身怎么能不带个千八百的钞票呢？起码也要有一些金戒指一类的东西吧！

志敏同志看着他们好笑，淡淡地说道：

"不要作出那难看的样子来吧！我确实一个铜板都没有。我们革命不是为了发财啦！"

两个兵士又搜索了一番，仍是毫无所得。只得将信将疑地把志敏同志带走了。

二十一

　　志敏同志被押到陇首村敌人的团部。敌团长是一个胖胖的麻子，副团长是个瘦子，他们都笑容满面地迎了出来，表现了他们将得首功的喜悦，说着虚伪的奉承话。晚间，他们要志敏同志写点文字，志敏同志为了免得他们问东问西的讨厌，便写道：

　　方志敏，弋阳人，年三十六岁。知识分子，于一九二三年加入中国共产党。参加第一次大革命。一九二六——一九二七年，曾任江西省农民协会秘书长。大革命失败后，潜回弋阳进行土地革命运动，创造苏区和红军，经过八年的艰苦斗争，革命意志，益加坚定。这次随红10军团去皖南行动，回苏区时被俘。我对于政治上总的意见，也就是共产党所主张的意见。我已认定苏维埃可以救中国，革命必能得最后的胜利，我愿意牺牲一切，贡献于苏维埃和革命。我这几年所做的革命工作，都是公开的，差不多谁都知道，评述不必要。谨述如上。

　　第二天解玉山，再解上饶。到了上饶，就钉起脚镣了。

　　敌人在赣东的司令部就驻在上饶。为了宣扬他们的战果，震慑群众的革命热潮，敌人便开起"庆祝大会"来了。

　　开会时，国民党军将志敏同志带到大会的讲台去"示众"。志敏同志自问是个清白的革命家，一世没做过违背无产阶级道德的事情，何所愧而不能见人。他昂然地站着，睁大眼睛看着台下的群众。群众见了他，把头垂下来，有的眼睛里滚着泪珠，他们感到心情沉重。这时，敌军官在台上领头喊起反共口号，但是，台下寂然，没有一个人应声。敌人激怒了，叫群众跟着喊。但是，再喊口号，仍没有人应声。志敏同志感到一种安慰：共产党已经在群众的心里生了根，群众仍然是倾向革命的，倾向共产党和红军的。他脸上现出了微笑。

可是这种可怕的沉默,却使敌人的军官惊慌了,连忙把志敏同志押走,散会了事。

从上饶又解南昌,途经弋阳,敌人在志敏同志的家乡,赣东北革命的发祥地,又要搞一次"庆祝大会"。但是在这老根据地里,却不那么简单了。当"方主席被白军捉去了"的消息传开时,不用国民党"召集",一下子就拥来了3000多人,他们拿着锄头、扁担、木棍、柴刀,扑向弋阳城来;什么"通共"、"赤化"的罪名全不顾了,他们抱着沉痛、愤激的心情齐集在汽车道上,想抢回自己的领导者。敌人不得不把志敏同志装在铁甲车里,十几挺机枪对着群众,才算"平安"地通过弋阳。结果是"庆祝"不成,倒引起一场不小的群众示威。

到了南昌,敌人更要大肆宣传了,在豫章公园又召开了所谓"庆祝大会"。

这一天,豫章公园周围都排列着荷枪实弹的白军和警察队伍;城防司令部的宪兵,公安局的侦探,也都大批地出动。会场内外及德胜路一带,更是岗哨密布,大街上还架着机关枪,任何人不准从路旁跑入街心!真是警戒森严,如临大敌,而他们所警戒的,不过是徒手的群众和一个戴着脚镣失却了自由的人。可见枪炮虽然拿在他们的手里,他们是并不相信自己的力量的。

被国民党军强迫来的群众,也装满了公园的会场。但是,这次志敏同志采取了更积极的办法,他要面对着这几千民众讲话,他不能放弃任何一点时机为党工作。当两个敌兵把他推到台口"示众"的时候,他开口了:

"同志们,同胞们!我很高兴还能和大家见见面,能和大家讲讲话……"

台下的群众,都惊异地看着他;台上的官员们也都愕然了,这实在是出人意料的。

"我们中国,"志敏同志继续大声地吼道,"外受帝国主义的侵略压迫,内受贪官污吏、土豪劣绅的统治剥削,国已不国,民不聊生,只有实行共产主义……"

"拉回去！拉回去！"台上的官员们急得嚷了起来。军官赶忙指挥着兵士拉着志敏同志往后台走。

志敏同志仍然嚷着：

"希望你们继续我未完成的任务，努力奋斗！"

台下也骚动起来了。几个荷枪的兵士，急忙把志敏同志拉出公园，推进铁甲车里开走了。"庆祝大会"就这样收场了。

二十二

志敏同志的被捕，这对国民党反动派来说，是一件"大喜事"，有的可以分那8万元的悬赏，有的少将就要升中将了，就是那帮国民党党部的党官，和弋阳等县的县长和劣绅们，也都想从志敏身上发笔财，换换纱帽。他们很了解共产党和红军在江西民众中的影响，民众是倾向革命的，而且，这些地方还有着红军的武装，蒋介石不会不重用方志敏来"收拾残局"。现在"擒敌"的首功，既已被军人抢去，这"劝降"的功劳，他们是再不后人的了。于是，他们争着来做说客，劝方志敏同志投降。

当志敏同志才被解到上饶的时候，反动派的国民党江西省党部书记长俞伯庆，就第一个赶着从南昌由玉山迎到上饶，亲自跑到监狱里去劝降。他说了一套道理，志敏同志理也不理他。最后他说：

"蒋委员长很想重用你，你为什么不愿意早点出来呢？"

志敏同志鼻子哼了一声，说道：

"蒋委员长……什么东西！"

俞伯庆仍不放松地问道：

"你们不是已经失败了吗？"

志敏同志严肃地说道：

"不！我们在军事上是暂时失败了，但在政治上并没有失败！而且，我可以告诉你，我们永远也不会失败！"

俞伯庆碰了一鼻子灰。志敏同志到南昌的时候，国民党省党部常委王冠英、李中襄、李家树也跑到监狱里来了。弋阳县长和过去曾教过志敏同志书的一个劣绅，也买了水果、点心跑来了，志敏同志把他们都骂了出去。

敌人军法处的副处长，是个现代典型的酷吏，凡是共产党案，宁可错杀，决不错放！酷刑拷打，更是他的专长！但是，这次对志敏同志，他却表现了从来没有过的耐心和"宽厚"，他把志敏同志提出来审讯，志敏同志一走进审讯室，他就喝骂着站在旁边的一个看守所的所员"为什么不给方先生搬凳子"，凳子搬来了，说不好，又要搬椅子。坐定之后，他便说道：

"我想向你进一忠告，你们既已失败至房，何必尽着固执，到国方来做事好了！"

志敏同志"哼"了一声说道：

"我能做什么事？"

"你能的"，副处长赶忙接着说："你能做事的，我们都知道，上面也知道。不然，杀了多少你们那方的人，何以还留着你不杀呢？老实说，上面要重用你啦，收拾残局，就要借重你方先生啦！"

志敏同志觉得很可笑，告诉他道：

"我可以告诉你，要知道，共产党员都是深刻的信仰共产主义的。"

"嘻嘻，算了吧！"处长笑笑地说："有信仰也不能实现。就说将来能实现，顶快也得要二百年。总之，在我们这一代，是一定不能实现的。那么，我们为什么要做傻子呢？去为几百年后的事情拼性命呢？……人生在世，公私两面要顾到，有私才有公，有公也才有私；一心为公，完全忘了私，忘了个人，我看那不能算是聪明人吧！我常是这样想，万一共产主义会成了功，那谁能料定我会不转一转身儿！这是我的实心话。不过，我可以肯定地说，在我这一代总是不会成功的，所以我得放胆地做事。中国有句古话：'识时务者为俊杰'，随风转舵，是做人必要的本领……"

"行了，你不要讲下去了！"志敏同志皱着眉头，他实在不愿再听这些污浊的话："我是不做没有气节的人的！"

"气节？现在时代还讲气节？"这处长大不以为然。

"一个人无论怎样，目前的利益，必须顾到。活着的时候，只应享乐，死后人家怎样批评，我们倒可不用管它。你晓得你们那方的孔荷宠吗？"

志敏同志知道这个人。孔荷宠过去也是红区的一个领导人，现在带枪投降敌人了。听到这臭名字，他就气愤起来：

"那是个无耻的东西！"

"他无耻？在你们说他无耻，在我们却说他觉悟！他现在极蒙上面信任，少将参议！每月有五百元的薪金！"

"我不能跟他一样！我不爱爵位，也不爱金钱。"

"哼！"处长突然变了脸色："你须知你所做的事！有许多人是被我判决枪毙了的！我看你是一个人才，才来好意劝你，不然，我做我的官，你做你的囚犯，枪毙你是上面的命令，全不能怪我！千钧一发，是降，还是死？"

"你判决枪毙就是啦！我生在世上的任务，就是要和你们这伙帝国主义的走狗、骑在人民头上的反动派决斗的！"

二十三

为了便于劝降，敌人将志敏同志单独关在一间小囚室里。敌军法处还供给了志敏同志笔墨纸砚，想要他写些反共材料。但是，敌人的理想没能实现，不仅迭次劝降没有成功，那些纸张笔墨，也被志敏同志用来写了许多鼓励狱中同志的密信，和给党写下了两份报告。

一天夜晚，志敏正在囚室里写给党的报告，窗外忽然响起了一阵嘈杂的声音，他知道又是解进"犯人"来了，便站起来，从门上的小洞往外看，呵！又是红10军团的干部！他心头一阵酸楚，默默地站在门里，看着他们一个个被敌兵押着从昏暗的电灯光下走进来。他们都被用绳子捆着双手，浑身上下都被雨雪淋湿了，但他没有看到一个神情颓丧的人，他们都昂首挺胸，现出神态自若的样子。

"呵！可敬爱的同志，因为我领导的错误，害得你们受牢狱之苦，我真愧对你们了！"他独自祷念着。

他数着一个一个走过去的人，一个、两个、三个……一共是35个人。他看不清他们的面孔，因为他们的头发都已长得很长，灯光又很昏暗……他们都是谁呢？这一夜他又没有睡好。

第二天一早，"囚犯"们吃早饭的时候，他站在自己的门口，留神看着，他看到一个人，快走到他门口时，故意走得很慢，并且眼睛一直望着他。呵！乔信明同志！

志敏痛苦地向他点了点头，还没有来得及说话，乔信明同志就被狱卒赶走了。

志敏同志从窗里目送着他，有许多话想和他说。走了几步，信明同志回过头来，痴痴地望着志敏同志，心里也是说不出的痛苦。

回大牢的时候，乔信明同志又走到志敏同志的门口，这时，恰好没有旁人。志敏同志问道：

"吃饭了没有？"

"没有吃！吃不下！"信明同志哽咽着说。

"不要过分激动，保重身体要紧！"

狱卒跑来了，乔信明同志只得走开。

就在这天晚上，志敏同志托一个派去服侍他的军事犯（这个军事犯也是关在大牢里的，是个青年学生，比较热情，喜欢与政治犯接近）递给乔信明同志一张条子，问他这次被捕有多少干部，都叫什么名字，准备把他们组织起来，进行监狱斗争。第二天，军事犯又带来乔信明同志的条子，开列了一批被捕同志的名单，和报告了最后几天战斗的经过。志敏于是又写了一个纸条："请你告诉我哪些人坚决？哪些人怕死？你应很好地向这些干部进行教育，在敌人面前一定要顽强，怕死是没有用的。"另外还带了一元多钱给信明同志买药吃。

志敏同志一刻也不忘怀党的事业、党的干部，在这样恶劣的环境里，还要利用机会教育同志、帮助同志。在接到乔信明同志写的"同志们都很坚决，都很顽强"的纸条以后，他很高兴，随手又给乔信明同志写了第三个指示：

"我们几个负责人，敌人一定要杀死我们的。你们（指坐大牢的）不一定死，但要准备坐牢。在监狱中要学习列宁同志的榜样，为党工作，坚持斗争，就是死了也是光荣的。"

敌人对志敏同志与大牢的监视，一天天严密起来，那个年轻的军事犯被调换了监房，也不让他去侍候方志敏同志了，从此志敏同志再不能把他的指示送到大牢里，但是乔信明同志没有辜负志敏同志的期望，他坚决执行了志敏同志最后给他的指示，坚持了监狱的斗争，和曾如清、何秉才等同志在狱里成立了共产党支部，不断地向党的干部进行教育，发展在敌人面前经得起考验的同志入党。抗日战争爆发，党营救他们出狱时，他们的支部已拥有了30多名共产党员。此外，并争取了许多监狱里的逃兵和看守参加了新四军，走上了抗日斗争的战场。

志敏被俘半年余，由于叛徒的告密，我在德兴的山上也被俘了。被关在南昌第一女子监狱里。在1927年我在鄱阳工作的时候，也曾被捕入狱，那时志敏正在横峰搞农民运动，他听到我被捕的消息后，就派人秘密到狱中去看我，写信鼓励我。我还清楚地记得，我那次出狱后，到横峰去找他，他安排我和一个女同志同睡，并嘱咐我不要脱衣服睡，我没有听他的话，脱了衣服，舒舒服服地睡起来，可是，半夜，果然发生了情况，白军袭来了，我和那个女同志匆忙地跑上山去，倒是志敏同志，镇静地把我丢掉的旗袍给我送去。这次又进到国民党的监狱里来了，这些往事，又在我脑子里萦绕起来。但是这次志敏也被关在陆军监狱里，我们谁也听不到谁的消息，他既不能派人来，不能写信给我了，我只能想到他平时讲的一些话，我记得他曾说过："我要是被捕，就不是监禁、判罪的问题，而是坚决地牺牲……"一想起这句话，我眼前就浮现出他那钢铁般意志的、在敌人面前毫不屈服的形象来，就是这样，是他——这刚强的共产主义战士鼓舞着我，使我身上产生了力量，坚持了下来。

二十四

国民党的一些官员们，仍不时到狱中来啰唆，向志敏同志劝降。志敏同志有时给他们讲讲抗日救国的道理，有时干脆把他们痛骂一顿。这些无耻之徒给志敏同志添了不少麻烦。一旦没有人打搅他的时候，他就安下心来给党写材料。在这种时候，他仍不忘检查他这次军事上的错误，他在狱中写下了一本《我从事革命斗争的略述》和一本《赣东北苏维埃创立的历史》，还写下了《可爱的中国》、《清贫》等散文和几篇记述他们狱中生活的文稿，如《死》、《狱中纪实》等；此外，还写了许多密信。那些文稿，那些信，都充满了他革命的热情，流露出他对祖国、对民族解放的真挚的强烈的情感，他那乐观的、凛然不屈的英雄的气势，给予了同志们很大的鼓舞。在他的一封信里写道：

假如我还能生存，那我生存一天就要为中国呼喊一天，

> 假如我不能生存——死了，我流血的地方，或者我瘗①骨的地方，或许会长出一朵可爱的花来，这朵花你们就看作是我的精诚的寄托吧！在微风的吹拂中，如果那朵花是上下点头，那就可视为我对于为中国民族解放奋斗的爱国志士们在致以热诚的敬礼，如果那朵花是左右摇摆，那就可视为我在提劲儿唱着革命之歌，鼓励战士们前进啦！

这是多么激动人心的字句，充满了多么深刻的爱国主义热情呵！

志敏同志是伟大的共产主义战士，他有远大宏伟的理想，他预见到革命的前途是光明的，因此他对敌斗争是坚贞不屈的。在上面写的同一封信里，他向同志们写下了他的誓言：

> 我老实地告诉你们，我爱护中国之热诚，还是如小学生时代一样的真诚无伪；我要打倒帝国主义为中国民族解放之心还是火一般的炽热……我虽然不能实际为中国奋斗，为中华民族奋斗，但我的心总是日夜祷祝着中华民族在帝国主义羁绊之下解放出来之早日成功！……亲爱的朋友们，不要悲观，不要畏馁，要奋斗，要持久的艰苦的奋斗，要各人所有的智慧才能提供于民族的拯救吧！

志敏同志在狱中，不仅寻找机会教育党员，教育革命的同志。就是对看守所里的看守、狱兵，他也是利用一切机会进行工作，启发他们的爱国热情，教育他们走向革命的道路的。有一个姓胡②的蒋军法官，因袒护共产党嫌疑被捕，他在狱中被志敏同志的言行所感动，他

---

① 瘗，音 yì，埋，埋葬。
② 即胡逸民（1890—1986），又名胡罟人，浙江永康人。早年参加过同盟会，追随孙中山革命，官至国民党南京中央军人监狱监狱长。因官场倾轧，时被蒋介石囚禁在驻赣绥靖公署军法处看守所优待号。

不仅供给了志敏同志一些书报看，而且，还将志敏同志在狱中写的一部分文稿带了出来。后来志敏同志殉难，他还写了一首《悼方君》的诗表示悼念。还有一个姓凌的看守所长①，也受了志敏同志伟大的革命精神所感动，他给了志敏同志许多照顾，并借钱给志敏同志从事越狱活动。后来这姓凌的也因此被撤职入狱。还有一个看守所的文书②，常和志敏同志接近，也深受志敏同志教育，他给志敏同志送过信，打听消息，也带出了一部分志敏同志的文稿。

志敏同志一直念念不忘党的事业，一天，他从同狱的姓胡的难友借给他看的报纸上，忽然发现了关于中央红军在黔北大胜利的消息，中央红军消灭了王家烈敌军全部及薛岳两师；红四方面军在川北，萧、贺红军在湘南都获得胜利。志敏同志看罢，不禁狂喜！急忙想办法把报纸传到别的同志的囚室里去，他并在报纸上写道：

　　亲爱的全国红军同志们！我在狱中热诚地庆祝你们的伟大胜利，希望你们在党中央的正确领导之下坚决战斗，全部消灭白军，创造苏维埃新中国！

志敏同志受到这个鼓舞，越想能早点越狱出去，但是因为敌人防范甚严，又无外援接应，他知道越狱是没什么希望的。然而他仍不放松活动的机会，在他的遗嘱里写道：

　　同志们！亲爱的同志们！我是不能再与你们共同奋斗了，我是如何的惭愧和难过啊！我……所说的意见，都是我最近感触到的，当然里面免不了有错误，说错了请你们批评，说对了请你们执行。我们虽在狱中，但我们的脑中仍是

---

① 即时任驻赣绥靖公署军法处看守所代理所长凌凤梧。

② 看守所文书即高家骏，原名高易鹏，浙江绍兴人。从学校毕业后，在南昌参加军法处招聘考试，录用为上士文书。

不断思念着同志们的奋斗精神，总祈祷着你们胜利和成功！我直到现在，革命热忱仍和以前一样。我现在正准备着越狱活动，能成功更好，不能成功则坚决就死！我想，我若能越狱出来，我将用我最高的努力去创造新苏区和新红军，以恢复这次损失。同志们！越狱恐难可能（主要的是无外援），那时只有慷慨就死了！我不能完成的工作责任，只有加重到同志们的肩头上了。

志敏同志在信里还说对革命事业"耿耿在怀，不能丢却"，然而他又是视死如归的。在他的文稿里，记下了他这样一段话：

我们是共产党员，当然都抱着积极的奋斗的人生观，绝不是厌世主义者，绝不诅咒人生，憎恶人生，而且愿意得脱牢狱，再为党工作。但是我们绝不是偷生怕死的人，我们为革命而生，愿为革命而死！到现在无法得生，只有一死谢党的时候，我们就都下决心就义。

1935年刚刚入秋的时节，一天，文书跑来了，他悄悄地告诉方志敏同志说，江西当局给蒋介石拍了电报，说方志敏毫无"悔改"之意，主张判处死刑，可是，蒋光头批了个"缓办"。志敏同志听了这个消息，想了想道："看吧，又要有说客来呢！"

果然，过不多久，有人来通知志敏同志说道："蒋委员长来要和你方先生谈话，请方先生准备一下。先生有什么条件都可以和委员长提出来……"

志敏同志勃然大怒，不听他说完，便斥他道：

"我方志敏是一个光明磊落的共产党员，蒋介石是一个地道的反动头子，有什么要谈的！滚出去！"

那个送信的人抱头鼠窜去了，想来，他是没有敢把这番话报告给蒋介石的。没过几天，蒋介石由武汉坐着飞机来到南昌，他带着私人秘书到监狱来见志敏同志。他向志敏说道：

"方先生，你很有才，我希望你投效'祖国'做事，我还要倚重你的。"

志敏同志毅然地回答他道：

"谢谢蒋先生，我的生命只有36岁，你赶快下令执行吧！"①

蒋介石知道志敏同志是不可屈的，便下了"秘密处死"的命令。

1935年8月6日，这个党的忠实的战士英勇壮烈地牺牲了！方志敏同志光荣地结束了他战斗的一生。

在临刑的时候，他挺着胸膛，拖着沉重的铁镣，昂然地走进布满荷枪实弹的警宪士兵的刑场。他那高大魁伟的身体，他那炯炯的目光，是那么凛然不可侵犯。持着枪刀的国民党军官兵，被这威武的形象震慑住了。面对着这位伟大的战士，他们会感到自己是多么渺小，多么可耻！方志敏同志，就这样满怀着对国民党的极端仇恨和鄙视，昂然地屹立在人民的心中。

志敏同志，为中国人民，为党的伟大的事业，贡献了他一生的精力，贡献了他宝贵的生命！他的钢铁一般的革命意志，他一生的忘我无私的品质，他的坚贞不屈视死如归的精神，将永远活在我们心里。永远是我们学习的榜样！

今天，我们在毛主席领导下，幸福地生活着。今天我们可爱的中国，就是志敏同志理想的中国。他曾非常愉快地写出过他的理想：

我相信，到那时，到处都是活跃跃的创造，到处都是日新月异的进步，欢歌将代替了悲叹，笑脸将代替了哭脸，富裕将代替了贫穷，康健将代替了疾苦，智慧将代替了愚昧，友爱将代替了仇杀，生之快乐将代替了死之悲哀，明媚的花

---

① 经考证，蒋介石劝降方志敏系传言。

园，将代替了凄凉的荒地！……这么光荣的一天，决不在辽远的将来，而在很近的将来，我们可以这样相信的，朋友！

是的，这样的一天，已经到来了！

安息吧！志敏同志！我们今天的生活，不仅像你理想的那样，而且比你理想的还要幸福，还要丰富多彩！今天，我们全国人民在党的领导下，为建设社会主义幸福的生活忘我地劳动着。敬爱的方志敏同志！你那英勇奋斗的精神，你那振奋人心的遗言，永远在鼓舞着我们前进，鼓舞着我们建设社会主义的热情！

方志敏同志脱险到南京①

我和方志敏同志在一起共同生活了8年,他的光辉的形象以及对革命事业所表现的无限忠贞,是我毕生难忘的。现在我记录下他从南昌到南京的一段历史,作为对志敏同志的纪念。

1922年,志敏同志参加了社会主义青年团,开始进行了革命活动。那时他才22岁。

1923年初春,因为当时的民权运动大同盟是个公开组织,其中混入了军阀的侦探。为了邀功,侦探便向江西督军蔡成勋作假报告:以方志敏、袁玉冰为首等受有广东政府密令,阴谋推翻现政府……

同年初秋,军阀封闭了新文化书店,志敏同志以"共产党罪犯"被通缉。那时志敏同志因工作操劳过度吐血了,正在南昌法国医院治疗,病情很严重。医生见他脸色苍白,瘦的可怕,便一再嘱他静养,禁止看书,但他还是偷偷地看《马列主义文集》,念念不忘党的工作。

---

① 本文原载《雨花》第14期(1958年2月1日)。

每逢同志们来院探望，他总是详细的询问工作情况。当时党的经费很困难，志敏同志的住院费用，都是同志们筹集的。

赵醒侬同志得知他被通缉的消息后，便对刘某① 说："志敏同志生病，恐怕还不知道这个消息，我自己不能去；虽然他们不敢在外国医院捉人但还是要他避开为好……"

刘某特地到医院将这个情况面告志敏同志，并问他是否可以勉强支持离开南昌。志敏同志奋然坐起，态度从容地说："我的病没有什么关系。为了党的事业，为了广大人民的解放事业，我不能作无谓的牺牲。好，今天晚上决定走！"

组织上因见袁玉冰系在南浔铁路上被捕，知道车站有侦探，决定不叫志敏同志乘火车赴九江，由陈日光帮助旅费雇了一只小船，停在医院后门墙外江边。这一夜月明星稀，志敏同志的朋友们及其他同志赶来送行。志敏同志身着灰色长褂，带病登船，与刘某绕道吴城逃出了江西。

到九江后，在太古洋行当职员的友人周一尘，为志敏同志买好到南京的船票，并护送登船。及抵南京，先住凤仪门一小客栈中；后由东南大学学生弋阳人叶造贤介绍租住在文昌宫庙内，在东南大学膳厅搭饭。叶造贤当时系国家主义派，后为青年党中央委员（此人很反动，已处死刑）。每当吃饭时，叶造贤鼓吹国家主义学说，而志敏同志则以科学的社会主义理论进行驳斥，双方争论不休，有时争得面红耳赤。

那时志敏同志好友黄在旋、洪宏义均在上海，他们写一信给志敏同志说："如果你们在南京无法找到工作，可到上海来在我处寄食……"

志敏同志接到这封信后，对刘某说："我们两人同去，旅费难筹，你先拿我的大衣去当些钱作车费去上海，有工作时，我再来……"

---

① 指时任中国社会主义江西地方团临时书记刘拜农。

当时刘某将大衣当了四块钱，志敏同志自己留下两块作伙食费，一块七角钱买了张去上海的四等车车票。

志敏同志在南京时，没有找到工作，便常常靠写文章来维持生活。曾于1923年4月23日上海民国日报副刊《觉悟》上刊出过两首诗①：

  我的心
  挖出我的心来看罢！
  我相信有鲜血淋漓，
  从彼的许多伤痕中流出！

  生我的父母呵，
  同时代的人们呵，
  不敢爱又不能离的妻呵！
  请怜悯我！
  请宽恕我！
  不要再用那锐利的刀儿，
  去划着刺着！
  我只有这一个心呵！

  同情心
  在无数无数颗的人心中摸索，
  只摸到冰一般的冷的，
  铁一般的硬的，
  烂果一般的坏的，

---

① 《我的心》、《同情心》写作日期为1923年4月23日，同年5月15日发表于上海《民国日报》副刊《觉悟》。

它，怎样也摸不着了——

　　把快要饿死的孩子的口中的粮食挖出，
　　来喂自己的狗和马；
　　把雪天里立着的贫人的一件单衣剥下，
　　抛在地上践踏；
　　他人的生命当膳飨，
　　他人的血肉当羹汤，
　　啮着喝着，
　　还觉得平平坦坦。
　　哦，假若还有它，何至于这样？

　　爱的上帝呀，
　　你既造了人，
　　为何不给个它！

　　后来，曾在南昌同过学的洪宏义同志听说志敏同志在南京生活异常困苦，便寄了些钱来救济；不久，志敏同志也到上海去了。
　　上海公共租界五马路豫丰源旅馆是江西人开设的，那时胡××与健晋就住在那里。志敏同志与赵醒侬同志时常到豫丰源旅馆谈话，一谈总是一天半天，有时谈到夜深人静，便在旅馆同餐共宿；有时热情高涨时，便到五马路小饭馆吃便餐。当时许多朋友都为志敏同志健康担心，并劝他注意保重身体，但他自己却显得不在乎的样子。
　　那时胡××和健晋原计划到法国去留学的，志敏同志知道了，坚定主张他们要改变出门的方向，便说："资产阶级的文化是虚伪的，快要死亡的，到法国去学不到什么东西的；倒不如到苏联去，去了解工农专政和俄国革命的实际情况，将来返国可替祖国作较多的贡献……"

志敏同志就是这样坚决地站在无产阶级的利益来帮助青年走上革命战线的。

在志敏同志有力宣传教育影响下，胡××、健晋均表示同意，在第二年春天，他俩与玉冰、朱克清、王荷波、刘清扬等一道赴苏。他们认为能走上这一正确的道路，是志敏同志的热忱帮助分不开的。

志敏同志活在我的眼前[①]
——读《狱中纪实》

  方志敏同志遗著《狱中纪实》,我反复地读过了好多遍。每读一遍,我就会产生一种新的激动,火热的心始终沉浸在这本书的每一个字句里。对于这失去了20多年,过去朝夕相处的患难战友——我唯一的亲人,我无时无刻不在想起他。在今天,他好像还活着,活在我的眼前,给我增加着新的鼓舞力量。

  大革命时期,方志敏同志化名李祥松,我化名李祥贞,我们以兄妹关系进行秘密通信。《狱中纪实》中《死》这篇文章的主人公就是用"祥松"这个名字出现的。

  从志敏同志的遗著里,不但看到了他对党的无限忠诚,而且可以看出他对祖国的热爱、他的革命乐观主义精神、坚贞不屈和视死如归的决心。

---

  ① 本文原载《解放军文艺》1958年4月号。

在狱中，不管敌人采用何种毒辣手段对志敏同志进行威胁利诱，他们的阴谋都不能得逞。志敏同志不但严正地斥责了他们，而且慷慨地说："朝三暮四没有气节的人，我是不能做的。我完全知道这个危险，但处在这事无两全的时候，我只有走死路一条。"敌人为了他们可耻的目的，不但用金钱地位，而且还用了美人计，诱降志敏同志，但志敏同志痛痛地骂了她们一顿，把她们赶走了。在一个坚贞不屈的革命志士面前，敌人显得多么愚蠢和无耻！

　　志敏同志在临死前，在不自由的监狱里，还是以模范行动，积极地对狱中同志进行教育，并领导狱中斗争，同时争取了狱中职员和看守兵的同情与援助。他经常说："一个共产党员，应该努力到死！奋斗到死！以必死的决心，图得意外的获救！我应该告诉他们，要他们一致来行动吧！"志敏同志有计划地对看守兵先进行说服教育之后，又准备组织狱中暴动。只是由于当时斗争条件极端困难，使志敏同志的越狱计划终于未能实现。

　　志敏同志以深刻的阶级情感，以无比仇恨的心情，真实地描写了敌人狱中的黑暗生活，和国民党看守对囚犯的残酷虐待；说明在国民党统治下敌人的荒淫无耻。特别是他描写的囚犯们的非人生活，读了更令人切齿愤怒！

　　当我读到这段时，也深有同感。志敏同志和我虽然不在一个监狱里，但我所住的监狱也是同样暗无天日。我也尝尽了非人的生活滋味。我们亲眼看到，在那黑暗的监狱里，不知牺牲了我们多少优秀的忠实的同志！国民党反动派的罪大恶极，是说不尽、数不完的。

　　志敏同志处在黑暗、污秽、潮湿、熏臭、冬天寒冷、夏天闷热的栊子里，在时刻有被提去枪杀的可能的情况下，仍能振奋精神，拖着沉重的脚镣，不管病与不病，不管今天生明天死，都经常拿着笔写文章。那种艰苦、积极地为党工作的精神，真令人万分感动！志敏同志开始被押在普通号时，就写了一万多字的文稿，因找不到人带出，又撕毁了。后移到优待号，找到人带了，又重新再写。他终于在危难中，写出这许多遗著来，鼓舞我们、教育我们。这种光辉的、伟大的革命行动，是值得我们每个同志学习的。他为了党的事业献出了自己的热血和头颅。我们今天处在社会主义时代的幸福生活里，应该抱着怎样的态度对党的事业贡献出自己的力量，才能对得起烈士们对我们的期望呢！

从志敏同志刚被俘时他所写的自述，就可以看出他自始至终一贯所表现的坚强革命意志，预见到革命的未来的光明前途。他在临死前愤恨地警告敌人说：魔鬼们！慢点！不要高兴过度了。我们四个虽死了，比我们更聪明更有能力的同志，还有千千万万，他们会因我们被残杀，而激起更高的阶级仇恨，他们会与你拼命斗争到底！不怕你们屠刀大，你怎样也杀不完的！历史注定你要倒！我们一定要打倒你的！这就是志敏同志在临死前的战斗口号。他表现了崇高的革命英雄主义气概：为革命而死，毫无所怨，更无所惧。他写下了这样一首激动人心的诗篇：

敌人只能砍下我的头颅，
决不能动摇我们的信仰！
因为我们信仰的主义，
乃是宇宙的真理！

为共产主义牺牲，为着苏维埃流血，
那是我们情愿的啊！

志敏同志被国民党杀害于南昌，至今已23年了。他在狱中所写的遗著，对我们来说，是个有力的战斗武器，大大鼓舞了我们的工作热情。为了接受志敏同志的遗言，我一定要以实际行动继承志敏同志的遗志，为建设我们可爱的中国而努力！他的话不断地督促我前进，鼓舞我努力工作和学习，坚定了我革命的意志。每当我遇到困难时，就会想起志敏同志的遗言，而工作劲头就更大了。因此，我热忱地向读者介绍这本书，希望大家和我一样，从中吸取宝贵的滋养。

猪仔议员[1]

北洋军阀政府快到临终时代，安福系当权；举行国会选举。各省选举国会议员，这给土豪、劣绅造成升官发财的机会，于是产生了很多光怪离奇的把戏。他们闭门捏造选民册，以少报多，因为一张张的选票，可以变成一块块的银洋。竞选的人，选票买到手，就雇写字的人填上自己的名字，投到票柜里，打开一数，票数最多，这人就成为所谓议员了。

这个选举把戏，弋阳也演起来了。绅士王张念诚以为自己一定可以当上国会议员，耸着肩对一班绅士说："我的诗书算没有枉读，这下有机会去北京看看冠盖京华……"一时发出哄堂大笑。可是他也想到当时方志敏同志在弋阳组织的青年社难对付，于是计划如何用权力操纵全县选民，如何用金钱收买选票。

原来当时弋阳学界分成新旧两派，新学派由志敏同志领导，宣传

---

[1] 本文曾收入江西人民出版社1958年6月出版的《红色风暴》（第1集）。

革命思想；老学派由张念诚领导，维持封建传统。他们都是弋阳北乡五十都人，起初斗争在漆工镇，这里是张念诚的封建堡垒，漆工镇警察局巡官巡警都是他的爪牙，因此漆工镇也就成了新老两派斗争的中心。这种新老派的斗争，也就是无产阶级思想与封建传统思想的斗争。

张念诚想到必须先在势力范围内弄好基本选票，取得初选权，便勾通那些绅士捏造选民册，原来漆工镇周围各乡只有两万几千人，有选民权资格的最多一万人，可是他多造了一两万人，自信有把握当选了。

志敏同志得到张念诚操纵选举的消息后，由南昌赶回弋阳湖塘故乡，破例的没有去见张念诚。原来志敏同志与张念诚是有一段渊源的，张念诚的岳父严常星老先生，在湖塘村教私塾，志敏同志小时候读书非常聪明，这位老先生很喜爱他，常对志敏同志的父亲说"你这孩子会读书，大了不是打赤足的作田佬，是穿鞋子袜子的斯文人，你卖尽田地屋宇都要给他读书！"不久严常星老先生要到张念诚家里去教书，把志敏同志带去了，张念诚也认为他是有发展的孩子，要志敏同志叫他作义父。后来志敏同志到外地读书，受了党的教育，宣传革命，曾由南昌写信给张念诚讲述共产主义的道理，也想劝他革命。哪知张念诚坚决反对，并将这封信保留，作为毒害志敏同志的证据。

张念诚因为这次志敏同志没有去拜访，气冲冲地找着他大骂："你就自认为了不起？你的来意我知道了，看你有多大的本领！"说罢便匆匆走了。

无情的斗争展开了。志敏同志发动了自己组织的青年社的青年们，分头到各地去布置宣传鼓动。他亲自写了一篇题为《猪仔议员》的文章，又写出张念诚十条罪恶，在青年社刊物《寸铁旬刊》上登出了，紧紧地粘贴在王沙岭黄天寿饭店的走廊板壁上。

一时全县广大群众像暴风雨一样卷来，像潮水一样，纷纷地收回选票了。

张念诚当然很气,想进一步用威吓的手段,吓唬志敏同志要他把选票交出来,他故意扬言:"我要搞得他全家鸡飞狗跳……"于是联合各乡地主、恶霸等50余人,借讨论选举经费,在漆工镇召集会议,要志敏同志出席,想当场加以残害。志敏同志的父亲吓得战战兢兢,不要儿子去,志敏同志正躺在床上想着去开会的对策,一伙同学对他开玩笑说:"老方,张念诚是你的朝老爷,你敢推倒他?""什么朝老爷,非推倒他不可!"志敏同志毫不惧怕,身穿灰色长布衫,一手拿着白纸扇,一手拄着文明杖,潇洒地去参加会。湖塘村的一大群青年小伙子自动地跟在后面,带了武器,藏在竹林里,准备劫持会场,抢救志敏同志。

　　当志敏同志独自到达会场时,在座的有些群众非常为他担心,深恐发生意外。

　　张念诚满以为奸计可以实现,摆出凶恶的面孔,威胁的眼光对着志敏同志说:"今天要你到此,并非别事,就是要你将选票拿出来,否则对你不客气……"

　　志敏同志摇着白纸扇,从容地说:"选举,是人民的权利,到一定年龄的人,都有选举权。你有选举权,我们青年人也有选举权;全乡全县人民有选举权,我们青年人也有选举权。全乡全县人民都有自由投票的选举权,你为什么要剥夺别人的选举权?你为什么要操纵别人的选举票?"停了一停,志敏同志又说:"选举票都由人民自己收回了,我没有操纵别人半张票,你要我交什么票给你?"志敏同志的话,像连珠炮似的打中了张念诚的要害。张念诚没有一点回声,只是用他抖震抖震的手,端着茶杯不停地喝茶。

　　志敏同志又转了话题:"至于上面拨来的这笔选举经费,你要办地方自治会,名义上是保护地方,购买枪支,实际上是扩张个人的势力。我们青年人反对你这种做法。我们要办平民学校,普及文化教育,这是对广大农村青年有利益的事,你有什么理由要反对?……"

　　"我就是要你交出选票,我就是要将款买枪。"张念诚的声音像暴雷响着。

"我们青年人就要坚决反对！"志敏同志正颜厉色地说着。

"……"张念诚想说什么都说不出来。

整个会场的气氛，像给志敏同志口若悬河、滔滔不绝的辩才压住了。那些地主和恶霸，不知为什么也失去了威风，都面面相觑，一直没有作声。

会场沉寂了好久。最后志敏同志说："你们既然没有什么话，我走了！"他走出漆工镇的大门后，藏在竹林的青年小伙子蜂拥出来，围绕志敏同志笑着，向湖塘村走去。

张念诚当国会议员的迷梦，算是幻灭了，与志敏同志结的仇恨，更是加深了。他下狠心要陷害志敏同志，向县府控告，附上了当年志敏同志给他的那封信，还感证据不足，要将贴在黄天寿饭店板壁上的那张《寸铁旬刊》撕下去，可是糊得紧紧的撕不下，他就请人将板壁拆下，抬到县府去做告状的证据。接着控告状像雪片飞去，共有93件之多，其中有一张状子的主语："案悬日久，党势愈猖……"可见张念诚破坏革命的阴谋是很毒辣的。

志敏同志觉得张念诚既可恨又可笑，于是写了信报告组织，又写了8封信告诉各地青年同志。青年中有的写信给弋阳县长说："如你要方志敏坐一天牢，我们要你坐10天牢……"

张念诚焦急地看到案子没有动静，就串通弋阳警察局巡警带了警察，在一个晚上包围湖塘村，搜索志敏同志，搜索不到，就斥问志敏同志的母亲说："交你的儿子出来！"

"我儿子到南昌去了！"

"这长褂子不是你儿子的吗？"巡管指着壁间挂的衣服问。

"不是，是我女婿的！"方老太太镇静地应付过去了。

志敏同志早得到逮捕他的消息，离开家里，到屋背来龙山去了。

这时志敏同志还是一个青年，已经开始将革命的种子播种在赣东北区。这场选举的斗争，对进攻封建堡垒是有力的袭击。

方志敏同志在闽北①

慰问伤病员

1931年春，党决定红10军向闽北行动。军长是周建屏，方志敏是赣东北省苏维埃主席兼任红10军政委。他亲自率领部队从横峰铺前街出发，从铅山开始获胜后，差不多一天要打几次仗，紫溪街、石塘都节节胜利，势如破竹。攻下福建崇安长涧源、赤石街时，缴获了许多枪械和款子，并在浦城缴获无线电机一架。

当时我军的红色医院设在崇安张山头村，这里是一座高山，四周是密密的树林，风景美丽，环境安静，只有几十户人家，很适宜于作医院驻地。我军80余名重伤员就住在张山头一间大房子里。当时环境是比较艰苦的，没有床，伤员就睡在地下。

---

① 本文曾收入作家出版社1959年3月出版的《方志敏的故事》。

当部队决定回转闽浙苏区时，方志敏同志带着公款，带了一个警卫员前往医院去慰问伤病员。

他身穿军服，腰挂一支手枪，微笑地走进医院病房。他看见伤员脸色发白，一个个都睡在地上，便和蔼地走到他们身边，蹲在地上，抚摸着伤员的伤口，他看见伤员的伤口肿痛得厉害，心里难过极了。

他安慰大家不要难过，静心休养；并问大家在火线上丢了什么东西，现在有什么困难。最后，对伤员们说：

"我们一定会把你们接到江西去的，你们的家属，政府会照顾的，你们在这里安心休养，我们留下一个特务营在这里保护你们。"他说到这里，泪珠也涌出来了。伤员听了，个个都感动得落泪。

临走的时候，他还祝全体伤员早日痊愈。

当方志敏同志走出病室时，许多伤员都感动地说："党和方政委这样关心、爱护我们，就是死也甘心，党真比自己的爹娘还亲……"

后来这个特务营留在闽北，开辟了一大块新苏区。

以身作则，同甘共苦

红10军攻下崇安后，方志敏同志为了将这次所缴获的物资全部运回赣东北苏区，除召开党的干部会议外并召开全军大会，他向大家作了有力的政治动员。他说："敌人现在对我们进行第一次围剿，将来还会对苏区进行更疯狂地进攻的。我们如果没有经济力量就不能战胜敌人。敌人第一次围剿眼看要失败了，但我们仍要在各方面作充分准备，才能更好地战胜敌人。"他自己首先表示要背1800块现洋走路，并动员战士都背款子，每人背200块现洋。他向大家说："我们这次背光洋，就等于背了枪。没有钱，我们要办什么事都有困难，就正如我们军队没有布缝不了军服一样。我们军队不是国民党军队，决不能抢老百姓的东西，我们要些什么，都得花钱向老百姓买，因此我们必须把光洋带走。"有个别不愿意背款子的同志，经过他的动员说服之后，都一致表示赞成了。在大会上，他还提议，全军营以上的干部一律不要骑马，他自己首先以身作则，带头不骑马。

这次全军大会，开得很好，结束的时候，全军干部和战士情绪都很高涨。

方志敏同志在闽北作战的时候，正患着严重的内痔，行军时常常流血。初到闽北时，有些战斗员看见方志敏同志骑的马鞍子上，印着鲜红的血，心里感到很难过。但志敏同志却没有叫苦，一直是以身作则，和战士们一起同甘共苦，转战各地。

忆方志敏同志①

我在闽浙赣苏区与志敏同志生活在一起，记得那时他在苏区《工农报》上发表了《加紧一切斗争迎接中央红军》这篇文章，有力地号召全苏区工农群众千百倍紧张起来，配合中央红军，粉碎帝国主义国民党第四次的围攻，全线总动员，消灭苏区周围的敌人，然后北上。并号召扩大苏区，争取信河南岸苏区的建立，联合闽北中央苏区。再储足粮食，准备中央红军食用，而且要断绝敌人给养。

1934年秋天，中央红7军团来到了闽浙赣苏区。红7军团原是赣东北苏区的老10军，这次来到老家，情绪特别高涨。

当时志敏同志是闽浙赣省苏维埃主席，又是中央省委书记，机关驻在葛源枫树坞。我任省反帝拥苏同盟主任，各机关团体推选我为代表，携带许多慰劳品，随志敏同志前去德兴重溪参加会师大会。在严肃的军号声中，志敏同志代表省委致欢迎词，我代表各机关团体也讲

---

① 本文曾收入《红色风暴》（第1集）。后收入作家出版社出版的《方志敏的故事》。

了话。

7军团和10军会师后，成立了北上抗日先遣队。7军团①先行出征。党中央命令志敏同志为北上抗日先遣队总指挥。志敏同志亲自率领10军团由葛源出发，向皖南行动，创造了800余里的根据地。

谭家桥战役，是空前未有的血战，10军团遭受了很大的损伤。这时，志敏同志决定将部队退回闽浙赣苏区休整，但敌人紧紧地跟踪追击。志敏同志亲自指挥后卫部队堵击敌人，使前卫部队顺利地进入苏区。这时，志敏同志在敌人七倍以上兵力的强压下，退至怀玉山，经过七天七夜激烈的战斗，已弹尽粮绝，人马疲困，又正当大雪纷飞，将士吞雪啖草，挖山芋芭蕉脑以解饥渴。志敏同志披着树叶，抵御寒冷。饥寒疲困已到极点，几次要冲出封锁线，敌人又层层包围上来，志敏同志不幸于1935年1月24日②上午7时被俘了。

志敏同志被解到德兴敌军团部时，亲笔写了"自述书"，表现了对革命的忠诚和伟大的愿望。不日又被解到上饶禁闭室，敌人审讯逼供，均归失败。至2月2日志敏同志被解到南昌军法处看守所，开始与战友刘畴西、王如痴、曹仰山四人同一狱室，不久独住一狱室——"优待室"。国民党百般诱降；竟派几个穿花旗袍的年轻妇女常来"优待室"，志敏同志不但不为所动，还气愤地斥骂："你们是什么东西！……"接着便举起双手铁镣打过去。此后，那几个妖艳的妇女再也不敢来了。可耻的国民党想用美人战术，来使一个坚贞不屈的、有革命气节的人投降自首，真是愚蠢极了。

志敏同志在狱中，仍不忘革命工作。计划教育政治犯、坚持斗争，建立被俘战友间的亲密友谊，并随时随地对看守所长及站岗的卫兵，进行阶级教育，瓦解敌人，并发展党的秘密组织，进行越狱活动。有一天战友乔信明同志（20师参谋长）从政治犯大牢出来吃饭，

---

① 已改编为红10军团第19师。
② 应为1935年1月29日。

路过"优待室",看到志敏同志戴着脚镣站在门口,相顾默默无言,最后志敏同志关切地问道:"你们吃得饱吗?"从此,志敏同志把自己的菜也省下来,传给同志们吃,又不断写条子,托人秘密地转给乔信明同志,查问大牢关了多少人?有些什么干部?哪些是坚强的?哪些是怕死的?并要他转告几个负责军事的战友,说是敌人会杀害我们的,要准备为革命流尽最后一滴血。同时,要他转告大牢的干部,要勇敢,要斗争,要坚持革命立场,要学习革命导师列宁的坚强斗争精神。还写了列宁在狱中用面包当墨水瓶的故事。

乔信明同志遵照志敏同志的指示,向狱中的同志分别做了工作,在狱中形成了核心领导,组成了秘密党支部,由乔信明同志任支书,并发展了30多个共产党员。在支部的领导下,发动了改善监狱生活的斗争,战友们虽被打得皮破血流,脚加铁镣,但是在敌人面前,决不屈服,不动摇,都显示了革命者坚强斗争的性格。

志敏同志进一步指示越狱活动,进行宣传鼓动工作,曾说服监视卫兵一同越狱。因为时间关系,有些战友遭到杀害,内应工作虽然做好了,一时得不到外援,所以越狱的愿望未能实现。

志敏同志要将自己的最后一滴血化成文章,献给革命。不管生病,不管今天生明天死,整天拿着毛笔写。他在狱中读了许多书,甚至脑子胀痛了还是不停地读着。最后,他写了一字一泪、长达万言的"遗书",其中有这样的警句:"我能丢弃一切,唯有革命事业却耿耿在怀,不能丢却!""我们是共产党员,为革命而死,固无所怨,更无所惧。""请你们经常记起你们多年在一起奋斗的战友们之惨死,提起奋勇的精神,将死敌日本帝国主义赶快赶走吧,将万恶的国民党统治赶快推翻吧!""全体同志要一致团结在中央领导之下,发扬布尔塞维克最高的积极性、坚决性、创造性……努力为党工作。"

志敏同志!你牺牲已经20多年了,今天重读你的遗书,你的沉重的声音,你的洪亮的声音,回响在千千万万青年的心弦上,他们爱戴你,他们崇敬你,他们有"方志敏班",他们有"方志敏英雄班"。

你所耿耿在怀的革命事业，也就是社会主义的事业，也就是共产主义的事业，都会经过他们千千万万的手创造出来！

　　祖国永远是春天，你墓上的花草，承受春天雨露的滋润，也永远青秀，永远鲜艳！志敏同志，你安息吧！

红10军第一次进军闽北散记①

进军闽北

1931年3月间,赣东北省苏维埃主席方志敏同志,根据党的决定到红10军去暂代政治委员;军长是周建屏同志。志敏同志自任职以来,和以前在军委任主席时工作一样,以饱满的革命热情积极地工作。他常常深入连队,亲自找人谈话,了解情况,检查督促各项工作,及时地发现和处理问题。凡有关内务、操场、课堂以及每个战斗员身上的许多的琐碎问题,他都亲自过问,部队的会议他也亲自出席。好事就尽量发扬,不好的事就严加指责,真正[做]到了赏罚严明。在志敏同志亲自带头的影响下,红10军的指战员同志热情高涨,斗志昂扬,特别经过横峰葛源一个星期的整顿训练,军中一些散漫、

---

① 本文曾收入江西人民出版社1959年2月出版的《红色风暴》(第4集)。

混乱的现象纠正了不少。

当时敌18师有一个团进驻贵溪周坊造碉堡,已造了一丈多高。周坊距离贵溪城50多里,都是苏区。敌人这支既无联系又无接济的孤军,自然容易被打垮。我军两日打了两次埋伏,取得了胜利,周坊的敌军就动摇退走了。

第二天,红军又开去打余江横山徐家村的保安团。这个保安团占据横山徐家村背的三个山头,山头上都挖了立射散兵壕,扎了鹿砦,工事相当坚固。红军要通过两个大田坂,才能进攻到山脚下。接火后,保安团就在壕内向着在田坂上冲锋前进的红军射击,弹如雨下,但是,红军仍冒弹跑步前进。冲到山脚下时,保安团惊慌了,翻身就跑。红军脚跟细①地追去,追了十余里,将其一营消灭,才集合起来。红军这次在贵余三日三战,三战皆捷,将贵余苏区巩固下来了。

正当这时,闽北苏区却大为吃紧。

还是在赣东北苏区扩大之后,我军就派遣了一个独立团到闽北建立根据地。敌人在第一次"围剿"失败后,又积极准备第二次"围剿"。赣东北苏区与闽北苏区互相呼应,因而敌人把闽北也看成眼中钉。蒋介石见闽北红军不多,便于1930年冬派遣别动队和各路杂牌兵,以数倍于我的兵力包围闽北,封锁交通,用残酷手段迫害苏区人民。

1931年3月,敌人将包围圈缩小了,手段也更残酷了,在根据地四周还组织了反动的还乡团,建立连环保等。如果敌人查到哪一个村子有人有通共产党的嫌疑,全村就要被杀得鸡犬不留,把村子烧光。他们在每个村建立了"警卫团"、"大刀会",强迫每个人参加,说苏区人民只要参加"大刀会"就可以免死罪,并到处造谣破坏说:

"共产党完蛋了。"

"朱毛捉到了。"

---

① 脚跟细,方言,意为紧跟着。

"瑞金光复了。"

"方志敏阵亡了。"

那时闽北苏区的条件是极端困难的，粮食缺乏，弹药不足，有些富农乘机破坏，一部分中农被暗中拉去加入了"大刀会"，有些不坚强的人曾发生动摇。独立团部分落后士兵因战斗屡次失利、环境恶劣，思想也较混乱，甚至个别领导干部也有想退出闽北回赣东北的想法。但是，绝大多数同志的革命信心是坚强的。有的农民说：

"有了共产党，我们才能活命，根据地是我们的命根子，我们一定要保卫它。"

有的战士说："敌人虽然比我们多，可是吓不倒我们，我们要用生命来保卫根据地！"

有个排长对战士们说：

"现在敌人以为他们人多，就得意忘形了，其实只要我们主力部队派一部分人来，他们就会夹着尾巴逃命的。"许多战士和群众都盼望方志敏同志带些队伍来将敌人早日消灭。

那时我们人也确实较少，闽北红军独立团当时只有1、4、7三个连，几十支步枪，加上弹药不足，缺乏群众工作，因而屡次失利。敌人则欺我兵力少，专以小部分兵力来袭击红军，常以一个排的兵力驻一个村子，放个卫门哨，看见红军来了，卫兵就钻进去把门关上。从墙上预先挖好的枪眼里射击红军。敌人这个办法很难对付，红军往往整天攻打都打不进去，还要伤亡好多人。团长潘骥同志就是在进攻土屋时牺牲的。敌人就用这个战术占据着闽北苏区一些较大的村庄，我们只保留了崇山峻岭中的几个小村落，干部和部分群众也都躲在山上过着紧张的游击战争生活。在这种情况下，便派了个同志来赣东北请求援助。

为了援助兄弟部队，巩固闽北苏区，消灭敌人，红10军决定向闽北进军。

出发前，方政委召开了连以上干部会议，因为当时有些指战员对不打赣东北的敌人而去闽北搞不通。方政委当时在会议上着重分析了当时的局势。他说：

"敌人包围了赣东北，正要找我们的主力决战。但我们不应该和敌军主力决战，我们要把尖刀插到闽北去，打开闽北局势，压倒敌人在闽北的气焰。另一方面，让敌人主力扑空，泄他们的气。我们要继续把他们牵制迂回，使敌主力东跟西追，拖得筋疲力尽后，再来消灭他们。"

停了一会，志敏同志接着又说：

"同志们！闽北的局势是紧张的，那里的群众正在日夜盼望着我们。我们能不能完成这个任务呢？我们不能忘记，我们是工农子弟兵，是人民的军队！不能忘记三大纪律八项注意，要处处关心群众，要和群众联成一气。在行军中还不能忘记向群众进行革命宣传，唤起群众，把革命的种子播到群众中去……"

经过方政委有力的政治动员后，每个指战员都明确了我军行动的目的和任务。每个战士都充满了信心和决心。此后，志敏同志又亲自深入下层去了解指战员的思想情况。有次他到3团2营去，正逢该营在传达了方政委的指示后座谈自己心里话。首先发言的是副营长李金明。他是山东人，个子魁伟，性情较急躁，但作战非常勇敢，杀起敌人来是从不眨一下眼的。他操着一口山东腔说：

"他妈的，好久没有杀敌人了，这次到闽北，一定要痛快地多杀他几个！"方政委恰好这时走到他背后，就拍了一下他的肩膀，说：

"老李，还有什么问题吗？大家思想上怎样？"李金明立即回转身来立正行了个军礼说：

"报告政委！没有问题。大家都表示了决心，这次到闽北，不消灭敌人就不回来！"

"这才是真正的红军！"方政委微笑着点点头说，"有了你们这样的红军，革命一定能胜利！"接着又鼓励了他们一番，就到别处了解情况去了。

在去 5 连的路上，遇见了 5 连一排长朱维亮；他远远地就看见了方志敏同志。他是江西兴县人，一个很精明勇敢的军人。他见方政委来了，便迎上去行了个军礼，说：

"报告政委，我们全排战士表示决心，要在这次进军闽北战斗中立功，做个光荣的模范排！"

不论方政委走到哪里，哪里的指战员都一致表示自己的决心。

当晚，方政委和 1 团 2 团 3 团首长交换了情况，并决定红 10 军每个人带 10 斤大米，准备出发。

第二天清晨，全军集合在操场上，方政委走上台，激动地向全军战士们讲话：

"同志们！我们马上就要出发了。我们要彻底打垮闽北的敌人，把根据地巩固起来，扩大起来。要恢复闽北的红军威望。苏区根据地就好像一只威武的老虎。"说到这里，方政委回过身来，把通讯员手里的一根马尾拂帚拿过来举在前面，指着拂帚上的马尾继续说道："目前闽北根据地遭到了暂时的困难，这条老虎尾巴有些下垂。但是只要我红 10 军到闽北去支持他们，这条老虎尾巴马上就会翘起来！"他把马尾往上一甩，然后用左手理着马尾说："又是一只威武的老虎，敌人看到它马上就要吓得逃命！"方政委的生动、形象的讲话，引得战士们都哈哈大笑起来——这是充满了自信和决心的笑。

方政委接着问大家："同志们！闽北群众正在盼望着我军前去，你们有信心吗？有决心吗？"

"我们有信心！""我们有决心！"战士们齐声回答。

接着欢呼声和口号声响成一片：

"中国共产党万岁！"

"红军万岁！"

之后，方政委又详细地询问了大家的准备工作情况，特别查问了粮食都带齐没有。当战士们回答一切都准备好了以后，方政委回过头去问他的通信员说：

"我们的米都准备好了吗？"

"我想，首长很重要，为了更好地照顾首长，没有背米。"通信员迟疑地回答，"反正战士们都背了，也就够……"

话还没讲完，方政委就打断他的话，严肃地对他说：

"粮食就是我们的战斗力量，我们军部为什么自己不背，去吃战士们的？我们少带一分粮食，就要少一分战斗力量，我们要分战士们背的米吃，也就等于分掉了战士们的一部分战斗力量。这是不允许的。赶快把我们的米准备好！"

有个别指挥员原想不背米的，见到方政委这样严格地要求自己，深受感动，就都背起米来。

连里的事务长说："政委真好，为了充实战斗力量，自己也背米。"有个战士说："政委都背米，我们更要多背些。"原想少背的人在方政委直接影响下，也尽量多背了。有一个连一下就增加了二百多斤大米。

第三天清晨，队伍集合在操场上，准备出发。方政委也背着米袋子来了。军部司号员野和（葛源人）问道：

"政委，你怎么也背米？"

"小鬼，难道我就可以不背米吗？"方政委笑着说："米就是我们的战斗力量，每个同志都背了，为什么我可以不背呢？大家都是一样为了革命。"

有个战士听了后感动地说："政委能与战士们同艰共苦，真是个好领导。我们一定要狠狠地打击敌人！"

是的，要狠狠地打击敌人！红10军的战士在方政委与周军长的领导下，开始向闽北行进，去狠狠地打击敌人，消灭敌人！

在行军途中

红10军由横峰铺前街出发,经过上饶渡信河,在铅山出石溪街时,遇上白军一个旅长和两个团长,他们坐了三顶绿呢大轿而来,被红军一打,吓得丢下轿子就逃命。

我军又往前走了一段路,到了石塘、洋口一带。这里驻有敌"靖卫团",他们见到青年就要抓去挖工事,抬军火;见到妇女则要调戏,买东西也不给钱。群众把他们恨之入骨,都不敢外出。由于红军来得神速,敌人没来得及逃跑,就被我军先头部队就地解决了。这次战斗共俘虏敌百余人,缴枪八九十支。但当地群众因被国民党军欺压怕了,对红军又不了解,加上反动派的宣传,所以红军刚到石塘时,居民和商号都把门关上。特别是商店老板,吓得更厉害。为了消除群众的顾虑,方政委立刻命令各连指导员亲自到街上去向群众宣传解释我军政策,要他们开开门;如果劝告后还不开门,则以窝藏反动派论罪。经宣传解释后,大家就都开了门,商店也照常营业了,秩序非常好。

老百姓看到红军纪律好,称赞不已,并表示热烈欢迎。满街贴着标语,飘着红旗,响着爆竹声。老乡们送茶送水忙个不停。至今,这一带还流传着当年歌颂红军的小调:

三月初十天,红军有几千,说道石塘几千烟①,不打不心甘。

从下松岭过,石塘就打破,打死团丁几十个,枪支都缴过。

---

① 即户口的意思。

红军真公平，并不乱捉人，单捉土豪和劣绅，公平又公平。

　　石塘店老板，早把店门关，关起店门好为难，东西怕拿完。

　　一问不独裁，店门又打开，打开店门做买卖，百姓都自在。

以后，红10军又经桐木关向福建进发。

有一次，一个战士因病倒在路旁，不能行动，难过地落起泪来。方政委这时从后面走来，远远地看见这个生病的战士倒在路旁，便跳下马来，走近他的身边问道：

"同志！你是哪一个连的？有什么病？"

战士没有回答，只从嘴里发出哼哼的声音，方政委马上回过头来把手一招，叫通讯员把自己的马牵过来，要这位战士骑上马去。这位战士摇摇手，做了个不肯骑马、要政委自己骑的手势。方政委关切地说：

"现在在白区行军，不能掉队。你有病不能走，就骑我的马，没有关系，我还可以走。快骑上去吧！"说着就和通讯员把他扶上马背，方政委自己步行了。虽然那时方政委的痔疮很严重，但他为了爱护战士，还是坚持着步行。

傍晚到了司前，部队要休息了，那个战士的病也好了。方政委特亲自去看他，关心地问道："同志，怎么样？病好了吗？你是哪一部分的？"

那个战士回答道："报告政委，我是3团2营4连的战士，叫陈天佑。病没有什么关系，不过是发疟疾，现在好了。如果当时没有政委的关怀，我一定要掉队了。在这白区的地方，碰上了坏分子就危险了。首长对我的关怀，我感激地说不出什么，以后如果需要'敢死队'，我一定报名。"

陈天佑回到连里高兴极了，见人就说方政委怎样好，怎样关心战士。晚上4连指导员在点名后说：

"同志们！我们连里陈天佑同志病倒在路上，方政委就让马给他骑，自己虽患有严重的痔疮仍坚持步行。首长这样爱护我们战士，我们应该怎样表示呢？"

"我们要坚决消灭敌人！"一个战士立刻起来说。

"我们要争取立功！"另一个战士说。

"我们要坚决把闽北的敌人打垮！"又一个战士站起来说。

战士们个个都很激动，士气高涨。

方政委也很关心行军途中的伙食。有次他问九连的事务长：

"战士们生活怎样？饭吃得饱吗？菜怎样？"

"很好！米不少，有了群众支持，菜也不成问题。"事务长回答道，"有些群众硬要送菜送肉给我们吃，给他们钱也不要。我说红军就是为了保护群众利益而来的，难道你们不知道吗？推让了好久，我还是给了钱。"

最后，事务长像是下保证似的说道：

"方政委，我会把伙食搞得好好的，让同志们吃得舒舒服服的，打起仗来，就更有劲了。"

就这样，红10军在群众的支持以及上下一致的互相关怀鼓舞下，胜利地到达了福建的长涧源，并投入了战斗。

攻占长涧源

我军进入闽北后，决定先攻打长涧源。长涧源是敌人在我闽北根据地里的一个重要据点，而且是我军进入闽北的头一仗，非常重要。所以方政委鼓励士兵说：

"这是我军进入福建后的第一仗，无论如何都要打个胜仗，才能张我军威，叫福建方面的敌军晓得我们江西红军的厉害，要是战而不胜，挫了军威，则此次闽北之行便落空了。"

快到长涧源时，天空中还飘着细雨，等到达目的地，天色将暗，雨也停了，大军立刻把长涧源包围得水泄不通。

驻长涧源的敌人把一个破庙改建成一个强固的碉堡，有些反动地主也跟着躲在里面。当我军开始包围时，他们还以为是没有什么装备的闽北独立团呢，满不在乎的。在碉堡附近，有的在吃晚饭，有的在说笑话。我军把碉堡包围好后，就先向敌人放了几个迫击炮弹。炮弹一落地，敌军有的被炸死，有的被炸伤，有些没有吃上炮弹的就都吓得把饭碗扔掉拼命往碉堡逃，并且边跑边嚷：

"不得了！不得了！一定是赣东北红军主力来了！这不像是闽北独立团呀……"

敌人躲进乌龟壳里后，就不敢出来了，只是躲在里面顽抗。我军派人向里面喊话说：

"你们出来吧！缴枪不杀。你们都是被拉壮丁拉来的，家里有年老的父母，有妻子儿女等着你们。你们在这里死了是白死的，只是为那些大官儿发洋财。你们这样死一点价值也没有，快快过来吧……"这时碉堡里有些士兵被感动得慢慢低下头，垂下眼皮，特别是想起了自己的亲人，无力的双手连枪也举不起来了。其中有个敌军官看到情况紧急，便拔出手枪威胁士兵说："谁想通敌，就地枪决！"

第二天，我军又派了一部分战士向碉堡进攻，但因敌人有碉堡可依，外面又是一片平地，对我军非常不利。后来我军派了几批"敢死队"向敌人猛扑过去，敌人顿时紧张起来，碉堡里的机枪、步枪慌张地响个不停。终因地形不利，我军经过一天一夜的激战，几次冲锋，未将碉堡攻下来，还有些伤亡。但敌人却以为我们把力量打完了，再也攻不下了，他们渡过了危险关头，甚至竟在里面敲锣打鼓地庆祝"胜利"。

就在第二天夜晚，我军又决定了另一个办法，从一个破屋里挖地道。先竖着挖一二米深，然后对准敌人碉堡横着挖去，挖出来的泥巴堆在屋子里，外面一点也看不出什么动静。白天一部分战士对碉堡打几枪作掩护，这样敌人更以为我军无力进攻了，根本没想到我们在挖地道，所以仍在碉堡里敲锣打鼓，高兴极了。天刚亮时，我军已挖到碉堡下面，并将许多引火用的东西，浇上火油点着。原来敌人用夹墙把碉堡隔成前后两半间，而我们只在后半间下面点了火，结果只有后半间弥漫了烟火，敌人都慌忙地躲到前半间去。正当敌人吓得东钻西躲的时候，我军又在下面喊话了："快投降，缴枪不杀！"敌军官则慌张地用手枪逼着士兵"坚持"下去。

我军弄清碉堡里的情况后，马上把前半间也挖通了。一会儿，整个碉堡都是烟雾火焰，敌人再无处可守了。楼上的敌军用竹竿系了块白布伸到外面，同时纷纷把枪支往外丢下来，高声乱嚷道："我们投降了！饶命啊！"

其中有个顽固的敌军官带了一部分人冲出门来，可是我军早准备好一挺机枪在外面等着，那家伙一露头，机枪立刻响起来，顽固的军官应声而倒，跟在他后面的也接二连三地啃了土。还有些在后面的敌军，吓得面无人色，有的丢了枪，举起手，有的跪在地上喊饶命。

枪声停了。

红军战士喊道："放下武器，不会打死你们的。"敌军知道可以活命了，这才放了心。随后，楼上的敌军也都举起双手，走出来。反动地主同时被俘。我军把俘虏押回驻地。后来军部（当时在坑口）派了个指导员同俘虏进行了谈话，告诉他们愿回家的，红军发给路费；不愿回家的，可以留在这里。俘虏兵见红军对他们这样宽大，这样优待照顾，都很感动。有许多都不想回家了，还对那些想回家的俘虏说："你们以后再不能帮助反动派来杀害人民了……"当红军指导员问他们为什么不愿意回家时，有个俘虏兵回答说："我家因缴不起租，地主逼死了父亲，抢走了我的妻子，还把我当壮丁卖了抵租，现在家里没有人了。我回去,如果被他们知道是红军放回去的,反而有危险。我们都是没有办法。要不是那狗官儿拿着手枪逼着我们坚守碉堡,我们早就投降了。"还有的说:"回去了,又要被拉壮丁拉出来,我是不愿回去的。"其余的也都纷纷表示愿意留下来。

长涧源一战,拔除了敌人在闽北根据地的一个重要据点。敌人动摇了,群众对革命的胜利信心更高了,大大鼓舞了根据地群众的斗志。

袭击赤石街

长涧源战斗结束后,部队经过了三天的休整,又决定去攻打崇安县的赤石街。这一决定的主要目的是为了筹款解决给养问题。因为赤石街是福建名茶——岩茶的产地,比较富足,而且当时正是春茶上市,官僚买办政客资产阶级特别多的时候。

为了总结上次战斗的辉煌战果,执行新的任务,方政委在全军会议上讲了话。他说:

"同志们,我已经同你们谈过了,敌军占据了长涧源,像一把尖刀插在我们根据地的心脏。我们攻打长涧源,一方面是为了拔除这把尖刀;另方面是为了鼓舞群众的信心,打击敌人的气焰。现在,敌人见到我们就心惊胆寒,没有以前那样猖狂了。所以长涧源战斗,是一次最有意义最重要的战斗,这一战斗打响了第一炮。现在敌人已经控制不了我们根据地了!我们所以能够这样胜利完成任务,是因为我们有党的正确领导,因为我们能够贯彻上次会议的精神,武装了每个战士的思想。现在我们还有更重要的任务:根据正确的情报,反动资本家在崇安县赤石街囤放了很多银洋,'等'着我们去'拿'。我们决定去拿。为什么要去拿呢?难道是为了哪个私人发财吗?当然不是。我们去拿银洋是为了充实我军的经济力量。大家知道,我们所需要的一切,无论是军粮或是其他的东西,都要用钱向群众去买的。我们的钱从哪里来呢?蒋介石已经替我们准备好了,放在崇安赤石街。根据形势、战斗等各方面的情况,我们不准备在那里停留下来扩大据点,主要只是到那里袭击一下,消灭他一部分力量,把反动派放在那里的许多银洋接收过来。希望每个战士坚决勇敢地完成这个任务。"

会议结束后,立刻向崇安方面进军,当晚到达赤石街。

崇安城三面环山,一面临崇河。赤石街是河边的一个市镇,守敌是福建海军陆战队,工事很坚固,除临崇河筑起了两丈高的围墙外,周围还有八个碉堡。敌军守在山头上。

约在早晨三点钟,红军的前卫团到达赤石街,与守敌乒乓的打响了。在高亢的前进号中,战士们向前猛冲。激战三小时,结果还没冲上去。这时崇安城里的敌军也出来接应,但我军早已准备好充分的兵力把守,当敌人队伍刚一展开,我军就进行了猛烈冲击。敌军很快就被击溃了。大部分敌人被缴械,小部分窜入崇安城,其中有些来不及进城的,都跳下崇河被溺死了。我军缴获了许多机关枪和迫击炮。赤石街守敌看到援军失败,便也慌忙地逃走了。驻在街里的敌人以为山头阵地有外围防线,不会被攻破,所以没有一点准备,听到我军已经冲进去,都从梦中惊醒,连衣服也来不及穿了。有的吓得躲到床底下,有的钻到茅坑里,有几个不怕死的就躲在墙背后放冷枪。我军有一个战士膀子上被敌人打伤了,可是他咬紧牙,回身一枪,把两个敌人都打死了。

红军占领了赤石街后,撬开买办资本家的铁钱柜,发现有许多银洋。战士们高兴极了,有的拿篮子装,有的用箱子盛,有的干脆抬起铁柜走。反动官僚和资本家们从人民身上刮去的许多脂膏,一下都被清洗了;有几个放高利贷的钱庄也同样被清洗。缴获的银洋,真是数不完。在独立团掩护下,全军总动员运银洋。大家背呀,扛呀,直到天亮前半小时,才歇下来,这时,城外已堆满了银洋。战士们从仓库里找来了一批麻袋,很快地把银洋装好。可是怎么运走呢?大家可为了难。正在想办法的时候,方政委拍拍自己的马背,叫附近的战士把麻袋放上去,让马来驮。有个战士犹豫了一下,说:

"政委不骑马吗?你的痔疮很严重啊!"

方政委严正地说:"为了革命,为了充实我们的经济力量,不能再顾个人了。"那个战士被感动得无话可说,只好遵照方政委的话做了。这个消息很快传开来,结果全军没有一个人骑马了,都把自己的马让出来驮银洋。方政委和周军长的马驮的最多。马驮剩下的银洋战士们一齐动手,有的背,有的挑,有的抬,由于特别高兴也不觉得累了。

这次战斗,使我军共筹款20多万元,金子2000多两,还缴获了许多枪支(当地资本家也有许多自己买的枪)。当我军胜利完成任务押着俘虏离开赤石街时,真是锣鼓喧天,爆竹响成一片。群众还忙着送茶送水,热情地慰问红军战士。在袭击赤石街,打退崇安城的敌人援军战斗中,出现了许多英雄人物。有一个卫兵连的张连长(贵州人)在击退崇安敌人援军时,缴到了敌人三支步枪,但自己身上有三处负伤。于是方政委要他好好休息,静心养伤,并命令担架把他抬下去。正当担架抬他下去时,忽然另一部分敌军打来了,枪声越来越激烈。张连长愤怒万分,立刻又从担架上跳下来,不停地喊着,指挥部队杀向敌人。那股敌人很快就被消灭了,他又亲手缴到了五支枪,但最后却不幸牺牲了。后来,在志敏同志的回忆里曾说到过这个英雄的形象,可惜他的名字现在记不起了。让我们永远记住像张连长这样的一些无名英雄吧!

另外,在这次战斗中,还有一个炊事员缴花机关枪的故事。有一个炊事员黑夜送饭给作战部队吃时,在外围树林子里碰着一个打散了的敌人。炊事员一看见敌人,就机警地随手将饭瓢(崇安老百姓用的饭瓢较长)对准敌人大喊一声:"快缴枪,要不我一手榴弹打死你!"敌人以为他手中拿的真是手榴弹啦,吓得全身发抖,把手里的花机关枪丢在地上就跑。结果我们的炊事员就缴到了这支花机关枪。

追悼大会

打下赤石街后，我军又去打崇安县城。在崇安城外西门庙前大樟脑树底下休息时，方政委和周军长召开了旅长以上干部会议，共同讨论了攻打崇安城的时间问题。方政委主张晚上攻击，白天尽量休息。周军长表示同意。出乎意料，当天傍晚部队受到敌人意外的偷袭，虽经我军击退，但我军82团政委胡烈同志（原名李新汉，鄱阳株湖人）不幸中流弹牺牲。这件事影响了部队攻城的决心，于是决定暂时先将部队撤回坑口。可惜当时没有坚决攻城，否则城中两个正在战栗着的白军旅长很难有逃脱的可能。那时甚至群众都编了这样的歌谣：

　　五月十四天，攻打崇安县，今天晚上要进城。
　　主席下命令，坚决要进城，不怕大雨黑夜淋。
　　桥头响了枪，民团大惊慌，报告县长不相信，说是游击队。
　　红军多又多，实在没奈何，带起民团去保命。
　　红军进了城，冲到大堂上，抓到狗官要他命。

坑口，是当时中共闽北分区委驻地。我军在这里举行了阵亡将士追悼大会，闽北分区委书记黄道同志和军委会主席邹琦同志都参加了这个大会。

追悼大会是在胡烈同志棺前举行的，全军战士都穿着很整齐的军服，枪头上插着彩色旗子（当时没有白纸）。大家很严肃地立正默哀。当大家开口唱国际歌，一阵悲恸涌上心来。方政委的喉咙哽咽不能成声,周建屏军长和到场的战士们都哭了。

方政委在追悼大会上说:"我们这次到闽北来,虽然在军事上得到胜利,但是胡烈同志牺牲了,这是我们的损失,我们今天,不是在形式上来开个追悼大会就算了,而是要用实际行动来纪念他以及许多英勇牺牲的先烈。这就是说,要多打几个大胜仗来纪念他们。只有这样,才对得起他们,才真正是痛悼我们失去了的英勇的战友……"

大会结束时,大家都唱着方政委拟的一首歌子:"可恨,一切反动派!天天打主意,屠杀工农兵;我们工农兵,痛苦到万分。宁为革命死,不愿苟生存,红军诸先烈,都是这等人。冲锋陷阵,努力杀敌,奋勇前进。开会来追悼,大家齐痛心,恨不得把反动派,立刻就杀尽,报得先烈仇,完成大革命……"

慰问伤病员

方政委是一贯关心同志的,特别是对伤病员更为关心。在打赤石街时,许多同志受了伤,方政委都亲自到他们身边去慰问,并告诉他们说,他们的宝贵鲜血是为苏维埃政权流的,上级会尽最大力量替他们医好。伤员们很为感激。当红10军决定回赣东北时,准备把伤员留下,于是方政委又随带公款和两挺花机关枪,前往医院慰问。

当时我军的红色医院就设在崇安张山村头,这是一座高山,周围是密密的树林,只有几十户人家,风景幽美,十分安静,是个疗养的好环境。但当时我们的物质条件很差,生活比较艰苦。伤员没有床,就在地上铺着草垫睡。方政委穿着一身灰色军装,腰上挎着一支手枪,微笑着走进屋子。他看见伤员们一个个苍白的脸,就和蔼地走到他们身边蹲下来问这问那,还不时地抚摸他们,安慰他们。后来,所有的伤员都集中在重伤号的房子里,方政委向他们讲了话:

"亲爱的伤员同志们！你们在这次入闽作战中英勇战斗，光荣负伤了。请你们不要难过，安静地休养吧！"

"你们在火线上丢了什么东西？"方政委接着问大家："有什么困难吗？"

"我们在火线上没有丢什么东西，也没有什么困难。"

伤员们异口同声地回答。

"你们哪些同志没有钱用？我现在带款子来慰问你们啦！"

"我们什么都有，不要钱用。"

以后方政委又说："我们这次来闽北，取得了一连串的胜利。现在要将缴获的物资带回赣东北苏区去。希望你们好好休养，我们不久一定把你们接回江西去。你们的家属，政府也会照顾，你们在这里不必挂念。也不要怕，我们现在留一个特务营在这里保护医院。你们安心休养吧！"说到这里，方政委难过起来，热泪又涌现出来了。

伤员们听了也感动得流了泪，大家一致要求把他们接回江西去。

"请你们放心吧，保证会把你们接回江西去的。"方政委回答大家。

最后，方政委还是给每个伤员都发了一些钱。他说声"祝大家早日痊愈"，才离开病室。伤员们都感动地说：方政委这样关心和爱护我们，我们就是死了也是甘心的。方政委真比自己的爹娘还亲。

的确，方政委在战士中的威望是很高的，当决定特务营留下来时，有少数人因一心想回江西，思想上搞不通，不愿意留下，有的甚至想偷偷开小差跟着队伍回赣东北。方政委知道后，就找特务营营长蓝文翰同志来谈话，并要他代表方政委回去进行说服教育。方政委说：

"江西和福建是一样，哪里都是为了革命，大家要努力干。特务营的任务是，恢复苏区，扩大苏区。大家不要以为这里没有什么苏区，不巩固。要更加紧张起来，要拼命和敌人打。一定要打胜仗，敌人是经不起我们打的。我们是为了全国人民的解放事业，为了不受地主资本家压迫。你们要安心留下，和敌人作战，扩大苏区。万一情况紧张时，我们红10军一定会来援助你们的。特务营是我们的基本队伍，个个都能当班长以上的干部，都是很能作战的，有把握打败敌人……"

全体指战员同志听了营长传达方政委的指示后，情绪便都安定了。方政委的话，有多么大的说服力啊！

胜利归来反"围剿"

红10军在闽北共打了11仗，都取得了胜利，树立了红10军在闽北的军威，扩大了政治影响，奠定了闽北苏维埃和红军向前发展的基础。红10军把在闽北缴到的枪支全部留在闽北（银洋则带回赣东北，其他物资都分给了当地群众），并留下一个很能作战的特务营，作为红军的骨干。红10军除了伤员外，全部返回赣东北。

在回赣东北前，方政委在全军大会上讲了话，他说："同志们，我们这次胜利地完成了任务，马上就要回赣东北了。我们一到闽北根据地，就得到闽北独立团的密切配合，每次战争的胜利，都与独立团的配合分不开；由于独立团了解闽北情况，使我们得到了许多有利条件。经过了这次战斗，闽北局势已经好转了！现在，敌79师、第9师又在赣东北浦城、何家坝一带扰乱。我们就要回赣东北去消灭敌人。希望独立团留在闽北，要永远保持我们的胜利和光荣，要和群众打成一片，取得群众支持。过去你们与闽北群众的关系不够密切，政治工作较差，被反革命分子钻了空子，使群众受到反宣传的影响，失去了部分群众，士气低落，也没有设法扭转过来。这些缺点，今后必须纠正。领导上决定从红10军各个连里抽出一些骨干充实你们的力量，把从敌人方面缴获的枪支弹药都留下来充实你们的装备。你们要安心留在闽北，要坚持斗争把闽北根据地扩大起来。"

接着周军长也讲了话。他说：

"同志们：有人说敌人的大刀会有菩萨保护，刀杀不死，枪打不进，但一碰上红10军，他们就不行了。这是什么道理呢？这就是因为独立团的战士参加革命不久，战斗经验较少，在战斗时，沉不住气，敌人还在很远就开枪了。距离远，子弹当然打不到敌人。你们还记得红10军打大刀会的第一仗吗？敌人头上包了布，胸前挂着符，手里拿着大刀冲过来。可是我们战士理也不理他们，等到走近了，瞄准一个打一枪，结果一枪一个，吓得后面的敌人转身就逃，再也不敢冲了。对任何敌人都是一样，不要浪费子弹，在敌人没有走近时绝不要开枪，等敌人走近了再打，就一定能一颗子弹消灭一个敌人。希望独立团的战士们，今后要在战术上提高一步。"

会议结束后，我军即往赣东北进发。大军走了两天，行200余里，到了上饶沙溪街对岸。敌靖卫团企图在这里封锁我军，把浮桥拆了，并将信河所有的船只调走，使我军不能渡河。但我军是能战胜一切困难的，任何封锁也不能阻挡我军前进。方政委和周军长就在河岸上研究了形势，决定派一个排占领山顶，以防后面敌军追上袭击，另外组织"敢死队"渡河。方政委当时勉励士兵说："这一带都是白区，过了河也还是灰区，大家一定要镇静，切不要听到枪声就慌张起来，丢掉东西。要知道，敌人正在封锁我们苏区，而这次我们缴获的物资和银洋对于突破敌人经济封锁是有极重大意义的。"

后来，我军在下游找到了几只船，由"敢死队"驾着抢渡过去，占领了沙溪，并将沙溪河下的船只开过来。就这样，全军安稳地渡过了春水泛滥的信河。全军渡河后，军部即派了一个通讯员去通知山顶上的战士撤下来。可是这个通讯员没有到山上去，只在山下叫了几声，听听没有回答，又见大队已经走远，心里有些慌张，就连忙回来了。

由于他的失职，使山上的战士遭到了很大的损失。因为就在他跑回大队不久，溃散的敌人发现了山上我军人很少，便把山头围住，对我军战士展开了攻击。我军战士虽奋勇抵抗，但终因众寡悬殊，有一半以上未能冲出包围，壮烈牺牲。这件事使方政委和周军长非常沉痛。当时，军部决定把那个严重失职的胆小鬼通讯员枪决。

全军渡河后，继续向目的地行进。

沿途，由于紧张的战斗和行军，部队是比较疲乏的，但情绪始终很好。特别是当大家知道方政委身患痔疮还能刻苦步行，精神就更为抖擞起来。在行军途中，方政委想了许多办法来鼓舞战士们的精神。他遇到爬山时便鼓励士兵唱军歌，以便使大家忘记疲乏。战士们在回赣东北时也很高兴。

离开沙溪前进60华里就是上府。当我军行至上府附近时，只见前面红旗招展，人声沸腾，上前一看，原来是上饶游击队和群众来欢迎我们了。于是大家握手问好，非常亲热。战士们看到这情景后，不禁自言自语地说："现在我们又回到赣东北苏区老根据地了，真如回到家里一样。"以后我军继续前进，回到了葛源。

就在到达葛源的这一天，我军得到了一项重要消息，敌第9师发现我军转战闽北，后方空虚，准备乘虚进攻省苏维埃政府所在地葛源。在敌人参谋会议上，一个敌参谋长这样估计说：

"红军正在闽北，葛源很空虚，那里有兵工厂，有共产党的高级机关。如果明天去袭击，在闽北的红军就是坐飞机也来不及回来……"

真的，第二天敌第9师就浩浩荡荡奔葛源而来，妄图一举占领葛源。但是敌人的主意没打好，我军在离葛源八里路的何家坝早埋伏好了。这里，只有这条路通葛源，路两旁一面是深河一面是高山，形势非常险要。当敌人毫无顾忌地开到何家坝时，突然轰的一声，前面响了一炮。敌人听到了炮声后，就慌张地向后逃跑。可是接着又是一炮，于是敌军就更慌作一团了。山上，我军的枪弹如雨点似的往下倾泻。在我军猛烈进攻下，敌军有的被打死，有的掉到河里淹死，有的跪下求饶，连敌人的高级军官也当了俘虏。蒋介石的第二次"围剿"

就在这里告终了。

不久,部队在葛源休整,并举行了阅兵典礼。在庄严的军乐声中,一对亲密的战友——方政委和周军长检阅了胜利归来的赣东北人民子弟兵。

志敏同志这次担任军政委,虽然只有 45 天,却非常辛苦。他说:"比做后方工作要辛苦多了,但精神却十分愉快,因为我觉得:人生最痛苦的莫如战争的失败;而最快乐的,莫如战争的胜利。胜利的喜悦简直会使人忘记一切疲劳和辛苦,就是几天不吃饭也没有什么要紧。"

由于这次红 10 军在闽北获得了极大的胜利,缴获了大量的物资,赣东北省苏维埃政府奖赏了全体工作人员和部队指战员。大家的情绪更加振奋起来,准备着迎接新的战斗。

红10军第二次进军闽北纪实①

1932年9月间,党决定红10军第二次进闽北作战。这次进军的主要任务,是争取在战争胜利的基础上扩大闽北苏区,特别是着重打通闽北与赣东北两个苏区的联系。当时这两个苏区只相隔30余里,只要多打几个胜仗,努力做好争取群众的工作,这个任务是不难完成的。

这次党决定方志敏同志随军负责领导军事行动的责任,军长还是周建屏同志。

红10军由横峰渡信河,从晚行军到天明,第二天就到达铅山的杨村,第三天到紫溪。在这里召开了全军大会,方政委讲了话。他说赣东北苏区与闽北苏区相隔不远,我们这次必须把两个苏区打成一片。会上,还宣布了在这里拟定的作战计划和任务。

计划规定:第一步,以红10军大部分攻赤石街,另派一小部分

---

① 本文曾收入《红色风暴》第4集。

配合闽北独立师去攻打新村街；这两个市镇占领后，就可以完成崇安全县苏区。

第二步，红10军与独立师去进攻浦城，一面开展浦城苏区，同时争取一批给养。

第三步，红10军自浦城开回后，就在铅山方面行动一个时期，以完成打通两个苏区的任务。

作战计划决定后，全军即开始行动。

攻打赤石、新村街

赤石街和新村街两个市镇，是同时发起攻击的。刚天明，军部和83团首先将赤石街敌人包围了，84团与83团配合闽北独立师去攻打新村街。当时方政委和周军长都在赤石街进行指挥。

方志敏同志站在小山包上，手里拿着望远镜，对部队高声讲话：

"同志们！新村街的敌人现在被我军全部消灭了，敌人力量很薄弱，希望同志们坚决将赤石街的敌人全部消灭！"

这震耳响亮的声音，更激发了每个战士勇敢杀敌的决心。

接着，周军长也拿着望远镜讲了话，他说：

"同志们！这次我们打赤石街，希望各连要对每个战斗员负责。打赤石街，只准前进，不准后退。"

在紧急命令下，一声冲锋号令，战斗又开始了。从早晨打到下午二时，敌人突然缩在工事里不打了。此时，周军长又向指战员们讲了话：

"同志们！敌人现在不但没有饭吃，连水也没得吃了，号兵没有水吃，号吹不响了，机关枪没有水吃，打不响了……"

在周军长有力的号召下，士气更加高涨，战斗继续猛烈地展开。

打了一会，方志敏同志见硬打不行，便和周军长重新进行了研究，并随即命令部队停止攻击。方志敏同志向战士们说：

"同志们！我们现在包围在这里不要打了，敌人没有水喝，渴都要渴死他们……"

志敏同志的命令和讲话敌人也听见了，他们在工事里高声大叫：

"同志们！你们不要打了，我们愿意全部归编。"

我军同志们回答说：

"你们要我们不打，愿归编就请你们一律举手站起来吧！"

"我们站或不站，请你们派个代表来吧！"

于是我军军部命令团部即派李先统参谋长去了，敌人很害怕，要李参谋长将上身衣服脱了，双手举起再到工事里去。

不长时间，敌人也派了代表下来，他们把武器都放在山上，空手下山。就这样，我军全部俘虏了敌人。方志敏同志亲自找俘虏士兵个别的进行了谈话。

我军在这里消灭了刘和鼎一团大部，并缴到无线电台一架。这是红10军第一次缴到的无线电台，全军真是高兴极了。驻赤石街的这个团，为什么会丢失无线电台呢？后来方志敏同志在和敌无线电台队长谈话时了解到，原来是，这个团长平时吃了抬无线电机的30余名缺额，临时找不齐那么多伕子，延缓了时间，以致被红军碰着缴来了。

这是二次入闽后的第一个胜利，大大鼓舞了战士和群众的斗志。那时群众愉快地唱着这样的歌谣："哈哈哈！我红军在闽北，进攻了赤石街新村街，把整团整师的敌军都消灭，提高了工农群众的斗志……"

强攻浦城

打完赤石和新村街后，我军到了坑口，分出一部分队伍去攻打崇安城。打了一天一晚，吓得敌人四处求援。等到浦城的援兵赶到后，我军立即停止猛攻，并急速后退。敌人以为我军被吓退了，非常得意，却不知我军乘敌人不注意，迅速向浦城进发。

途经洋溪尾时，我前哨部队遇见一个敌营长带一连人来收赌捐，结果一下子被我军消灭大部，营长被俘。那营长是个胖子，从他的外表看，志敏同志断定他不是个军人出身，而是个有钱人的少爷。一问，果然不错，这家伙家里很有钱，因羡慕挂皮带的荣耀，出了3000块大洋，买了这么个营长当。他从来没有打过仗，听到枪声就往柴窝里躲，因而被俘。他那怕死的形象，真令人好笑。当志敏同志答应不为难他时，他对着志敏同志连忙磕起头来。志敏同志叫他起来，随着红军一起走，他表示感激不尽。

在洋溪尾败下来的那一连残兵，不顾命地逃到浦城去。刚到城门口，就边跑边喊："共军来了！共军来了！"城内守敌一团人最初都莫名其妙，等问清情况后，就急忙关城门，堆沙袋，上城守御。我军原想袭击浦城，因敌败兵报信，变成硬攻浦城了。

浦城是福建上四府的一个县，有两丈多高的城墙。清晨时分，我军攻击了两次，终因楼梯太短，未能爬上城墙去，而且我闽北独立师李金泉团长牺牲了。李团长是弋阳人，农民出身，作战很勇敢，生前共缴枪70余支。他的牺牲给部队带来了极大的悲痛。我军决定停止攻击，并下令后退30里。虽然这样，但敌人还是吓得要命。据攻进浦城后了解，那天敌县长曾亲自拿了一面锣从东街敲到西街，一边敲一边喊："各商店都起来抵御共军，共军进了城，房屋都要烧光的！"他喊叫完了，回到衙门时，恰好我军一个迫击炮弹落在衙门里，离他有几百米远,而且没有爆炸,可是这位县长却吓出了一身冷汗。他一伸舌头道:"呀!幸喜未开花,否则还有命!?"于是他把铜锣扔掉,再也不敢上街去喊叫了。东躲西藏,一心只盼天黑溜出城去。

天一傍黑,攻城的枪声,手榴弹和迫击炮弹的爆炸声,都响得更激烈了。白军为抵御我军爬城,从城上丢下许多燃着的沾了煤油的布匹,把靠近红军攻城的城门口的民房烧着。大火熊熊地燃烧着。老百姓不知道为什么烧房子,都痛哭流涕,大骂连天。我军当晚就在甘蔗田里宿营,指战员们都极为愤怒,更激发了他们攻城的决心。

以后,方志敏同志在军人大会上讲了话。他说:"同志们!我们要克服一切困难,要坚决打下浦城。我们部队要设法准备长梯子,选好自己的爬城点……"他还命令游击队作好准备,帮助攻城。另外还组织了攻城"敢死队"。在黑暗无光的夜里,参加"敢死队"的报名工作开始了,战士们踊跃报名。大家说话的声音虽小,但口气却非常勇敢坚决。"敢死队"一下子就组织好了。

我军积极地发动了群众配合红军作战,他们用两根大毛竹做成长梯子来支援红军。红军决定天黑时爬城。以红光手电筒为信号,表示是自己人。

一切准备妥当后,方政委低声和大家说:

"同志们!城墙虽高,但是挡不住红军。你们要勇敢地爬进城去,解决敌人,打开城门,让部队进去。祝你们胜利!不多说了,抓紧时间干吧!"

我军架好梯子,第一个战士迅速地爬上去了。在坡墙上往下一看,只见城内敌车巡逻队提着马灯,来来去去,慌张得很。于是就小声地往下传话。方政委和周军长正在下面等着,向他们问道:"怎么样,有办法吗?"这时估计没有问题,都表示高兴,就向战士们说:

"你们好好地进去干他一下,我们去叫外围加强防线。"

"敢死队"都上了城,互相低声招呼着,伏着身子往下看。一个战士拿出手榴弹,对准下面提着马灯的敌军扔去,轰的一声,灯熄了，跟在后面的几个敌军也炸死了。继而一连又响了几十颗手榴弹，这时，战士们就迅速地端着冲锋枪、步枪直冲下去。在街上的巡逻队听到枪声激烈，把马灯丢了，拼命躲藏。全城都没有灯光了。有的向东跑，有的往西逃，在黑夜里横冲直撞，乱成一团。我军战士乘势冲到城门口，打开了北城门。城外的战士早就等得着急了，城门一开就冲了进去。敌人吓得要命，不知红军是怎样打进去的，也不敢抵抗，只顾逃命。一个敌军官从梦中惊醒，拖着蓬头烫发赤着脚的老婆拼命逃……部分敌军往东北方向逃去，结果被我军一阵扫射，打死了大部分。在城内未逃出的白军都化了装，在街上行走很难识别出来。我军中有些曾被白军俘去，然后又挖枪（即带枪）跑回来的战士，对浦城路较熟，而且认识那些化装的白军，于是就叫他们去搜查。结果查出许多白军和枪支。洋溪尾保卫团团长也在一栋房子的夹墙里被搜出来。在这次战斗中，除缴获七百余支步枪，四架铜水机关枪及军用品无数外，在县衙门又缴到了一架无线电台。

浦城是闽浙边的一个重要城市，商业本来是很发达的，但入城一看，商业非常萧条。全城虽有几百家较大的商店，也是表面装潢得好看，其实有资本的不上十家。由于福建军阀的苛捐杂税和剥削，不仅工农群众痛苦万分，就是商店也日益衰败破产，各店家自己出的百枚铜版票（以前商店可自己发行钞票，当其破产后则没有人要），花花绿绿堆满市面没人要，真是奇异的现象。

但浦城也有些豪绅地主，像寄生虫似的很会享受，他们住的都是几进的房子，卧室布置得很漂亮。有些洋化的土豪，摆设的东西全是西洋化的，这都是榨取工农血汗而来的。对于这样的大地主，我们捉了几十个来筹款。其中有个大地主，有12个老婆。他家中藏了32支驳壳枪。此次共筹款50余万元。

有次，志敏同志在街上看到有个苦力很可疑，因为他的形迹不像苦力，便把他叫来问了一下。原来是一个化装苦力的日本留学生。志敏同志问他对红军有什么意见。他说：

"我是不赞成红军的,红军烧杀淫抢。"

志敏同志听到他这样说,反而平心静气地问他:

"你说红军会放火,红军这次到浦城在哪个地方烧了一栋房子?请指出!"

"没有烧。"

"靠近城门口的几十栋房子,是白军用布匹蘸洋油引火烧掉的,你知道不?"

"知道。"

"不是红军烧的吧?"

"不是的。"

"你说红军会杀人,现在红军到了浦城,杀了哪一个?请指出!"

"没有杀。"

"你说红军会奸淫妇女,现在红军到了浦城,奸淫了哪个妇女?请指出!"

"没有。"

"你说红军会抢,现在红军到了浦城,到底抢了谁个或谁家的东西?请指出!"

"没有抢。"

志敏同志这时很严肃地问道:

"你这也说没有,那也说没有,那你为什么说红军会烧杀淫抢呢?"

"我听到有人这样说,我是人云亦云而已。"

"不顾事实,乱造谣言污蔑红军是不合理的。"

这位不赞成红军的日本留学生,被志敏同志驳得哑口无言,只得点头称是。后来经志敏同志一调查,原来他是个有四百石租的大地主,怪不得反对红军呢!

浦城的妇女也不同,贫户人家的是面黄肌瘦,愁眉不展,富家的则扭扭捏捏,只知装饰,智能很低。根本不像我们苏区妇女,剪发放脚，懂得许多革命知识。对比起来，前者落后多了。

入城后，浦城工人及农民自卫队都纷纷起来帮助红军。红军也向他们宣传，分土豪的财物给他们，帮助他们组织工会和农民协会。他们了解红军是为他们谋利益的，是为了他们解放而斗争，都热情地帮助红军捉土豪、搜枪，并将他们拾到的枪自动送给红军。

我军在浦城住了三天，全都换了新军服，然后开赴崇安苏区，准备返回赣东北。

夜渡王沙港险河

当我军回师赣东北路经崇安苏区时，白军79师已全部开到铅山，企图阻挡我军回赣东北。我军到达铅山后，与该师激战两天，曾击退敌人数次冲击，给了敌人重大打击。后来，志敏同志认为同强大敌人作正面战斗没有多大益处，遂于晚上让出我军驻地车盘，由另一条路折回赣东北苏区。

部队经过一天一夜的行军，赶到王沙港时刚天亮。在这里，有条水流很急的险河在前面拦阻着，上游是王沙港村，敌人驻在那里，村头上还筑了碉堡，下游小山岭上也有个碉堡。敌人就是这样来封锁我军的进出道路。我军由于行军过度疲劳，事前又没有渡河的准备，便在离王沙港二三里远的地方停下来休息，同时作渡河的准备工作。

我军休息时，即派人和当地游击队取得了联系，到天刚黑，两个游击队员就抬粗缆绳来了。他们把绳的一头系在河边的树干上，泅着水把缆绳拉过了河，把另一头系在对岸的树干上。

这条绳是水比较浅的地方的标记，好让部队沿着绳徒涉过去。

一切都准备好以后，又经过侦察，见没有敌人的巡逻队，就派了三个游击队员接我军到河边。这时已夜静更深，敌人不再出来巡逻了。在这漆黑的夜里渡河，虽然什么也看不见，但大家想起有共产党的领导，想起胜利，反而觉得光亮了。凉风吹到身上有点冷；可是心里是火热的。在敌人驻扎地点通过，说话的声音都很低，但听起来格外亲热。一个游击队员在前面带着大家走，后面的人，一手扶着前面人的肩膀，一手扶着缆绳，一步步地向前走去。河水由膝部渐渐到了腰部，再往前去，河水已浸到了胸部。在这寂静的夜里，只有敌人碉堡里射出的暗淡的灯光，河水急流发出的哗哗声。战士们互相鼓励，互相帮助，抵住急流的冲击和寒冷。当一个同志不小心失脚跌倒水里时，前后的两个同志就急忙伸手把他拉住扶起来……

正在渡河时，又遇着敌第5师的截击。志敏同志当即命令驳壳队先把两架无线电台搬过河去，同时并派两个团去抗击敌人。当军部渡河时，敌人密密的枪弹已经向河里射来，等军部到河中间时，王沙港山头上的敌人也对着河中心扫射起来。情况紧急，我军立刻命令机枪营掩护，继续渡河。

最后，敌人的企图破产了，我军全部渡过了河。在这次战斗中，我军丢失了一些枪，如果算是损失的话，那么，这是红10军第一次受到的损失。

红10军第二次进攻闽北，取得了很大的胜利。在军事上，攻下了赤石街、浦城等地，缴获了许多枪支；在政治上取得的胜利更大，开展了浦城崇安苏区；在经济上，这次共筹款10万元，金子千余两，采购了大批苏区缺乏的物资，如食盐和布匹等。只有第三步作战计划，即打通赣东北与闽北苏区联系的任务没有完成，以及渡河时遭到敌人截击，受到了一些损失。

红10军回赣东北苏区后，在葛源举行了庆祝大会。方政委在大会上说：

"同志们，今天是我们庆祝红10军第二次进攻闽北的伟大胜利的大会，我首先来谈谈这次进攻闽北的意义。我们的战略就是这样：敌人来打我们，我们就转移，让他扑空，我们要打敌人，就打他个措手不及。每次战役，我们总要歼灭敌人，俘虏敌人，缴敌人的械。这次我们攻打浦城，在事先没有和大家说明，有些同志当时搞不清是怎么回事；正在顺利地攻打崇安，为什么突然放下崇安不打，又到【别】处去呢？这是因为当时需要保守秘密。现在就可以和大家谈谈了。我们事先得到情报，敌人在浦城设有无线电台。同志们，这正是我们需要的东西，有了这个东西，就好像顺风耳，我们要和中央联系就方便得多了。当时我们估计，有电台的地方，敌人兵力一定很多，重要机关也一定在那里，因此，去攻击那个地方就有重要意义。为了牵制敌人力量，我们决定先攻崇安城，分散敌人的兵力，乘浦城空虚的时候，来一个猛攻，使敌人措手不及。敌人真的依照我们的计划做了，把无线电台'交'给了我们。"

"我们不但从敌人那里补充了武器，而且还有无线电台。我们部队一天天壮大起来了！这些胜利，都是同志们的勇敢和流血牺牲换来的。我们要继续奋斗，坚持到最后的胜利，解放全中国……"

全场响起了暴风雨般的掌声。

五四运动中的方志敏[①]

五四那年,方志敏同志正在江西省立第一甲工业学校读书。这个轰轰烈烈的反帝反封建的巨浪卷进江西的时候,他马上参加了当时进步学联领导的查禁日货、从事爱国主义宣传等反帝反封建的斗争。不久,由于接受"五四"新思潮的影响,他还同当时江西二中的袁玉冰、黄道等同志一齐起来提倡"三S"运动(即科学、民主和社会主义),并成为江西青年学生运动中杰出的活动家。

五四时期的中国,苦难深重。帝国主义、封建主义像两座大山一样压在广大劳动人民的身上。江西的情况和全国也并不两样。帝国主义者的军舰在长江中横冲直撞,九江设有帝国主义者的租界,帝国主义者还在那里办了学校,进行奴化教育和文化侵略。当时统治江西的是北洋军阀陈光运、蔡成勋,他们只知道卖国媚外,公开勾结帝国主义,残害人民,就连一个邮政局长,也要让那蓝眼睛高鼻子的帝国主

---

① 本文原载《羊城晚报》1959年5月4日。

义者来担任。在他们这些帝国主义的奴才和人民的刽子手看来，爱国，是有罪的；反帝，这还了得！因此，五四运动一开始，他们立即加以压制，派出大批军警，将南昌市所有的中学和专科学校包围起来，禁止学生出入。有一次竟一连将爱国学生无辜地囚禁了三天。但火山要爆发是谁也阻挡不了的。尽管北洋军阀采取镇压手段，学生运动还是一天高涨一天。方志敏同志和广大爱国青年学生一道，冲破了反动派的禁锢。高举着反帝反封建的旗帜，继续前进！

方志敏同志的爱国思想，早在读高小的时候就孕育着。那时他正在弋阳高小读书。为了抵制日货，他把自己过去买来的日本牙刷、金刚石牙粉、东洋脸盆和东洋席子等等毫不顾惜地拿出来，统统当众焚毁，公开向同学们发誓："以后生病就是会死，也决不买日本的仁丹和青快丸！"为了表示自己的决心，他还在学校门口贴了这样一张纸条："我方志敏誓死打倒日本帝国主义，为中国独立解放而奋斗！"并且组织同学举行游行，到街头去演讲和宣传，劝告大家一齐抵制日货。这种爱国行动，立即引起当地土豪劣绅的憎恨，他们把这些爱国学生看成为"祸胎"、"怪物"，辱骂学生，说学生的行动是"祸国殃民"，对以方志敏同志为首的几个人更是恨之入骨，他们动员学生们的家长出来攻击方志敏同志，阻止学生不再"闹事"。但是方志敏同志却不怕他们各种迫害，仍旧坚决地干下去。他对当时的战友邵式平同志说：

"我们痛恨这些东西，这些东西更痛恨我们，结果是要决斗的，我们准备吧！最后的胜利总是我们的！"

当时和方志敏同志一道亲身参加过五四运动的战友，为我们提供了一段宝贵的回忆。他们说，在那些沸腾的日子里，方志敏同志穿着一件长衫，手里拿着一面写着"查禁日货"的旗子，同一群爱国青年学生，整天到街头去演讲和宣传。

一天，方志敏同志和一群同学刚从学校出来，看见前面一个穿着灰色羽纱长衫的人，就对同学们说："这长衫是日货，撕它一块下来！"

同学们跑上去扯住那人的长衫，"嗤"的一声，便撕掉了一块。方志敏同志当场还把这个人教育一番，叫他爱国，以后不要再买日货。同一天，他们又在河边查出了十多箱日本纸烟，大家掏腰包买了些洋油，当众把它烧了。

有一天，方志敏同志他们走进一间京果店，查出了许多罐头、香烟、葡萄干、洋蜡烛都是日本货，方志敏同志对店里的老板说："这些东西都是日货，不能再卖了。"

"我们这是将本图利，不让卖，我们吃什么？"老板强硬地说。

"你爱国不爱国？你是不是中国人？"

"……"老板张口结舌。

"做生意可以贩卖国货！"方志敏同志又耐心地和他讲解当时的国际和国内的情况，指出贩卖日货是可耻的，最后劝他："这一次你每样拿出一点来，当众焚烧，作为警诫。"

那商人不理会，仍然说道："我们是做生意的，给官府纳税，什么日货不日货，爱国不爱国，我们买卖人却管不了这么多。"

这个老板如此刁蛮，不明大义，方志敏同志一怒之下，就用手里旗子下端的木棍把架上的玻璃瓶子全部打得粉碎。观众大为称快。

方志敏同志热爱祖国，仇视帝国主义和反动派的精神，贯串在他整个的一生里。他在九江南伟烈读书时，看到西人教员每月二三百元薪水，而中国教员每月只有几十元薪水，便甚为不满，认为这种情况是对中国的轻视！他看到那些披着宗教外衣对中国进行文化侵略的洋鬼子的横行霸道，十分愤怒，说："朋友，想想看，只要你是不断气的人，不是一个甘心亡国的懦夫，天天碰着这些恼人的问题，谁不挺身而起为积弱的中国奋斗呢？何况我是血性自负的青年！"当年方志敏同志幼小的心灵里便有着挽救祖国的抱负，他说过："我是常常这样想着，假使能使中国民族得到解放，那我又何惜于我这一条蚁命！"

方志敏同志由于热爱祖国，努力学习，终于找到了马克思列宁主义的真理，参加了中国共产党，并在党和毛主席的正确领导下，创造了闽浙赣苏维埃根据地，领导工农群众，进行土地革命。后来为了北上抗日，被国民党军队以七倍于我的兵力围困于怀玉山，在弹尽粮绝的情况下被俘，为蒋介石杀害于南昌。但是方志敏同志的革命精神，是永垂不朽的！

今天我们纪念五四运动，我们广大青年，都应该学习方志敏同志热爱祖国、对革命忠心耿耿的精神。他所走的革命道路，是广大青年应走的道路，是党和毛主席所指引的唯一正确的革命道路。

四月十二日寄自南昌中共江西省委会

学习方志敏烈士的艰苦朴素精神[①]

今年8月6日,是党的优秀儿子——方志敏光荣牺牲的第25个年头。在这样一个日子里,我想回忆一下往事,谈谈方志敏同志的生活和工作,作为对烈士的纪念,同时希望职工同志特别是青年职工,认真学习方志敏同志艰苦朴素的精神,学习他忠实于党、忠实于人民的精神。

"清贫,洁白朴素的生活,正是我们革命者能够战胜许多困难的地方!"这就是方志敏同志一生对待生活的态度。正因为这样,志敏同志不管是学生时代,还是献身革命时代,他处处表现出一个共产党员所具备的美德——矜持不苟,舍己为公。他被俘后在狱中写的《清贫》一文中说:"我从事革命斗争,已经十余年了。在这长期的奋斗中,我一向是过着朴素的生活,从没有奢侈过。经手的款项,总在数百万元;但为革命而筹集的金钱,是一点一滴地用之于革命事业。"

---

① 本文原载《工人日报》1960年8月18日。

这些话是非常真实的。他自从参加革命，就全心全意地为人民服务。他一生没有一点积蓄。他还是在这篇文章中写道："是不是还要问问我家里有没有一些财产？请等一下，让我想一想，啊，记起来了，有的有的，但不算多。去年暑天我穿的几套旧的汗褂裤，与几双缝上底的线袜，已交给我的妻放在深山坞里保藏着——怕国民党军进攻时，被人抢了去，准备今年暑天拿出来再穿；那些就算是我唯一的财产了。"

方志敏经常对我说："有些人没有远见。为什么要贪污腐化？革命并不是为了自己有金钱。我们应该为人类求解放而献出自己的一切。"他在长期革命斗争中，有时衬衣烂了，还是补补再穿，当见到同志们没衣服时，常常把自己的衣服送给同志们穿。

更使我们难忘的，是方志敏同志的艰苦奋斗精神。志敏同志有时被敌人包围在山上，常常整天吃不上饭，连喝水也很困难。尤其是夏天，山上蚊子特别多，一双脚被咬得又肿又烂。但他丝毫也不放在心上。为了工作，他常常深夜不睡，行军时骑在马上打打瞌睡就算作休息。肚子饿得没办法时，他就在山上吃杨梅、野桃子、野菰竹笋。

更使人难忘的是1934年。1933年10月，蒋介石向革命根据地发动了第五次"围剿"。当时，方志敏正在皖南患着严重的痔疮，不说走路、骑马，连坐椅子也只能半躺着，但他仍按照中央指示，带领红军北上抗日。在行军中，因为痔疮流血流脓，常常把马鞍都湿透了。

部队到了谭家桥，因为一路作战，子弹消耗太多，加上离根据地时，一直是急行军，战士们很疲乏。方志敏正想撤回根据地整顿部队，谁知却被敌人几十个团包围了。他只得带领部队进入深山，走小路，冲出敌人的包围。

到了八礤，前有敌兵堵击，后有追兵，腹背受敌，激战五小时，我军伤亡很大，形势很危险。幸好天黑下来，敌人不敢在夜里短兵相接，撤下山去了。

方志敏连夜整理队伍，冒着风雪，继续前进。第二天，敌人搜山，部队给冲散了，方志敏身边只有三个机要人员和一个警卫员。这时，方志敏已经七天没有吃过饭，饿得连站都站不稳，一步一晃，时常被地下的冰雪滑倒，他冻得浑身发抖，人已是疲劳万分，但是他咬着牙关，忍受下去，并鼓励同行的干部说："吃不得苦，革不得命；苦算什么，越苦越要干！越苦，我们越要快乐。拿出我们最后的一滴血和敌人拼命。"

方志敏在敌人重重包围的情况下，无法突围，便叫人把中央指示和电台密码等文件烧掉，严肃地对大家说："我们要做一个忠实的共产党员，坚决保守党中央决议和整个中央行动的秘密。"

方志敏同志热爱祖国，热爱革命事业，胜过于自己的一切。就是在敌人的铁牢里，在断头台上，也明显地表现了凛然不屈的英雄气势。他在临死前给朋友们的一封信里写道：

"假如我还能生存，那我生存一天就要为中国呼喊一天；假如我不能生存——死了，我流血的地方，或者我瘗骨的地方，或许会长出一朵可爱的花来，这朵花你们就看作是我的精诚的寄托吧！在微风的吹拂中，如果那朵花是上下点头，那就可视为我对于为中国民族解放奋斗的爱国志士们在致以热诚的敬礼；如果那朵花是左右摇摆，那就可视为我在提劲儿唱着革命之歌，鼓励战士们前进啦！""亲爱的朋友们，不要悲观，不要畏馁，要奋斗！要持久地艰苦地奋斗！把各人所有的智慧才能，都提供于民族的拯救吧！"

方志敏烈士已经牺牲25年了。25年前，中国是江山破碎，国敝民穷，但是他断言，这一切，"将来也要随着帝国主义的赶走而离去中国了"，"我相信，到那时，到处都是活跃跃的创造，到处都是日新月异的进步，欢歌将代替了悲叹，笑脸将代替了哭脸，富裕将代替了贫穷，康健将代替了疾苦，智慧将代替了愚昧，友爱将代替了仇杀，生之快乐将代替了死之悲哀，明媚的花园将代替了凄凉的荒地！"

不是吗，我们现在正是处在这样一个时代。想想看，如与旧社会比较，我们今天是多么幸福！可是谁知道，为了这幸福，有多少人像烈士方志敏一样，洒了热血，抛了头颅！因此，我们今天幸福，也不要忘记过去的艰苦；为今后的幸福，我们现在仍然要艰苦奋斗。方志敏说得对："清贫，洁白朴素的生活，正是我们革命者能够战胜许多困难的地方！"过去，因为我们坚持了洁白朴素的生活，才打倒了帝国主义、封建主义、官僚资本主义。今天我们还应当发扬过去光荣的优良革命传统，坚持洁白朴素的生活，来改变我们国家"一穷二白"的面貌！

方志敏同志艰苦朴素的生活作风[①]

　　永远保持艰苦朴素的作风,是我党一贯的优良传统。我和方志敏同志共同生活中,在长期的艰苦岁月里,亲眼看到他一切从党的事业出发,从不计较个人得失,无论走到哪里,生活上总是和群众打成一片,与群众同吃同居。记得志敏同志在红十军北上抗日的紧张战斗中,在怀玉山激烈战斗中,他始终是自己亲自抬伤兵,抢救伤员们;当部队进入闽北一个村庄驻宿时,他总是冒着严寒半夜起来给战士们盖被子;在行军宿营的途中,他总是教育指挥员们要关心战士们的生活;有时志敏同志为了警惕敌人的偷袭,夜不能安睡,深夜里亲自带着警卫班去查哨。在游击战争中,在极困难的条件下,志敏同志不顾自己的痔疮的痛苦,仍然和战士们一样轮流放哨。和他在一起共过患难的战友,现在还常常谈起这些故事,永远记在心头。

---

　　① 本文原载《江西日报》1961年2月26日,原题为"学习方志敏同志的艰苦奋斗精神"。

清贫、洁白、朴素的生活作风，是我们革命大家庭的"传家宝"。在第二次国内革命战争时期，在敌人经济封锁情况下，到白区购买物资是很困难的，赣东北苏区党积极动员全民劳动生产，一切都靠自供自给。干部和群众发扬了积极性和创造性，想尽一切办法克服困难。如没有芒硝便办硝厂，没有枪炮子弹，便自己办兵工厂。开始用子弹壳造子弹，用洋油箱、竹筒炮吓倒敌人，到后来就用自己制造的枪炮，用自己制造的地雷埃丝炮，大量地杀伤了敌人。当时的艰苦生活，与我们今天的生活相比较，不知要相差几十百倍！回忆过去，想想今天，又有什么困难不可以克服呢？

　　当时苏区的供给情况，无论战士和干部都是极艰苦的。战士零用钱很少，只管衣食，没有钱。工作人员八年没发过薪金，既不是薪金制，也不是供给制。但是，无论生活上如何艰苦，人人都是干劲冲天，从不叫苦，谁也不会为生活艰苦而闹情绪，计较待遇地位等。在紧张地过着爬山越岭的艰苦的日子里，志敏同志总是在考虑如何打击敌人，如何动员群众生产，使苏区人民生活过得好；总是深夜不睡，不是为苏区《工农报》写社论，便是看中央指示，或看白区报纸等，努力学习，研究国内外事件的变化。有一天，志敏同志走出屋外，正碰到同志们在吃饭，他走过去，很关切地问："米糠和野菜煮的稀饭吃得惯吗？"同志们笑着回答："真是别有风味呐！"志敏同志听到这种回答很满意，转身对警卫员说："明天叫炊事班给我也煮这种饭吃，再不得有一点两样！"下雪天，志敏同志老是披着一件很旧的军大衣，管理员给他换，几次被他退回去了，他说："不会冷，还是给班里多发一件吧。"衣服破了，志敏同志总是缝缝补补再穿。志敏同志总是以自己的模范行动来教育战士们："天冷冷不了我们一颗热腾腾的红心，饥饿饿不掉我们坚强的革命意志！"在这样艰苦的日子里，在北上抗日的征途中，战士们生活得很愉快，高唱着志敏同志在战斗中所写的《红军北上抗日歌》前进。

　　在北上抗日紧张的战斗中，志敏同志和战士们的生活更为艰苦。

方志敏同志艰苦朴素的生活作风

当时，差不多每天都有遭遇战，前打后追。谭家桥一战之后，志敏同志的旧病复发，身体更加衰弱，面色很不好看，又黑又瘦，加上疲劳过度，又饥又饿，还要打仗。但是，志敏同志仍然和战士们一样辛苦，炊事员送来的饭，总是让战士们先吃。志敏同志说："同志们，要吃饱，吃饱了就能多杀一个敌人，多缴一支枪，增加一分战斗力量。"志敏同志在行军作战时，时刻关心同志们的生活，特别是关心伤员，保护伤员的安全。在每次战斗以前，总是指示干部做好群众工作，宣传动员群众，在战斗中准备抢救伤员，保护伤员的安全。有一次，志敏同志三天没有一粒米下肚，仍精神焕发地和军团部首长们在一栋独茅棚内研究前进的方向，如何打击敌人，摆脱危险，保存有生力量。有一个干部，这时向群众买来五斤青菜和两斤玉米，煮了一个小锅饭，没有油，仅放了一点盐，首长们开完会分着吃，十来个人你盛一碗，他盛一碗，吃得很香甜。大家嘻嘻哈哈，个个精神饱满，饭后，又冒着哗哗哗的雨出发了。由于敌人跟踪追击，每天都在战斗中，战士们得不到休息时间，每到一个地方，吃饭和洗衣服的时间都没有，有时正拿着碗吃饭，敌人打来了，丢了碗又打起来了。有时战士们正在洗衣服，忽然敌人又打来了，于是，将衣服捞起来，拧干水，塞进干粮袋里，又投入了战斗。由于这样的战斗流动生活，数个月换不了衣服，志敏同志和战士们一样全身长了虱子，没有时间捉，只有用手一把把的摸，也顾不得臭气难闻。到了怀玉山地区，生活上更苦，一礼拜没有粮食吃。志敏同志和战士们一样吃生洋芋、干包粟杆，干了的蜜蜂窝，以雪解渴，仍然坚定同志们的战斗信心，要指战员拿出最后一滴血同敌人战斗到底。这些话至今仍刻印在我们的脑海中。

志敏同志在狱中患病，仍然不管今天生、明天死，念念不忘党的事业。整天除写稿外，还不断地向难友进行宣传教育，坚定同志们立场，了解狱中情况，团结自己的同志坚定阶级立场，在狱中进行斗争。尽管敌人采取了各种无耻手段，均不能动摇志敏同志的斗争意志。志敏同志在《我们临死以前的话》中写道：

"共产主义世界的系统，而将全世界无产阶级和全人类，从痛苦死亡毁灭中拯救出来。全世界的光明，只有待共产主义的实现！我们临死前，对全党同志诚恳的希望，就是全党同志要一致团结在中央领导下，发扬布尔什维克最高的积极性、创造性，用尽自己的体力和智力，学习列宁同志'一天做十六点钟工作'的榜样，努力为党工作！"

现在，全国人民在党中央和毛主席领导下，正高举着三面红旗，为改变祖国一穷二白的面貌、建设一个具有现代工业、现代农业和现代科学文化的社会主义新中国而奋斗着，即使在前进道路上遇到某些暂时性的困难，也比过去好几十百倍。我们应该更加坚强地团结起来，在党中央、毛主席的领导下，自力更生、发愤图强，发扬艰苦奋斗的优良传统，克服一切困难奋勇前进！志敏同志北上抗日前夕对群众说："以后咱们回来了，生活就会好了，暂时忍受一下吧，革命嘛，只有吃得苦中苦，才有甜中甜。"志敏同志这话，在今天来说，也是适用的。有些青年人没有经历过革命的艰苦生活，又没有好好地学习革命战斗的历史，讲究吃穿、计较待遇、地位，不爱劳动，怕苦怕累怕肮脏，这是很不好的。我们应该学习革命先烈的艰苦朴素作风，学习先烈为人民服务的精神，树立坚定不移的无产阶级的革命人生观。特别是在农业生产战线上，连续两年遭遇到巨大自然灾害的时候，为了加速祖国社会主义建设，为了帮助灾区恢复生产，我们暂且忍受一些困难，节约一点，也是应该的。我们学习先烈艰苦奋斗的精神，首先应该反对个人主义思想。志敏同志从事革命斗争，从未做过个人的打算，正如他在《清贫》一文中所说：

"在这长期的奋斗中，我一向是过着朴素的生活，从没有奢侈过。经手的款项，总在数百万元；但为革命而筹集的金钱，是一点一滴地用之于革命事业。""是不是还要问问我家里有没有一些财产？……有的有的，但不算多。去年暑天我穿的几套旧的汗褂裤，与几双缝上底的线袜，已交给我的妻子放在深山坞里保藏着——怕国民党军进攻时,被人抢了去,准备今年暑天拿出来再穿!那些就算是我唯一的财产了。但我说出那几件'传世宝'来,岂不要叫那些富翁们齿冷三天?!"

的确是这样,1931年冬,志敏同志巡视工作路过家乡时,他的四婶问他:"正鹄,你做了这么大的官,你妈妈连替换的衣服都没有,你还不买点布给妈妈。"志敏同志回答说:"我革命是为人民,又不是国民党的贪官污吏,我私人哪里来的钱呢?"这时,志敏同志担任赣东北省苏维埃政府主席兼省财政部长,他从未向财政部支用过分文。又有一次,志敏同志的父亲到省苏维埃找他,诉说家中如何困难。志敏对父亲说:"我做的是革命工作,家里的困难不要向我说,你们自己去想办法解决好了。"又一次,志敏同志家中由于遭受了敌人无数次的摧残和洗劫,生活极为贫苦,他的父亲向志敏同志要钱。志敏同志说:"要经过大家开会讨论以后再说。"志敏同志就是这样不为个人,不为家庭打算的,毕尽一生,坚决为党的事业而艰苦奋斗到底。

志敏同志这种艰苦朴素的生活作风,为革命事业艰苦奋斗精神是永远值得我们学习的。

"吃不得苦，革不得命"①

在任何困难的环境下，从不动摇革命意志，在任何时候，永远保持艰苦朴素的生活作风，这是每一个无产阶级革命家的优秀品质，也是我们革命大家庭的"传家宝"。在我和志敏同志的共同生活中，亲眼看到他一切从党的事业出发，从不计较个人得失。他每次下去视察工作时，都是与群众同吃同住。志敏同志在初创红十军的艰苦岁月里，在北上抗日的紧张战斗中，他是那样热爱战士，关心战士们的疾苦。在怀玉山的一次激战中，他亲自参加抬伤兵，抢救伤员；严寒的冬天，他经常半夜起来给战士们盖被子；为了警惕敌人的偷越，他深夜带着警卫班去查哨；在山区打游击时，志敏同志不顾自己的痔疮的疼痛和战士们一样轮流放哨。当时没有钟表，他就把香火捆在手上，打一下瞌睡，香火烧痛手的时候，便惊醒起来。现在和他在一起共过

---

① 本文原载《工人日报》1961年4月11日，原题为"学习方志敏同志得艰苦奋斗精神"。

患难的战友，还常常提起这些故事。有的同志还清楚地记得：志敏同志带领红十军驻扎在贵溪周坊邵家村时，有一天志敏同志看见同志们在吃饭，便走过去，很关切地问："米糠和野菜煮的稀饭，吃得惯吗？"同志们笑着回答说："才别有风味呢！""不过方主席有病，可不能吃，你需要吃些容易消化的东西。"但是志敏同志说："那可不行，大家吃什么，我也吃什么，不应该两样。"志敏同志总是那样坚持和战士们同甘共苦。下雪天，他老是披着一件很旧的军大衣，管理员要给他换一件，几次都被他退回去了。他说："我不冷，还是给班里多发一件吧。"志敏同志常用这句话教育战士们："天冷冷不了我们一颗热腾腾的红心，饥饿饿不软我们坚强的革命意志！"

志敏同志自幼生活在农村，养成了艰苦、朴素的生活作风。他热爱农村，熟悉农村。还在他少年时代，就同情农民，为贫苦的农民打抱不平。后来参加了党，为劳苦大众的解放，终生献身于无产阶级革命事业。在土地革命初期，他的故乡湖塘村附近群众为他编了一首歌，这首歌今天还在群众中流传着：

　　湖塘塌塌岭，出了方志敏，
　　一心来革命，都是为穷人。

1931年冬，志敏同志巡视工作时，路过家乡，顺便回家看了看。他的四婶问他："正鹄，你做了这么大的官，你妈妈连替换的衣服都没有，你还不买一点布来给妈妈？"志敏同志回答说："我革命是为人民，又不是国民党的贪官污吏，我私人那里来的钱呢？"这时，志敏同志担任着省苏维埃政府主席兼省财政部长，但他从未向财政部支用过分文。有一次，志敏同志的父亲到省苏维埃找他，诉说家中如何困难。志敏同志敏对父亲说："我做的是革命工作，家里的困难不要向我说，你们自己去想办法解决好了。"又一次，志敏同志家中由于遭受了敌人无数次的摧残和洗劫，生活极为困难。他的父亲没法，只得向志敏同志要钱，志敏同志说："要经过大家开会讨论以后再说。"志敏同志就是这样不为个人，不为家庭打算，坚决为党的事业艰苦奋斗到底。

志敏同志的这种革命精神，不仅深深地刻印在赣东北人民大众的脑海中，就是志敏同志在狱中的难友，今天也还感激志敏同志给他的教育："只有舍弃自己的一切，为贫苦大众的解放事业工作，才是正当途径。"

志敏同志在狱中身患重病，不管今天生、明天死，仍念念不忘党的事业。以革命乐观主义精神，尽一切可能去进行革命工作。在这段时期，他整天除了写稿外，还不断地向难友进行宣传教育，坚定同志们的立场，了解狱中情况，不仅团结了自己的同志，进行狱中斗争，而且还争取了一些伪军官、看守、文书以及伪警人员。因此，他在狱中，消息灵通，得到难友的帮助。敌人采取了各种无耻手段，均不能动摇志敏同志的斗争意志。他在临死时所表现的英勇不屈的高贵品质，是永远值得我们学习的。志敏同志在他那篇《我们临死以前的话》中写道：

"共产主义世界的系统，将代替资本主义世界的系统，而将全世界无产阶级和全人类，从痛苦死亡毁灭中拯救出来。全世界的光明只有待共产主义的实现！我们临死前对全党同志诚恳的希望，就是全党同志要一致团结在中央领导之下，发扬布尔什维克最高的积极性、坚决性、创造性，用尽自己的体力和智力，学习列宁同志'一天做十六点钟工作'的榜样，努力为党工作！"

我们今天生活在幸福的社会主义时代，这是革命先烈前仆后继、艰苦奋斗才取得的结果。志敏同志二十多年前常说的一句话："吃不得苦，革不得命！苦算什么？越苦越要干，越苦我们越要快乐。"至今言犹在耳，我觉得它仍然有着深切的现实教育意义。

没有什么困难可以阻碍人民前进[①]

《社会大学》在去年9月23日发表了《南京路上好八连战士读〈清贫〉》的文章。好八连战士为方志敏同志的遗言深受感动,并以实际行动学习志敏同志的艰苦朴素的革命精神。读了这几篇文章,我进一步回忆起志敏同志生前的许多事迹。

我在和志敏同志共同生活中,在长期的艰苦岁月里,亲眼看到他无论在何时何地总是和群众打成一片,与群众同甘共苦。群众见了他就像见了自己的亲人。有一次,在贵溪,志敏同志看见战士们在吃饭,于是走过去亲切地问:"米糠和野菜煮的稀饭,吃得惯吗?"同志们笑着回答说:"才别有风味呢。"当时,志敏同志就对警卫员说:"明天叫炊事班给我也煮这种饭吃,决不能有一点两样。"在下雪天,他老是披着一件很旧的大衣,管理员叫他换,几次被他拒绝了。他说:"不冷,还是给班里多发一件吧。"在北上抗日的紧张战斗中,他亲自

[①] 本文原载《文汇报》1961年3月5日。

抬伤兵。严冬夜晚，当部队驻宿时，他总是半夜起来给战士们盖被子。在游击战争中，他不顾自己患痔疮而和战士们一样轮流放哨。大家没有钟表，便用香火缚在手上做记号，香烧到一定程度，手发热了，便起身转移阵地。后来到了怀玉山，生活更艰苦，志敏同志和战士们一样吃生洋芋、干包粟杆、干蜜蜂窝，以雪解渴，时常一个多星期没有粮吃，但志敏同志常用"天冷冷不了我们一颗热腾腾的红心，饥饿饿不坏我们坚强的革命意志"两句话来鼓励大家，这两句话至今还牢牢印在当时一起参加斗争的同志的脑海中。

从当时苏区的供给情况来说，战士和干部的生活，都是极艰苦的，战士的零用钱是很少的，工作人员八年没有发过薪金。当时既不是薪金制，也不是供给制，但是无论怎样艰苦，大家从来没有叫过苦，干劲十足，谁也没有因为生活环境而闹过情绪，计较过待遇、地位，这是因为大家牢牢记住了志敏同志的教导："共产主义世界的系统，将代替资本主义世界的系统，而将全世界无产阶级和全人类，从痛苦死亡毁灭中拯救出来。全世界的光明，只有待共产主义的实现！"一个革命者只有看清了光明的前途，对于革命的信仰坚定不移，才不会为任何困难所吓倒，而总是自觉地劳动，把贡献出自己的一切作为最大的乐事。

志敏同志大公无私，一生中从没有过一点积蓄。1930年冬，志敏同志巡视工作时，路过家乡，顺便回家看了看。他的四婶问他："正鹄（志敏的乳名），你做了这么大的官，你妈妈连替换的衣服都没有，你还不买一点布给妈妈？"志敏同志回答说："我革命是为人民，又不是国民党的贪官污吏，我私人哪里来的钱呢？"有一次，志敏的父亲到省苏维埃找他，诉说家中的困难。志敏对父亲说："我做的是革命工作，家里的困难不要向我说，你们自己去想办法解决好了……"而当时志敏同志担任着省苏维埃政府主席兼省财政部长，但他从未向财政部支用过分文。志敏同志为了革命，为了党的事业，而鞠躬尽瘁，耗尽一生，但是从不为个人、家庭打算。这种可贵的舍己为公的精神永远值得后人学习。

　　站在高处，才有远景。方志敏同志在北上抗日前夕对群众说："以后咱们回来了，生活就会好了，暂时忍受一下吧！革命嘛，只有吃得苦中苦，才有甜中甜。"志敏同志这番话，是在30年前说的。今天虽然生活环境已完全不同了，但这些话对于我们来说，同样有现实意义。过去，毛主席曾经写给我几句话："没有什么困难可以阻碍人的前进的，只要奋斗，加以坚持，困难就赶跑了。"方志敏同志对待困难的态度是完全符合毛主席的指示的。他在遇到困难的时候，总是充满了高度的革命乐观主义精神，从不悲观，从不动摇，从不气馁，而是与之奋斗，与之作持久的奋斗。今天我们虽然在前进途中也遇到了某些困难，但是这些困难不同于反动派遇到的困难，也不同于方志敏同志当时所遇到的困难。今天，"春风杨柳万千条，六亿神州尽舜尧，"各方面的形势为克服困难提供了许多有利因素，只要我们齐心一致，在困难面前脚跟不动摇，踏踏实实，与困难作斗争，困难是一定可以战胜的。方志敏同志所遇到的那么严重的困难都克服了，在我们面前还有什么困难不可克服？

　　我们今天各方面的条件，比之志敏同志所处的时代，不知好了多少倍，然而有少数青年同志碰到一点暂时的困难就愁眉苦脸，不安心工作，怕艰苦。这是因为：他们没有经历过艰苦奋斗的生活，没有很好学习革命斗争历史，不知道革命先辈是怎样战胜艰苦环境的，更主要的是这些同志还没有完全树立起革命的人生观。生活在今天的社会里，诚然是一种幸福；然而，最大的幸福却在于我们今天用自己的双手去克服困难，创造更美好的未来。困难肯定不能阻碍我们前进，胜利是一定属于我们的！

激励与鼓舞[①]
——读方志敏两篇遗著

读了方志敏同志《给某夫妇的信》和《记胡海、娄梦侠、谢名仁三同志的死》这两篇遗著（现收集在《狱中纪实》一书里），像读他的《清贫》、《可爱的中国》等遗著一样，深受感动，从中得到莫大的鼓舞。

志敏同志对胡海、娄梦侠、谢名仁这三位同志的生平事迹，原不清楚（除胡海同志是苏维埃中央政府的土地部长，他早知道外，后经查问，才知道娄梦侠同志是江西省保卫局长，谢名仁同志是中区兴国县委书记），但他从狱中的表现来看，却给他们以很高的评价，说他们"临难不屈，悲壮就死，不愧为无产阶级的先锋队"。志敏同志在沉痛哀悼这些同志时，愈加痛恨法西斯的国民党。另一方面，也严肃地指出这三同志的被捕，"是有其错误原因的"，如"群众工作不够，没有与群众打成一片，取得群众有力的掩护；警戒敌人的疏忽，受着敌人的掩袭；肃清藏在身侧的敌人奸细和反动派，做得不彻底，使他

[①] 本文原载《浙江日报》1961年4月2日。

们得以消息报告敌军等等"。志敏同志希望我们能接受这血的教训，因为"只有坚决执行党的正确路线，不懈怠地努力工作，才能取得不断的胜利"！

志敏同志的著作，特别为青年及工农同志所热爱。因为作品的斗争性强，并能全面地分析问题，给人们很大的启发和教育。我们今天读志敏同志的遗著，仍然感到十分亲切，还因为志敏同志自己就是一个为实现共产主义而站在斗争前线的英勇战士，是党的忠实的优秀儿子。他从自己的斗争实践中，深刻体会到对于阶级敌人必须用阶级斗争把它打倒。今天，敌人已经到了开始灭亡的时代，但它不甘心失败，妄图挣扎，因此，我们必须加倍努力工作，团结一切可能团结的力量，结成广泛的统一战线，坚决地与我们共同的敌人——美帝国主义作斗争。志敏同志在狱中写《给某夫妇的信》，我觉得不仅是对他的难友提出了真诚愿望，而且也是鞭策我们切实遵循党的统一战线工作方针，狠狠地打击敌人，消灭敌人。

从这封信的内容来看，我认为这是写给狱中难友的。志敏同志以友谊的关系劝导他们，热忱地希望他们有远识、有勇气，坚决地站到共产主义方面来反对法西斯主义，参加革命来反对反革命。在志敏同志对他们提出的几点希望中，给人教育最深刻的是：要有坚定的政治立场和竭尽一切力量来帮助革命。他要求他们多多地而且用力地去研究共产主义的书籍，"在理论的政治的认识上，站稳脚步"，这样，"才不至于随时为某些现象或谣言而动摇自己的革命信仰"。他再三地希望某夫妇"切不可听到一两个懦夫的劝阻与黑暗的朋友的威吓，自己就软弱下来，放弃应有的努力"；"切不可因为困难或虚惊而抛弃信约"。志敏同志这种革命的坚定性，永远是我们学习的榜样！

在信中，志敏同志特别希望他的同志"生活要尽量朴素化，不要奢侈不慕虚荣"，"从自己的节俭与从旁人的筹划中，支出一批款子来帮助中国革命运动的经费"。志敏同志这番话是在20余年前说的，今天时代与生活环境已完全不同了，但它对于我们广大干部和群众来说，同样有现实教育意义。志敏同志一生为革命奋斗，把自己的一切献给党，过着极为艰苦朴素的生活。这种艰苦朴素作风的可贵，不仅是一个共产党员所应具有的素质，还在于勤俭在任何时候都是对革命和建设有利的。

重读志敏同志的遗著，受教益愈深，愿志敏同志的劝告与希望，能都为我们每个同志所深切接受，并成为实际行动。此外，我要在这里对那些在狱中援助过志敏同志的朋友，表示衷心的感激。并且希望熟悉志敏同志在狱中情况的同志，能仔细地将所能回忆的点滴材料都写出来，以便让我们更好地学习方志敏同志的革命精神。

方志敏同志在王武村[①]

1927年8月间,方志敏同志领导着赣东北苏区群众进行土地革命,各地农民都纷纷举行暴动和起义。志敏同志因日夜奔波,疲劳过度,不幸肺病复发,脸色苍白,走路两腿无力,实在不能再继续工作了。同志们都劝他休养一个时期,志敏同志接受了大家的劝告,当天将工作安排好,化了装,便和一个引路人到德兴沙路张村——他的胞姐家去休养。临走时,我说:

"你走我不放心,我要与你同去,好照顾你。我还担心,你步行怕不行吧!"

他向我解释道:"你放心,我可以慢慢地走。你和我同去,目标太大。明天你可以化装成农妇的模样,把头发梳起来,再来找我。"

第二天,我到了张村,见志敏同志躺在床上,吐血不止,脸色苍

[①] 本文曾收录于江西人民出版社1961年7月出版的《方志敏同志在王武村》(江西革命斗争故事丛书,第35册)。

白得令人可怕！他一声不响地躺在铺上，闭着眼睛，用手示意不要我多说话，我在一边看着他，血从他的嘴角流出来，我连忙用碗去接，鲜血从嘴角留到碗里。我心里疼得像针刺一样，泪珠忍不住扑簌扑簌地往下掉。因为是秘密休养，不好公开去请医生，这更增加了我心里的痛苦。

他见我眼睛红红地坐在床前望着他，便拉着我的手，细声地安慰我说：

"你不要怕，不要紧的，休息几天就会好。你在开水里放点盐给我喝。"

他喝了几口水，一忽儿便睡着了。他睡得那么甜，脸上现出了红晕，其实这是肺病患者的症相，我却快乐地想："他脸色比刚才好得多了。"我就是这样安慰着自己。

次日晚上，志敏姐夫的胞妹慌慌张张地从德兴城里跑来，她说：

"在德兴，听到几个反动派说，方志敏在弋阳造反，明天要到沙路张村去捉他。我听到这个消息后，连夜赶来报信。"

志敏的精神立刻振作起来，很严肃地对我说："你找姐姐来，说我马上要转移，不能再在这儿休养了。"

我问他："我们避到哪儿去呢？"他说："暂时到张其德的妹夫那儿住几天，看情况再说。"

张其德同志是党派去的，是一个忠实可靠的共产党员，对方志敏同事特别负责关心，显然，这是张其德的提议。

太阳刚下山，志敏坐着用竹椅做的轿子，他姐姐请来四个可靠的人抬着，我和张其德跟在轿子后面步行，悄悄地离开了姐姐的家，往乐平王武村走去。

这天夜里，既没有月亮，也没有星光，四周一片漆黑，这种天气对我们来说，倒是十分有利的。我只是听得志敏在椅子里不断地咳嗽，我担心他又在吐血了。我问他："你身体怎么样了？"

他说："没有什么，现在是安全第一，养病在次了。"

我们总算安全地到达了王武村——张其德的妹夫汪岐芬家里。这是很可靠的亲友，汪岐芬很热情地招待我们，把我们安置在后进一间房里，白天关起门来，以免被人发觉。

志敏同志天天躺在床上，每天吃饭、洗澡都在房内，天气异常炎热，他有时感到非常烦闷，便让我读小说给他听，或者他给我讲俄国十月革命的故事。我们就这样，日夜躲在房里，不出房门。

不久，志敏的姐夫张国正来看他，谈及志敏离开那天晚上，姐夫家受到了"兄弟会"反革命组织包围。这个封建迷信的反动组织约有五十余人，有十三太保，三十六天罡，七十二地煞。他们带着大刀铁尺，在楼上楼下严密搜查，却没查出任何可疑的东西来。志敏同志早先藏在他家床顶上的一网篮书籍，幸好未被发觉。谁知第二天，那些反革命分子又到志敏姐姐家里来，凶恶地威胁说：

"有人报告，方志敏到你家来了，还推了三车东西来，你们到底把他藏到哪里去了？"

姐姐一再说没有此事。另一个反革命拿着铁尺威胁说：

"方志敏到哪里去了？你们今天一定要把他交出来，要不然就对你们不客气！"

姐夫张国正硬着头皮说：

"方志敏没有来，你们不信可以调查，查出来杀我的头！"

反动派军官说：

"你还强说方志敏没有来？你要不交出他来，我要把你全家杀光！"

这时，人群中一个姓张的银匠出来说话了。他是德兴尚和人，一贯的好打抱不平，他在工人群众中被认为能压住黄柏塘、港西人的。他说：

"你们黄柏塘和港西人没有理由到这里来要方志敏！"

那些反动派说：

"你哪里知道呵！方志敏是张国正的亲戚，所以我们找他要人。"

张国正说：

"我和方志敏的姐姐结婚十多年,孩子都十七八岁了,这是不假,但是和方志敏没有来往。你们要捉他,和我这个亲戚有什么关系?"

有几个反动派竖起梯子,气势汹汹地爬上屋顶,将屋瓦一块块往下丢,实在令人气愤,这时,那个银匠又出来干涉,他气愤地拉住一个反动派的脚,不准他丢瓦,并说:

"你们找不到方志敏,为什么拿屋上的瓦出气!"

这话说得反动派泄了气,他们不再拆瓦了。

结果,张国正的父亲在村里找了几个老年人出来讲理,让反动派吃了一顿酒饭,还拿走了几十块鞋脚钿①,才肯罢休。

志敏同志在王武村休养时,倒还安全。

王武村有六七十户人家,该村农民深受过革命的影响。地主早已跑光了,一般反革命不轻易到这里来。这是志敏同志在此休养的有利条件。但他并没有放松警惕性,记得志敏同志在休养时,带来一支短筒步枪,日夜把它放在枕头下,以防意外。

志敏同志即使在养病期间,还是念念不忘党的工作。有一次,志敏对汪岐芬说:

"等我病好了,让你儿子同我一起去参加革命吧。"

"我家里生活很困难,又没土地,他走了怎么办呢?"

"没有土地啥关系,以后会有的。只要我们穷苦的老百姓团结起来,什么也不怕。共产党是帮助穷苦老百姓翻身的,革命一定会胜利。"

志敏同志的病稍有好转后,便常常坐在铺上,不是写指示信,就是翻阅地图,计划如何打击敌人。他更努力于读书(记得他读过一本很厚的小说),他对我说:

"我一天不看书,心里就感到不安。"

一天晚上,志敏同志要汪岐芬在王武村秘密找了三个可靠贫雇农来谈话。大家坐在房里,在不很明亮的灯光下小声地说话。志敏同志

---

① 鞋脚钿,方言,意为跑腿钱。

热情地向他们说明我党的政策和主张，希望他们团结起来和地主斗争，不交租，不还债。

汪岐芬听了，很感动地说：

"种田不交租，有那个日子，我们穷人就翻了身了。"

志敏同志说："从现在起，你们就展开秘密活动，将所有的贫农都团结起来，组织贫农团。要注意有钱人的行动。只要大家组织起来，就可以打倒土豪劣绅，土地革命就会成功，穷人就会大翻身。"

谈话进行了将近两个钟头，大家还吃了点心，才尽欢而散。

志敏同志虽然病很重，但由于他精神充沛，永远那么乐观，因此没有被病魔压倒，并终于战胜了疾病。他常在夜深人静时，让汪岐芬陪他到野外去散步，借以增强体力，争取早日返回战斗岗位。

他在王武村休养了一个多月，身体基本上复原。当身体恢复健康时，他就穿着一件灰色长衫，头戴礼帽，找了一个带路人，愉快地离开了王武村。

方志敏同志在南伟烈大学[①]

> 今年8月6日是方志敏同志就义26周年，特发表《方志敏同志在南伟烈大学》以兹纪念。作者缪敏同志系志敏同志的夫人，曾写过《方志敏战斗的一生》等书。她最近到九江访问过志敏同志的老同学，并参观了志敏同志的住处，搜集到志敏同志的一些新的生平资料，写成此文。从中可以看到志敏同志早期的革命活动以及优秀的思想品质。
>
> ——编者

1921年秋志敏同志考取了九江教会学校南伟烈大学（即同文书院）。南伟烈大学有90余年的历史，它是帝国主义向江西进行文化侵略的最早的据点。帝国主义利用它向学生进行奴化教育。学校名为大学，实际上只有小学部和中学部。志敏同志即在旧制中学二年级。他

---

① 本文原载《光明日报》1961年8月3日。

住在学校四层楼37号,同室的有20余人,那时他和龚钦榆同学最好。

学校对学生控制甚严,平日对学生采取禁锢政策,不准学生参加社会活动。"五卅"惨案时,九江各中学学生游行抵制日货,当游行队伍经过同文校门口时,帝国主义分子竟下令将学生关在校内,不准参加游行。学校内成立各种宗教组织,强制所有的学生必须做"礼拜",并设有"圣课",大多数课程都用英文讲授。另外学校还有个教学制度,规定凡交全费的学生,各科只需60分就可及格,交不起学费的学生不仅要替学校做杂务(如扫地、洗药瓶等),同时,各科成绩必须在70分以上才能及格。在校学生不仅朋友亲戚很少往来,连报纸也无法看到。

志敏同志当时在校为人沉默寡言,态度端庄和蔼,待人诚恳,言语中肯,他的英文、数学、语文都较好,他不但自己用功学习,对同学的学习也很关心,常常帮助同学补习功课。那时他们同室同学都比他小,他从不和同学吵闹,同学很敬佩他,都称他为"方大哥"。

志敏同志那时很重视时事,也很爱读新杂志。他的钱好多用在买书和订杂志上,不但订了许多杂志,而且订了《江洲日报》、《民国日报》。他看报认真,常在报上画圈圈点点,有时到图书室看《申报》,从头读到完。他喜爱和同学谈时事,介绍同学读书报、杂志。他想办法看宣传社会主义的书籍,也常和同学谈社会主义问题,因此,大家都称志敏同志为"社会主义"。常同他半开玩笑地说:"你又有什么关于社会主义的理论来告诉我们呢?"志敏同志的态度是很自然的,回答说:"我们就来谈谈社会主义吧。"于是,"什么叫作社会主义?社会主义要怎样才能实现?……"他很耐心地给同学们解释。因此影响极深。"社会主义到哪里去了?"当同学们看到志敏同志不在房内时,便彼此相问。或者,他回来刚踏脚进门,便即喊道:"社会主义来了。""社会主义",简直变成志敏同志的一个绰号。

志敏同志也喜欢读诗,他常常喜欢吟咏一首这样的古诗:"昨日入城市,归来泪满襟,遍身罗绮者,不是养蚕人。"有时,他也爱朗诵这样的诗章:"今天游而游,后天还是乐而乐。"有时读得高兴时,并高声朗读:"晒的是青布蓝衣裳……"当时同学们听了,体会不出他的意思,到现在才能了解。

志敏同志那时身体不好,有严重的肺病,因此,不能做激烈的运动,不爱打球。他经常独自一人到甘棠湖边散步,手上拿的不是书就是报,边走边读,有时他细声地念着。"甘棠湖边是我家,不管我家种桑麻……"

他也爱写作。在1922年第一卷第二号《新江西》上,他发表一篇《私塾》,里面描写了一位古老先生的教学方法不对头,和作者同情学生被老师毒打后的痛苦心情。学校里有位姓朱的老师,很拆烂污,他也写过批评朱的文章。他有个小本子,总是带在身边,写记东西。

志敏同志生活十分朴素,他的行李很简单,只有几套旧衣服和一件蓝长衫,铺上有一条毡子、一双布鞋和一双只值两块钱的皮鞋。他所用的书籍、文具、都有条有理地放置着。在当时的学校里,大部分都是有钱子弟,夏天穿纺绸、夏布,冬天穿哔叽制服,或丝棉袍、皮袍等;可是,志敏数年来却总是穿着件浅色蓝布长衫,做套袍是它,打单穿也是它,后来都穿成白色的了。

志敏同志在校学习成绩优异,经常单独一人在房中读英文,做数理习题,自己不懂就虚心请教旁人。他重视自修,有时写日记。星期天,同学们都爱睡早觉,他却一早就起床做习题。对语文学习尤其用心,进步较快。有一次,老师出的作文题目是:"学然后知不足。"他一口气写了长约七八千字的文章,当老师把作文簿批改发下来时,大家一看,成绩是甲上,老师的批语是:"笔如流水游龙,活跃异致,布局整肃,几如天衣无缝。"这一批语在全班传开了,大家都抢着看,对志敏同志更表示敬佩。

有一次,志敏同志上街回来,正好遇雨,正走着,迎面来了一顶四人抬着的绿呢大轿,内中坐着一个担任当时九江邮政局长的高鼻子洋人。仆从神气十足地沿着街道高叫着："走开，走开！"志敏同志回到学校里，很气愤地对同学们说："中国的邮政局长为什么要让洋人来当？……"每次当他看到一些不合理的现象时，总是向同学们进行宣传，说道："将来在社会主义社会，当然是不会这样啰！"

因为是教会学校，每天早晨都做一次"小礼拜"，星期四下午还要做"大礼拜"，只要你不是生了大病，不论是不是教徒，都必须去参加。否则要受处罚。

志敏同志和一些同学，为了对付这一压迫，便在这时偷偷地看自己的书。

这学校，本来是个培养传教士和洋行翻译的地方，不少的学生都趋奉洋人，见到洋人来，便连忙鞠躬敬礼，洋人说话，总是点头说着"耶司（是）"，志敏看不惯这些。有一次，他忍不住问一个同学道：

"你怎么对洋人总是这样恭敬呢？"

那同学回答说：

"你这还不知道，在洋学堂读书，不尊敬洋人，还尊敬谁？倘若谁得到洋人的欢心，在校可望免费，毕业后容易找事。密司特方，你要明白，找到一个洋行翻译的差事，一个月就是几十块花边的薪水啦。如交交好运的话，还可以在洋人帮助之下，去美国留学呢！密司特方，我不客气地说一句，像你不敬洋人，又不信教，那只好去讲你的'社会主义'了。"

志敏听他那恬不知耻、洋洋自得的腔调，心里很是愤慨，但是他也无可奈何，只好由他去追求那一月几十块的花边了。

志敏同志因亲眼看到帝国主义对我国人民种种野蛮行为，就领导同学进行了反对帝国主义的学生运动。

当时，学校除了基督教徒组织外，没有学生会组织机构。学生只晓得读英文，对政治很漠视，甚至整个月都不看报纸，与杂志更好像绝了缘。后来，在志敏同志宣传影响下，学生的团结加强，掀起了看报看杂志的浪潮。他总是那样热情诚恳地帮助同学们，与同学间建立了深厚的感情。由于志敏同志做事勇敢处处带头，因此同学称他为"前进先生"。过了三个多月，志敏团结了一些同学，成立了读书会的组织。起初，他们利用打野餐方式买点心水果等，邀集许多同学在野外进行座谈，看新刊物。后来，他利用这个机会，积极传播革命思想，在他的宣传鼓动下，学生们团结起来了，很多原来为读书而读书的同学，也都看起革命书报来了。于是，志敏同志领导的读书会，吸收了许多同学参加。起初，还只是以一般书报杂志为主要读物，逐渐地发展到看进步刊物，最后组织了进步团体，成立了研究马克思主义的小组。参加的有龚钦榆、常伟鸿、商子俊、黄昌年等六七个同学。

当时，南伟烈学校是四个星期放假半天，平日是绝对不准出校的，否则要受严重处分。尽管如此，他们仍然设法从外面带进书刊。参加阅读的人也逐渐多起来了。读书的办法，是由志敏同志指定某人专读某一本书的某一部分，到晚上打了熄灯铃之后，志敏同志和大家横躺在床上，轻声讨论。如发现监学来了，便立即散开，讨论不完，便利用第二天午餐或自修前的时间，到偏僻处继续讨论。读书会的组织不久被校长张南伯知道了，志敏同志曾被叫去询问多次，而且一次比一次受到严厉的声斥，并要记过的方法来阻止他的行动。但志敏同志便改寄校外朋友处，由朋友交给校外的妇女带进来。因此，志敏同志领导的读书会组织，不但没有因洋人压迫而垮台，相反地得到巩固与发展。

那时，志敏同志虽不是社会主义青年团员，但他已与上海进步青年有着密切的联系了，一次，一位朋友从上海寄来一份《先驱》报——中国社会主义青年团（简称 S.P.）的机关报，他在仔细看过之后，非常拥护它的政治主张，便下决心要加入社会主义青年团。

1922年春天，从外面来找志敏同志的人一天多似一天，上海的进步朋友也经常给他写信，如赵醒侬同志此时也常与他来往了，有时他也常常到外边去。由于他暗中积极地进行秘密活动，因此，校长张南伯甚为不满，特别监视他的行动，但又找不出他的错处，不能无故地开除他，恐怕引起风潮。

在反基督大同盟成立的时候，志敏同志领导同学们在九江市张贴标语，在街道上作宣传演讲，展开了大规模地反对美帝国主义运动，并获得各校一致声援。不料这时候，他的肺病又复发了，常常吐血不止。1922年4月22日他在病中写了一篇《狗儿的死》，这篇作品描画了他故乡一个大财主儿子悲惨的下场。另外又写了两首诗：《哭声》和《呕血》，这两首诗反映了当时劳动人民的悲惨生活和他对旧社会的愤激的心情。他不但同情贫苦的青年，并带领他们一同去坚决斗争。

在这个时期，志敏心中已经孕育着强烈的革命热情了。同时，他的爱国活动，也遭到了北洋军阀的敌视。九江镇守使吴金彪，通知南伟烈学校将志敏开除出校。方志敏同志在校并没有什么违反校规的事，功课（特别是英文）也很好，在学生中又有威信，所以校方犹豫着一直没有悬出牌来。到学期终了的时候，志敏却自动提出停学了。他说："我在教会学校学问没得什么，而肚子里却装满了那饭桶子教员和无知者的闲气！……"他决心要到上海去寻找真理呵！

1922年6月间，他通过当时我党设立的秘密交通机关的太古洋行，和他两个朋友一起，搭乘太古洋行的轮船，一道到上海去了。

志敏同志到了上海后，不久，一个同学给他去信说，校内一个有力的洋人，希望他回校，只要他信基督教，不再谈什么革命，那洋人还答应供给学膳费用。志敏毫不犹豫地立即复信说道：读书不成，只为家贫，但因贫而无能受教育的人，在中国何止千万？无论如何，我是不会相信基督教的，现在我也不愿再读那些无意义的书，我要实际地去做革命工作了。

给江西日报社编辑部的信[①]

江西日报编辑部：

《狗儿的死》是方志敏同志1922年在九江南伟烈学校读书时写的一篇作品，是最近才发现的。

这篇作品原刊载在当时北京改造出版社[②]的《新江西》第一卷第三号上。志敏同志写这篇作品时，正是北洋军阀统治江西，扼杀进步思想，黑暗透顶的时代。那时志敏同志虽然还只是一个才21岁的青年学生，尚不是一个社会主义青年团员，但从我了解的，他在南伟烈学校的言行表现看是已经接触到马列主义思想。那时，他对旧社会极端仇恨与不满，满怀积极要求革命的宏愿。《狗儿的死》这篇作品所表达的思想感情便充分说明了这一点。

《狗儿的死》主要内容是描写志敏同志故乡的一个大财主儿子的

---

① 1961年8月5日，《江西日报》刊登方志敏早期创作的小说《狗儿的死》，同时发表缪敏来信。

② 应为江西改造社，此期《新江西》在北京出版。

悲惨下场。志敏同志从这一社会实际现象中，进行了细致的分析、描写。始则指出地主剥削别人的脂膏血汗而富裕自己，是可恨可杀的剥削者，是工农劳动群众的阶级敌人；狗儿是地主的儿子，当然也是工农劳动群众的阶级敌人，这是肯定的；但狗儿的堕落以至于惨死，却又是对封建制度的罪恶所造成，他本身是被封建剥削制度娇生惯养……而被万恶的封建剥削制度埋葬了的。在这一点上他又与剥削统治阶级中那些杀人的刽子手、人吃人的恶魔有区别。通过这些描写，志敏同志便从这一侧面的角度上揭露了封建剥削制度的罪恶。最后，志敏同志则尤其深刻地，怀着对工农劳动者被剥削而变得赤贫这一不合理的社会现象表示十分不满的心情，提出了"如何使大富者小康，赤贫者不贫"，志敏同志就是通过这些描写感染人们来仇恨万恶的剥削制度，号召人们起来革命，努力改变这种不合理的黑暗的社会制度。但是究竟要走什么样的具体的革命道路呢？要建立什么样的新社会制度呢？志敏同志在《狗儿的死》一文内虽然采取了比较含蓄的笔法，没有一览无余地给我们指出来，但他却用一生的实际行动回答了这一问题。这就是在伟大的中国共产党领导下抱着共产主义的远大理想，为全中国人们的彻底解放不屈不挠地展开斗争。

　　志敏同志这篇作品虽然发表在30多年前，在今天仍有现实教育意义。同时，8月6日又是志敏同志就义26周年。为纪念志敏同志壮烈殉难，勉励大家积极建设幸福的社会主义社会，为将来过渡到共产主义社会创造条件继续努力完成我们的革命先烈和志敏同志未完成的革命事业，故特将《狗儿的死》寄给你们一份，请你们考虑发表，供青年们学习时参考吧。

　　致
　　敬礼

缪敏
1961年8月5日

鲁迅和方志敏的一段往事①
——纪念鲁迅诞生80周年

"横眉冷对千夫指,俯首甘为孺子牛。"纪念鲁迅先生诞生80周年的时候,我不由地又想起鲁迅这两句脍炙人口的名句来。对敌人的高度蔑视,对革命的无限忠诚,这正是鲁迅精神的精髓。鲁迅虽然没有成为共产党员,但他始终坚定地和党在一起,为捍卫无产阶级革命事业而英勇顽强地战斗着。

在极端黑暗的日子里,在严重的白色恐怖的威胁下,鲁迅曾经毫无畏惧地在敌人面前公开宣称:他,把共产党人"引以为同志"而感到自豪。他和许多革命者有过密切的交往。鲁迅和瞿秋白同志的亲密的战斗友谊,鲁迅和陈赓将军的会见,都已经为大家所熟知了。但是还少有人知道鲁迅和方志敏烈士也有过一段"交往"。这里,我特地记下这一段革命佳话,作为鲁迅先生诞生80周年的纪念。

方志敏和鲁迅并不认识,生前也从未通过信。志敏同志在青少年

---

① 本文原载《星火》1961年第10期。

时代就很爱好文学,读过许多中外作家的著名作品,鲁迅的《呐喊》、《彷徨》、《热风》、《野草》等名著也是他非常喜欢的,对鲁迅表示了无限的敬仰。鲁迅在五四运动和大革命时代,特别是大革命失败后的一系列表现,更引起志敏同志的敬佩,他认为鲁迅是很有正义感的,是能坚持真理的。

1935年1月志敏被俘入狱后,就抱着为党牺牲的决心,从没有对敌人有过丝毫幻想。在敌人监狱里,在极端困难的条件下,想尽一切办法,绞尽脑汁地写了许多文稿和密信,这些密信都是在深夜用米汤秘写在纸上的,必须用碘酒加水冲洗后才看得出来。1935年夏天,志敏得知我母子均已被捕入狱的消息,他知道他的刑期已经不远了,这时候他最担心的一件事就是怎样迅速设法把写好的密信和文稿交给党中央。当时正是白色恐怖极端严重的时候,地下党的同志很难找到,怎样才能送给党呢?志敏想到鲁迅,他知道鲁迅和党的关系密切,在当时的情况下,找鲁迅比找其他地下党的同志容易得多,而且一定能满足他的要求。他相信只要设法找到人把密信和文稿送给鲁迅,鲁迅一定可以转交给党的。托谁给鲁迅送去呢?志敏深夜不眠地在牢房里踱着步反复地思考着。监狱的职员中有一个姓高①的青年"文书上士",在和志敏同志的不断谈话中,对政治犯深表同情,志敏有时要他设法借报纸看,有时叫他帮助买稿纸,并叫他打听消息。经过志敏的不断的政治教育,他对志敏表示无限的敬仰。一天深夜,志敏决心找他商议。要他找他的未婚妻②到上海跑一趟,把文稿和密信送给鲁迅。事情很顺利,姓高的一口答应了,并且马上给他的未婚妻写信,要她赶快到南昌来。为了做好掩护,志敏给高的未婚妻改名"李贞",并给了她20元作路费。李贞到南昌后,住在迎宾旅馆,高

---

① 即高家骏,原名高易鹏,浙江绍兴人。学校毕业后,去南昌参加军法处招聘考试,录用为上士文书。

② 即程全昭,时为国民党驻赣绥靖公署军法处看守所文书高家骏的女友。1935年7月初,程全昭冒险将方志敏狱中部分文稿传送至上海。

就把志敏写的一包文稿和三封密信交给她，叮嘱她：一封信和一包文稿是交给鲁迅的，一封信是送给宋庆龄的，还有一封信交给上海中华职工学校李校长。于是，这些密信和文稿就由李贞乘长江轮船送到上海去了。

李贞到上海的次日清晨，就按照志敏告诉她的地址把文稿和密信送到鲁迅的住处。接见李贞的是个中年男子。

"鲁迅先生在家吗？我有重要事情需要当面见他。"李贞问道。

"鲁迅不在。"中年男子回答说，"你有什么事，可以告诉我，等他回来的时候我替你告诉他好了。"

李贞犹豫了一下，只好向他说明是从江西来的，有重要文件面交鲁迅。中年男子听说后，马上热情地、毫不迟疑地收下这些文件和信。

信和文件很快转到鲁迅手里。在深夜的灯光下，鲁迅按照李贞说明的暗号，先把那张右角上用墨笔点过的十行纸拿出来，用碘酒加水冲洗后，白纸上立即现出字迹来，这便是志敏同志在南昌狱中给鲁迅写的信，志敏同志在信上说，他已经抱定牺牲决心，要求鲁迅先生设法把另外三张空的十行纸和文稿转给中国共产党中央委员会。鲁迅带着悲愤和沉痛的心情看完了这封信。他又仔细地翻阅着那些文稿：《可爱的中国》、《清贫》，"这是一间囚室……""给亲爱的朋友的一封信……"一个革命者的朴实的心灵和伟大的理想，深深地感动着鲁迅，泪水浸透了他的眼睛……当时，鲁迅在白色恐怖压迫下，自己正处于在半秘密状态，但志敏同志派李贞送给他的文件和信，他仍完整地保存下来了，后来经过许多波折终于转给了党中央。志敏同志的这些遗著今天能够和广大读者见面，是不能不感谢鲁迅先生的。鲁迅接受方志敏同志委托的这件事，对于他的夫人也从来没有谈起过，他还经常暗示许广平说："有些事情，连自己至亲的爱人也不应过问的。"鲁迅这种严肃认真保守革命秘密的态度，是永远值得我们青年一代学习的。

李贞把给鲁迅的信送到后，又到了宋庆龄先生处送信。一个中年妇女说宋庆龄先生到庐山避暑去了。李贞把信交给她，并留下自己的地址。接着又把李校长的信送到了中华职工学校。李贞回到住处不久，有一位青年妇女来找他，自称是宋庆龄先生派来的，通知她说："你送信的事已经被人发觉了，你必须赶快离开这里，否则有被抓起来的危险！"李贞到底太年轻，一听说要抓她就连忙离开上海，跑回杭州老家去了，也不敢写信到南昌说明送信的事。志敏同志很久没有接到李贞的回信，于是决定第二次派人到上海给鲁迅送信。

第二次的信是姓高的文书上士送去的。他在志敏同志的教育下，决心辞去职务，亲自到上海去完成这次任务。后来证明，这封信也送到了，可是时间延迟到方志敏牺牲和鲁迅逝世以后，大概是在1937年才送到鲁迅夫人许广平同志手里。

据许广平同志告诉我，大约是在鲁迅逝世后的几个月或年把的某一天，有一个自称从狱中出来的人交给她一张白色的带红色纸条的中国"八行笺"，说是内有方志敏同志给党中央的文件，请她妥为保存并设法移交。当时白色恐怖极甚，鲁迅夫人怕家里出事，特在英国人办的麦加利银行租了一个特大的保险箱，专门收藏鲁迅手稿。志敏同志第二次送给鲁迅的信，鲁迅夫人因一时找不到可靠的人转交，便把它和鲁迅手稿一道锁在保险箱里。日军占领上海后，鲁迅夫人曾经被捕，释放时日军强迫她打开保险箱检查，但日军检查的目的在于趁火打劫发横财，对这些稿件和纸张没有注意，志敏同志的这封信就这样保存下来了。后来，鲁迅夫人终于找到了可靠的人把这封密信带给苏北党组织转送中央。

方志敏同志并没有见过鲁迅，但是他了解鲁迅，信赖鲁迅，把自己临死之前写成文稿和密信委托给鲁迅；而鲁迅也以"俯首甘为孺子牛"的精神，不避危险地忠实完成了一个素昧平生的革命者的嘱托。共同的革命理想，战斗的同志的信赖，终于把这两位从不相识的伟大的革命家连接在一起了。

在纪念鲁迅先生诞生 80 周年的今天，回忆起鲁迅和方志敏这一段战斗情谊，我不禁深深激动。同时也觉得，作为革命家的鲁迅，他对党的无限信任，对革命的无限忠诚，永远应该成为我们学习的榜样！

弋横农民暴动[1]
——方志敏同志故事

组织农民革命团

1927年"八一"起义后,方志敏同志从吉安化装回到了故乡弋阳湖塘村,立即把隐蔽在各地的方志纯等同志,一个个地找来开了个会。大家认为必须反对悲观动摇、灰心消极,应该重起炉灶,从下层群众做起,不要怕艰苦。会后分头到各村去进行活动,在七天之内,居然组织了二十几个党支部;群众团体如农民协会等也组织了20多个。农协成立后的第一件事,自然是打土豪劣绅。

当时检查一下武器,实在太少了,力量太不够。于是决定派志敏同志去波阳搞些枪来。波阳原有一个警备团,有枪一百支。团长是共产党员胡烈同志,波阳株湖人。志敏同志从吉安回弋阳途经波阳时,

---

[1] 本文曾收入中国青年出版社1979年5月出版的《追求真理的足迹》(《红旗飘飘》选编本第1集)。

曾在船上找到了波阳的同志谈话,要他们把警备团带到弋阳去,以保存实力,他们答应可以。这次去波阳,志敏同志满以为可以把警备团带来,至少可带一半;哪知到了波阳后,才知道警备团内部有反动派,将警备团断送了。胡烈同志被撤职,共产党员都被开革,警备团变成了豪绅地主的守门狗。

结果,志敏同志只从一个负责人家里弄到十来支枪。

在波阳,志敏同志遇见省委派去的特派员,听了关于中央"八七紧急会议"通过的报告,土地革命的口号,举行秋收暴动等决定,好不喜欢!志敏同志速将这些枪运回,准备秋收暴动先攻下弋阳城,即以此为根据地。

弋阳九区的大劣绅张大纲,与志敏同志和当地群众是死对头,大革命时,我们把他捉住押在南昌,"八一"起义时,他乘机逃出来了。就在这时,他运动了一营白军,来进攻革命的农民。

当时志敏同志在湖塘村召集各村的农民代表开会,讨论秋收暴动问题。我们虽有十几支枪,但还没有组成队伍,枪还分散在农民手里,自然没有抵抗力量,只好散会。

志敏同志带了几个同志和十几个持枪的农民,到登山村暂避。住了两天,张大纲又派兵来包围,幸好早就有人向志敏同志通风报信,连夜离开了登山,让敌人扑了一个空。

后来,志敏同志因过度劳累,吐血病复发,不得不休养。三个星期以后,他到波阳县委去请示工作(当时弋阳、横峰都是区委,均属波阳县委领导)。县委认为志敏同志在弋阳工作目标太大,决定调他到横峰工作,将原在横峰工作的黄道同志调到弋阳。

1927年11月中旬,志敏同志依照党的决定潜赴横峰工作。

横峰农村的经济也很衰败,农民群众受的剥削和生活的贫困痛苦,比较弋阳,有过之无不及。千千万万的农民,缺地或无地,经年劳累,得不到温饱,群众在贫穷、痛苦、怨恨中,迫切地要求解放——志敏同志在他的遗作中曾这样写道:横峰像一个革命的火药箱,我毫不讳言的,我是燃线人,我走进横峰,把这火药箱的线点燃着,火药爆炸了——革命的暴动很快就爆发起来了。

志敏同志到横峰后,首先找到黄道同志。他是在"八一"起义后跑回来隐藏在家,继续从事革命活动的。志敏同志将许多情况对他说明,并在打石坞召开横峰共产党员会议。黄道同志介绍志敏同志与横峰的同志认识,讨论了横峰工作问题之后,就到弋阳九区工作去了。志敏同志就带着半截套筒子步枪到各处进行活动,他有时化装成一个商人,有时化装成一个农民。

他到蓝子坂村时,是化装一个商人,戴着一顶绒帽子,穿一件灰色袍子,有时赤脚穿一双草鞋。志敏同志到蓝子坂先找花春山同志,说是书友(即同学)。花春山同志是中农出身,小时候念过几年书,后在蓝子坂开杂货店,很早就参加了革命。

志敏同志化名汪祖海,在花春山家里住下,白天就在屋里休息和看书,晚上就到各地进行活动,积极地发动和组织贫苦农民,大家都叫他老汪哥或汪先生。他首先是通过当地的一些积极分子(过去农民协会的会员如花春山、蓝长金等),再去串联欠债最多、生活最苦的贫雇农,找他们谈话,提出平债分田的口号。

那时正在大革命失败之后,横峰的共产党员和群众都受到反革命的相当打击,情绪不免低落了一些。他们说:

"欠财主佬的债,会让我们平了吗?地主佬的田,会让我们分了吗?"

有的还说:"你是不是有谕子①来的?没有谕子来的,就是犯法。"

遇到这种情况,志敏同志总是耐心地进行解释,一而再,再而三,说得他们思想通了才罢。

几天之内,居然被志敏同志说服了好几个群众。他们高兴地说:

---

① 类同"谕旨",泛指上对下的文告、指示。

"照你这样说，革命是会成功的。"

志敏同志回答说："当然。"并嘱咐他们拿这些道理去向村中别的穷人宣传，邀伙结伴，组织为一个团体。

经过他们的邀集介绍，没得一两天，有个村子就邀集了34人，请志敏同志去他们的村里开会，帮助他们把团体结好。志敏同志在会上问：

"没有钱用，欠了财主佬的债的同志有几个？请举手！"

34只手一起举起来。志敏同志又问：

"自家没有田种，向地主佬租田种，交租给地主佬的有几个？请举手！"

大家又一齐举起手来。他们嘈杂地说：

"哪一个不是穷的，不穷也不来革命了。"

随后，志敏同志又问："大家赞成平债分田吗？"

大家一齐举手，一边齐声叫道："赞成呵！"又说："这个还不赞成！？我们吃尽了他们的亏！"

于是一个一个地宣誓："斗争到底，永不变心！"在红纸名单上画过押，喝过一杯鸡血酒，编好小组，选出团长委员，这村子的农民革命团就算是成立了——当时认为农民协会这个名字弄腻了，故取名叫农民革命团，凡村中的工人、雇农、贫农、中农都可以加入，是农村工农群众统一的联合组织。主要的口号是：

"打倒豪绅地主"、"建立工农政府"、"实行平债分田"等。

志敏以蓝子坂为中心，到处发动和组织群众。在蓝子坂起初发动和组织了花春山等7人。以后由这7个同志去宣传、串联，共发展到30多个革命同志。

一天夜晚，志敏同志随带二三人到琯山进行秘密活动，召开了贫雇农座谈会。经过一个时期的秘密活动，该村就发展了10多个团员，到暴动时参加的有40多人，并杀猪宣誓：

"打倒土豪绅，铲除贪官污吏，扶助工农群众，大家努力革命，如若反党，刀斩弹穿。"

宣誓完毕，大家都嬉笑地吃鸡血酒，盟誓。农民将鸟铳、土炮、花枪准备好，集中了百余人准备暴动，成立了农民革命团。

之后，志敏同志又到青板桥进行过活动，住在吴先民同志家里。吴先民同志告诉他妻子说："来了一个同学，你不要对人说呀。"到晚上找五六个贫雇农和手工业者开会，并要吴先民的老婆买了一只鸡，要了水酒和香，进行宣誓。

志敏同志住在蓝子坂时，那里正在打醮，要吃素。花春山打了一条狗吃，封建头子蓝金元说他破醮，罚他点一堂斋烛，否则要赶他走。花春山不肯接受。封建头子就勾结国民党，派了几个警卫团的人来捉他们。志敏同志得到消息了，又化装由蓝高茂和蓝玉河两人送到刘底村①去。住在蓝辉和家里继续进行革命活动。

一个村的农民革命团组织起来后，即由这一村发展出去，不上十几天，周围三四十里的村坊，都逐渐有了农民革命团的组织。农民革命团一经建立，这村中的权力，即暗中转入于这些有组织的群众之手，农民对于地主的租和债，也学会了拖的办法。他们对地主说："先生，今天没有，明天再说。"周围的人也围上来，一边拉劝，一边说："逼死了人，可要偿命。"就这样把欠租欠债拖着不交。

到快过年的时候，豪绅地主都纷纷向工农群众逼租逼债。起初还设词拖延，但愈逼愈紧，无法尽着拖延下去，于是各村农民革命团的群众，每天总有十几批跑到志敏同志跟前来催问：

"什么时候暴动？"

"还早啦，准备还不够呢。"志敏同志回答。

"赶快动手，实在忍不住了，要逼死人呵！"他们再三说。

志敏同志再三说服解释，才把他们劝走了。但过了几天，他们又来催问，"为什么还不下命令暴动？"

---

① 本书中刘底村，即楼底兰家。

刘底村的暴动

志敏同志所以从蓝子坂转到刘底村组织农民革命团，作为暴动的起点，是因为刘底村有很多优越条件：一、这里群众是靠种客田挖煤推车为生，全村只有一户富农，没有地主；二、这个村的群众斗争性很强，不怕闯祸；三、地形好，有密密的山林，北通葛源磨盘山，东通铺前目灵山，南通弋阳横峰；四、武装基础好，打鸟的很多，有很多支鸟铳，并有煤洞便于隐藏。

刘底村的农民革命团团长蓝长金同志，是个性子暴躁的人。他与同村的几个人，开了个煤洞，每天钻进洞里去挖煤，好的日子每天能挖出两块钱的煤来，不好的日子只能挖出块把钱的煤。为着每天一两块钱的煤，要脱得一身精光，在漆黑无光，水蒸汗臭的煤洞里劳动十几个钟头，挖的挖，拖的拖，爬出洞来，满脸满身的乌黑，真不像个人样。这样赚来的几文钱，真是一文钱、一滴血！可是横峰县的衙门却每月要抽他们的捐，怎叫他们不痛心呢！

12月9日，县衙门一个收煤捐的委员，到他们的茅屋煤厂里坐下。这委员的神气，十分傲慢，眼睛朝天不理人，一下轿就冒火，破口大骂煤工们：

"呵！你们抗捐不交，我早听到你们这里结党要造反，现在弄清楚了。看吧！老子回衙门报告，明天就把你们捉进牢里去，坐到头发三尺长。你们这班狗东西！"

"你说哪个是狗，你才真是狗！我们就不交捐！"蓝长金站起来回骂。

这一下气得委员跳起来，赶上去照着蓝长金的脑壳一拳打下去。蓝长金是个活手，有一手好武艺，他一个能敌过二三个。早将来拳架住，顺手向委员的肋下轻轻一推。委员是个斯文人，官格虽大，力气却很小，给蓝长金这么一推，早已两脚朝天，滚倒在地上。看看今天势头不对，倘再不识时务，必定还要吃大亏，于是很快翻身从地上爬起来，紧向外跑。一面跑，一面喊：

"你们抗捐不交，还要殴打委员，看！明日再来和你们算账！"

人们见闯下大祸，有的不免有些担心，明天要是县衙门发兵来不好耍的，不是家破，便是人亡。蓝团长呢，毫不畏惧，用拳头往胸前捶，说：

"怕什么！组织农民革命团是做什么的，打起锣来，召集各村革命团的人来，追上去把那委员捉回来，把他杀掉，就没有人去请兵来了。"

人们都赞成蓝长金的意见，大家飞跑回村，找到一面铜锣，就大敲起来，一面敲锣，一面喊：

"革命团的人快来，捉回那县衙门的狗委员，他要去搬兵来捉我们的人啦！"

各村农民革命团团员，听到锣声和喊声，拿梭镖的，拿大刀的，立刻集合了四五百人，就拼命追上去，那狗委员却早已跑进城去了。

这伙人跑到离县城几里的地方转回来，并不解散，集合到蓝家村的祠堂里，准备第二天真有队伍来，就同他们杀一场。

那时志敏同志到弋阳九区开会去了，他们就连夜派人追志敏同志回来。志敏同志一到，大家就围拢来了，有一千多人。志敏同志考虑暴动准备虽不十分充分，但事已至此，是不能再按下去了。所以当他们围拢来要求他下命令时，志敏同志回答说：

"照往日开会所讲的计划努力去做，暴动吧！"

在这天晚上，群众拿着刀枪绳索，自动地到高利贷者地主的家里去取回借字契据。平素，他们一升租谷一文利钱都不肯让的，这时却驯驯服服将借字契据全拿出来，交给暴动者，并假意说："革命也是好事啦。"

当晚，志敏同志发出通知到葛源、青板桥，指示各地同时举行暴动,那时黄端喜同志在姚家垅,吴先民同志在青板桥,程伯谦同志在葛源,黄道同志在弋阳一带进行工作。这一带已有80来个农民革命团,也都举行暴动了。

自志敏同志到横峰至暴动日止,只有25天,暴动的范围却占了横峰县的一半地区,参加暴动的群众有五万多人,这可见工农群众要求革命的迫切!

方志敏伯伯的小故事[1]

敬爱父母

方志敏伯伯的父亲是个农民，为人很正直。母亲性情温和，待人非常诚恳。他们向来过着勤俭朴素的生活，平时虽然不很富裕，却喜欢帮助别人。方志敏伯伯非常敬爱自己的父母。

有一年夏天，天气特别炎热，村里发生了痢疾，方志敏伯伯一家人都病倒了，只有他一个没有染上。他看见父母亲都躺在病床上，心里很难过。那时他虽然年纪不大，但是很懂得卫生道理。他为了防止传染，就用一块白布手巾当口罩，一个人打扫屋里屋外，倒痰盂，烧

---

[1] 《方志敏伯伯的小故事》由少年儿童出版社1957年8月出版。缪敏撰写了"敬爱父母"、"捉鬼"、"爱护公共财物"、"斗争亲叔父"、"两兄弟"、"一件棉袄的故事"、"随机应变"、"热爱战士"、"敌人上了当"、"雪地上的脚印"、"一道命令"、"岗哨"共12个故事。

水,煮饭。他不但很耐心地照料父母,还常常坐在床沿上讲解卫生道理给父母亲听。

捉 鬼

方志敏伯伯小的时候,因为母亲信神,他也跟着信神,并且喜欢听神和鬼的故事。

一天,姐姐带他出去玩,看见路旁放着一口破棺材,里面的骷髅看得很清楚,幼小的方志敏害怕极了,从此不愿意再走这条路。后来,他渐渐长大了,道理懂得多了,就不再相信鬼神了。

方志敏伯伯在高小读书的时候,同班的同学里,有许多是相信有鬼神的。方志敏伯伯和其他几位同学可不信有鬼神,他们时常在一起争辩有没有鬼神的事。

一天夜晚,没有月亮,只有几颗星星在眨着眼睛。突然,从校园外面传来一阵可怕的尖叫声。相信有鬼的同学说这是鬼叫,可是方志敏伯伯他们都不相信,就点上灯到学校外面去看个究竟。他们看见离学校不远的坟地里,有个黑影在移动,他们飞快地向黑影跑去,一把将它捉住,一看,原来是个信鬼的同学假装出来的。

方志敏伯伯他们胜利了。

爱护公共财物

1920年,方志敏伯伯正在南昌甲种工业学校读书。

一天晚上,化学科的实验室,突然起了火,火光熊熊,浓烟弥漫。这时方志敏伯伯正从外面回来；他看见起火了，就奋不顾身地冲进火里去，救出了不少贵重的化学原料。同学们看见方志敏伯伯这样勇敢，有的跟着去抢救东西，有的忙着去救火。不少同学的皮肤被烧伤了。方志敏伯伯的左额被碎瓦片打了豆粒大的一个洞，皮肤被烧伤，两只手被钉子和玻璃刺破，鲜血一滴滴地滴到衣服上。方志敏伯伯一点也不在意，他微笑着说："只要把火扑灭了，我再受伤也不要紧。"

斗争亲叔父

1925年的夏天，方志敏伯伯从南昌回到故乡湖塘村。他创办了旭光义务小学和工农补习夜校。他以办学为名，秘密地进行革命活动。每当夜深人静的时候，方志敏伯伯就召集村里的贫雇农开会，向大家宣传革命的道理和党的政策。

有一天，方志敏伯伯在会上对大家说：

"乡亲们！现在庄稼已经收下来了，今年土豪劣绅要来收租的话，你们应该起来要求减租减息；如果他们不答应减，你们就说今年旱灾，实在交不出来……"

这年，方志敏伯伯亲自带头，将自己伯父叔父的借据还给贫雇农。他的五叔方高雨不肯拿出来，方志敏伯伯就领导贫雇农向自己的五叔讲理。方志敏伯伯很气愤地对大家说：

"今天方高雨不拿出借据来是不行的，我们要坚决和他斗争。我们不但要他拿出来，还要他亲自把借据送到大家的手里……"

结果，方高雨不得不把借据交出来。

有一次，方志敏伯伯为了给湖塘村办学校，办农协会，需要一笔钱，方志敏伯伯就去和五叔方高雨商量，要他拿出几十石谷或是现钱来。方高雨一听说要他出钱，就火起来了。他破口大骂道：

"我是你的亲叔，你都翻脸不认人了，你念的是什么书？哼！还想要我的钱呀……"

方志敏伯伯听了这些话以后，非常气愤，马上召集村里的贫雇农开会，向大家说：

"你们不要以为他是我的五叔，就要客气些。他是地主，反对革命，我们就应该坚决与他斗争。他要作怪，就将他捆起来；如果他要跑，就用枪打死他……"

方志敏伯伯又派了方高溪、方炳盛两个人到方高雨家去劝说。当时方高雨答应出一百块钱，可是第二天又不承认了。方志敏伯伯立刻召集全村贫雇农带着腰刀、铁尺等，到方高雨家里去。谁知方高雨却把大门闩上了。大家就把他的房子包围起来，并且高声地喊道：

"今天方高雨不拿出钱来，就对他不客气……"

方高雨见来头不对，赶快从屋里拿出一把小刀，恶狠狠地站在房门口，等着动手。

这时大家见院子里没有动静，就从墙上爬进去。方高雨立刻用小刀子狠狠地向他们刺过来。大家一拥而上，将他小刀缴了，并且把他捆了起来。打这以后，大家都传开了：

"方志敏革命真是大公无私，为了大伙，他对自己的亲叔父都能斗争，我们还不革命吗？"

两兄弟

方志慧是方志敏伯伯的弟弟。他原先在家里种田，不幸染上了旧社会抽鸦片烟的坏习惯。方志敏伯伯回到家乡组织农民起义，知道了这件事，非常不满，就对他的弟弟说："鸦片烟是帝国主义用来使我们亡国灭种的毒品。吸鸦片烟是我们青年人的耻辱！"除了这样劝告以外，方志敏伯伯为了使方志慧把这不良嗜好真正戒去，就将他关在粮仓里。他弟弟渐渐知道错误，决心改过，终于把鸦片烟戒掉，还参加了方志敏伯伯办的农民夜校学习。

赣东北苏维埃区成立以后，方志慧也参加了革命工作。当他任红10军81团团长的时候，在一次弋阳琬港战斗中负了伤，因为流血过多而光荣地牺牲了。

方志敏伯伯就是这样帮助弟弟进步的。

一件棉袄的故事

1925年的冬天。有一次，方志敏伯伯到黎明中学开会，路上看见一间矮小的破屋子里，坐着一个60多岁的老公公，身上穿的衣服又破烂又单薄，在寒风里直发抖。方志敏伯伯见了心里很难受，就走进去和老公公谈谈，知道他是个孤苦的老年人，生活没人照顾。方志敏伯伯就把自己身上的小棉袄脱下来给老公公穿。老公公感动得只是作揖道谢。方志敏伯伯说：

"老公公，这是我做得到的事，算不了什么。"

方志敏伯伯常常这样帮助穷人。

随机应变

1928年，在弋阳县漆工镇的邵家祠堂里驻扎着一连反动军队。

一天晚上，方志敏伯伯骑着马到漆工镇来；他路过邵家祠堂，想进去休息一会。他向祠堂里一看,只见几个穿国民党军装的人正在打麻将;还有些人躺在床铺上抽鸦片烟。他知道不对头,就急忙转身想走,不料哨兵已经发现了,大声喝道:

"你是干什么的?"

方志敏伯伯很镇静地回答:

"自己人,我是去找粮草的。"

哨兵以为是真的,就不再查问了。方志敏伯伯很从容地离开了那里。

又有一次,是1929年的夏天。那时方志敏伯伯住在齐川县的源村。国民党反动军队,派了一连人到源村来,想捉方志敏伯伯。方志敏伯伯知道了这个消息,急忙披上蓑衣,装作到田里干活的样子,向村前的大道上走去。反动军队迎面走过来,一点不注意他,只顾一窝蜂拥到村里搜查去了。方志敏伯伯安然走出了村庄。

热爱战士

有一次,红10军30师由上饶姜李村出发去攻打小玉山。在路上,有一个战士突然患病,呕吐得很厉害,不得不停下来休息一会。当时任务很紧急,队伍很快地开走了,他跟不上队伍,掉了队,急得在路上哭起来了。

这时,方志敏伯伯骑着马,带着一个警卫员去参加会议,路过这个地方。他看见这个战士,就下了马,蹲到战士的身边,温和亲切地问他有什么苦痛。知道了情况以后,方志敏伯伯就亲自扶着这个战士骑上自己的那匹马,并且叫警卫员替战士背着枪,和自己一同跟在马的后面走。

敌人上了当

1929年3月,方志敏伯伯率领队伍,在贵溪北乡跟敌人打仗。那时敌人的军队很多,武器装备都很好。方志敏伯伯想:要消灭敌人,必须先把他们的子弹消耗光。他想出一个好办法。他叫战士们连夜把满山的枞树头都砍掉,只留下人样高的树干,然后替每株树干戴上一顶草帽,再插上红旗;远远望过来,真像一支军队。

第二天天刚亮,敌人看到这边,果然以为是红军的队伍,就拼命放枪射击。打了半晌,他们觉得很奇怪,怎么这些队伍老是不动呢?他们胆战心惊地向前试探着来看看。一看,才知道自己上了当;可是,他们的子弹已经消耗得差不多了。

雪地上的脚印

1929年的冬天。

有一次,正是雪后的傍晚,在贵溪北乡裴源地方,方志敏伯伯率领的一部分队伍,被敌人追击着,情势非常紧急。方志敏伯伯立刻命令战士们转过身去,向后倒退着走,走进深垅里,暂时隐蔽起来。

不多会,敌人追来了。

"奇怪!"一个敌兵咕噜着说,"明明看见他们朝这个方向跑的,怎么不见了呢?"

"你们看,"敌人的军官说,"这雪地上的脚印,脚尖是向外的,他们已经从这里跑掉了。我们赶快去追吧!"

敌人急急忙忙地朝另外一个方向追去。

就这样，方志敏伯伯很巧妙地解除了敌人的追击。

一道命令

一天，方志敏伯伯正在吃饭，忽然进来一个通讯员，递给他一封信；他拆开信看了以后，就在信纸上写了几句话，交给那个通讯员带回去。同桌吃饭的人，谁也不晓得发生了什么事。后来有个报告来说，红军消灭了国民党两个师。大家才知道：原来国民党反动军队曾经从贵溪向苏区进攻，那天方志敏伯伯得到情报，就在信纸上写了一道命令；他命令红军两个团连夜出发，赶到险要地区埋伏起来，乘天刚亮敌人行军散漫，前后不接应的时候，突然向敌人攻击。那两个团执行命令，果然把敌人打得一败涂地，缴获了大批的武器，足足装备了两个师。

岗 哨

有一天，方志敏伯伯骑着一匹黄马，从葛源到桥头詹县政府去视察工作。路过西坑的哨篷，他看见三个儿童拿着花枪，还有一个妇女，拿着木棍，衣袖上套着一个红布套，在那里站岗放哨。他们看见方志敏伯伯，就赶上来盘问：

"同志，你有介绍信吗？"

"没有。"

"你是骑马的，没有介绍信还行吗？"那几个儿童将方志敏伯伯围住，拉着他的马说："同志，你没有介绍信是不能过去的。"

方志敏伯伯一边下马,一边笑着说:

"你们捉住我,我就不走啦!"

"那你就蹲下来吧!"

一个儿童拿起一根绳子,朝方志敏伯伯的头上套去,想把方志敏伯伯捆起来,送到村代表那里去。

"你们不要捆我,我跟你们去。"

说着,方志敏伯伯就跟着那几个儿童,到了村代表那里。村代表看见方志敏伯伯,就上前很亲热地和他握起手来,同时笑着对那几个儿童说:"你们这些小鬼,怎么把方主席也带来了?他是我们的省苏维埃主席啊!"

那几个儿童吐了吐舌头说:"方主席!我们可不晓得啊!"

当儿童们转身要走的时候,方志敏伯伯叫住了他们,拍着他们的肩膀,微笑着说:"你们警惕性很高,放哨很负责任,应该受到表扬。"

那几个儿童向方志敏伯伯行了礼,很高兴地回哨篷去了。

红色小哨兵①

弋阳出北门步行 10 里便到了葛溪坂缪家村。这里是方志敏同志领导群众闹革命的地方。当时为了配合革命斗争，村里普遍成立了贫农团赤卫队、妇女慰劳队、儿童团，在农忙的季节里，大人都要忙生产。站岗放哨、戒备敌人的工作，就由儿童团担当起来了。

1928 年的一天，缪村四个儿童站在路口上放哨，前面忽然来了一个 20 多岁的年轻人，身上穿得很破烂，手提一个篮子，口里叫着"卖油条"、"油老鼠"，他刚走到一株枫树跟前，就被四个站岗的小朋友挡住了。

"站住！你是哪里来的？怎么到这里来卖油条、油老鼠？"

"我是从叶家庄来的，叶家庄的人都说你们缪家村在开会。"

"我们缪村没有开会！"

"你有介绍信吗？"

---

① 本文曾收入江西人民出版社 1960 年 9 月出版的《江西红少年》。

"介绍信没有。"

四个儿童很惊讶地追问:"我从来没有见过乡下有卖油条、油老鼠的。你是从弋阳城里来的吗?"

"我不是!我真是卖油条的,我是陈家人,你们不信去调查吧。"

"我不调查,带你到村政府去。"

"小鬼!你们不买油条吃吗?"

"我们没有钱,也不吃油条,你到村里去卖吧!"

"你们没有钱,吃几根油条,没有什么关系,不要你们的钱。"

几个小朋友更加生气了,拉的拉,扯的扯,说的说,"你这个人,我们不吃你的油条,叫你到村里去卖,你为什么不去,不去不行……"在大路上争论了很久,三个儿童终于将这个人拉到村干部那里去了,并留了一个儿童仍在原岗位放哨。

村苏维埃主席缪清良、党支书缪敬清同志当时就进行了审问:

"你是哪里人?是侦探吗?"

"我是卖油条的,你们缪村怎么这样坏,难道我卖油条还犯了法。"那个家伙死也不承认。

当时有一个妇女实在气不过,扯开他的衣服,发现这个家伙外面穿的虽然是破衣,但里面却是新的学生装和白衬衣,并在衬衣表袋里发现有国民党的地图、铅笔和图章,在日记本上还写着:到了那几个村庄了解红军的情况,谁在那个村庄里开会……

在确实的证据面前,这个家伙,只好低着头带哭声承认说:"弋阳城有人说,方志敏在你们村里开会,要我来打听一下是否真实,回城里去报告。"

这四个小朋友放哨认真负责,不放走一个坏人,因而受到了表扬,全村群众个个都夸奖他们真是个"红色小哨兵"。

缪敏年谱

1909年（1岁）

11月4日　出生于江西省弋阳县缪家村。原名缪细姊。父亲缪日新，母亲胡珍莲。父亲在弋阳县城经营"裕长源"京广货号。

1923年（14岁）

秋　考入弋阳县淑育女子小学。

1924年（15岁）

在弋阳县淑育女子小学继续学习。

1925年（16岁）

夏　因父亲所经营的商号倒闭，家庭经济困窘而辍学。

秋　在弋阳县某小学担任音乐教师。

1926年（17岁）

8月下旬　在母校老师资助下，考入南昌女子职业学校[①]就读。

[①] 南昌女子职业学校最早建立于1910年，时称女子蚕桑讲习所，其后易名甲种职业学校，1923年改为南昌女子职业学校，1927年秋称江西省立女子职业学校，1935年改为江西省立南昌女子职业学校。该校学制三年，具体课程有公民、英文、国文历史、书画、机械学、体育、国文、国文地理、理化、农业、物理、国文公民、家政、染色机织、教育、机织实习、缝纫刺绣等。

1927年（18岁）

年初 加入中国共产主义青年团。

2月 经邵式平夫妇介绍，与方志敏在南昌相识，确认恋爱关系后，方志敏赠名"敏"，从此改名缪敏。

上半年 因参加革命活动被南昌女子职业学校开除学籍。此后，在南昌中共江西省委机关从事秘密工作。

5月 收到方志敏求婚信。信中说"现在革命已到了严重时期，需要我们更大的努力，才能促其成功，所以我们要成为革命战线上的一对勇敢战士"。①

6月5日 与方志敏在中共江西省委机关结婚。全国农协特派员彭湃和中共江西省委书记罗亦农等参加了婚礼。彭湃即席写了一副贺联："拥护中央政策，努力加紧下层工作；准备流血牺牲，方缪双方奋斗到底。"

因中共江西省委安排方志敏去吉安地区开展农民运动，与方志敏约定，今后秘密工作中，以兄妹相称，分别化名"李祥松"、"李祥贞"。

6月上旬 送别方志敏，留在南昌继续从事党的秘密工作。

9月上旬 随中共江西省委特派员刘士奇到鄱阳县城，任中共鄱阳县委秘书。

9月中旬 与来鄱阳筹划暴动的方志敏重逢。

参加中共鄱阳县委在风雨山召开的全县党员大会。出席会议的有方志敏、刘士奇等一百余人。

10月上中旬 方志敏肺病复发，陪同方志敏先后在德兴县沙路张村、乐平县篁坞村养病。缪敏回忆："志敏和我一起住在王武村②，藏在汪家最后面一间小屋里，王武村有六七十户人家，大革命时期，

---

① 李祥贞（缪敏）：《纪念志敏同志逝世十周年》，载《解放日报》（延安）1945年7月22日。

② 王武村，现地名为乐平县篁坞村。

村里地主都跑光了，这村又是大姓，大多同族同姓，因此一般反革命党徒也不敢来，志敏就在这里住了三个多星期，直到他恢复了健康。"①

10月底 返回鄱阳县城，继续从事党的工作。

11月18日 与中共鄱阳县委书记林修杰、组织部长周菽菡同时被捕。三天后，林修杰、周菽菡被敌杀害。缪敏因身份未暴露而被收监。

12月10日 方志敏等发起以楼底兰家村为起点的横峰年关大暴动，至次年1月发展为声势浩大的弋（阳）横（峰）农民大暴动。

12月下旬 获释出狱，在横峰县珰山村与方志敏重聚。被捕入狱后，方志敏一直多方托人营救，他后来回忆："我妻因年幼，又无确证，在狱四十余天得释出。"②

1928年（19岁）

1月 协助方志敏组织、领导弋横暴动。至月底，以磨盘山为中心的革命根据地初步创立。

3月 为避开国民党军及地方靖卫团的不断进攻，随方志敏及工农革命军，转移至磨盘山区。

4月上中旬 任中共弋阳县委油印科主任。

5—6月底 与弋（阳）、横（峰）革命根据地军民一起，投入粉碎国民党军第一次"进剿"的斗争。

7月18日 父亲缪日新在弋阳县葛溪乡缪家村家中病逝。缪日新因受方志敏的牵连，曾被国民党县政府关进监狱，后因重病被亲友保释。不久，国民党地方当局又来抓缪日新，见其病重，就将缪敏姐夫抓去，缪日新忧愤而逝。缪敏数月后方知情，把母亲胡珍连接到了苏区。

---

① 参见缪敏：《方志敏战斗的一生》。
② 参见方志敏：《我从事革命斗争的略述》（1935年3月），见《方志敏全集》，人民出版社2012年版，第41页。

8月—次年4月 参加弋（阳）、横（峰）革命根据地军民打退国民党军队第二次、第三次"进剿"的斗争。在做好所任工作的同时，悉心照料方志敏的生活，使之在紧张而艰苦的斗争环境中，疾病竟奇迹般地日渐好转。

12月 与方志敏、邵式平等到德兴县三元坞出席德兴一区第一次工农兵代表大会。

1929年（20岁）

4月 经李杰三介绍，在弋阳芳家墩加入中国共产党。

5月 任中共德兴县县委秘书。虽怀有身孕，仍翻山越岭，坚持工作。与根据地军民一起，经过两个多月的斗争，至七月上旬，粉碎了敌人的第四次"进剿"。

10月1—3日 参加在弋阳漆工镇召开的信江第一次工农兵代表大会，方志敏当选为信江苏维埃政府主席。

10月 信江妇女解放协会筹委会成立，为筹委会委员之一。

12月 子方英①在贵溪夏家岭出生，乳名柏崽。是与方志敏的第一个孩子。

1930年（21岁）

7月中下旬 中共信江特委、东北特委合并为中共赣东北特委；红10军成立。

8月1日 参加在弋阳芳家墩召开的赣东北第一次工农兵代表大会，方志敏当选为江西东北革命委员会主席。

8月下旬 在乐平县众埠街主持中共赣东北特委首期妇女干部训练班，讲授怎样组织、发动妇女，开展土地革命，并拉手风琴教大家唱歌。首期参加训练的学员有贵溪、弋阳、横峰、万年、德兴、余江等县的20余人。训练班结束后，杨树兰、叶火娇等四位学员留下参

---

① 方志敏与缪敏的孩子，方英，原名方荣柏；方明，原名方荣竹；方梅，原名方梅姊。为了叙述便利起见，涉及上述人物时，本谱均使用中华人民共和国成立后改动过的名字。

与筹建妇女运动委员会,其他学员分配到各县工作。

9月　出席江西东北革命委员会妇女运动委员会在乐平县众埠街召开的成立大会。

1931年（22岁）

1月　随赣东北特区党政军机关从弋阳漆工镇转移到磨盘山和横峰县的上坑源一带,参与反"围剿"斗争。至下旬,国民党军对赣东北苏区的第一次"围剿"被根据地军民粉碎。

2月下旬　随赣东北特区党政军机关转移到横峰县葛源镇,并在葛源安了家。随着葛源成为赣东北的红色首府和根据地的巩固、扩大,与方志敏在此有了一段相对稳定的生活。

2—5月　参加根据地反"围剿"斗争。

3月6—8日　参加赣东北特区工农兵代表大会,方志敏当选为赣东北特区苏维埃政府主席兼文化委员会主席。

4—5月　继续在后方从事发动群众、支援前线的工作。4月下旬,方志敏率领红10军一进闽北,连战连捷,旋即回师,在弋阳、横峰击溃进犯苏区之敌,国民党军对根据地的第二次"围剿"又被粉碎。

7月中旬　为避进攻之敌锋芒,随苏区党政军机关人员主动撤离葛源,三天后,因国民党军被迫撤出,重返葛源。由于"左"倾冒险主义在赣东北推行"持久围攻堡垒"的错误方针,红军实力消耗过大,至次年一月,国民党军对赣东北的第三次"围剿",未能被完全打破。

7月28日　子方明在葛源出生,乳名竹崽。是与方志敏的第二个孩子。

11月7—14日　参加赣东北省第一次工农兵代表大会。

11月7—20日　中华苏维埃全国第一次工农兵代表大会在江西瑞金召开。方志敏虽未出席会议,仍被选为中央政府执行委员会委员,并获被大会授予红旗勋章的殊荣。

1932年（23岁）

2月　出席在葛源举行的赣东北省妇女代表大会。大会将赣东北省妇女解放运动委员会更名为妇女生活改善委员会。

3月8日　参加赣东北妇女生活改善委员会在葛源举行的庆祝三八妇女节大会。方志敏出席并讲话，对被宣布入党的50多名妇女表示祝贺。

3月　任赣东北省妇女职业学校校长。学校有学员60余人，多为劳动妇女和红军家属，学期18个月，课程设置有工农读本、算术、政治常识、体操、音乐等。

11月28日　女方梅在葛源出生，乳名梅姈。是与方志敏的第三个孩子。

12月11日　经中华苏维埃共和国临时中央政府批准，赣东北省苏维埃政府改称闽浙赣省苏维埃政府。方志敏继任闽浙赣省苏维埃政府主席。

1933年（24岁）

1月中下旬　在卢森堡团兼职授课。该团是赣东北省委为培养妇女干部设立的训练班性质的组织，在"列李卢"① 纪念周期间成立。课程内容主要为军事和政治，共办两期，学员达七百余人。至次年春，训练班结束。

1—3月　领导赣东北省妇女职业学校师生，投入反"围剿"斗争。经过红10军年前二进闽北，及与赤色警卫师等在内线和外线的英勇作战，地方武装和群众武装广泛开展游击战、地雷战的袭扰，至三月下旬，国民党军的第四次"围剿"被粉碎。

7月　方志敏唯一的胞弟，红10军第87团团长方志慧在战斗中牺牲，年仅26岁。

年内　先后任闽浙赣省文化运动科科长、财政部秘书、互济会主任。

---

① 指列宁及国际共产主义运动中有影响的活动家李卜克内西、卢森堡。中华苏维埃曾决定每年1月15—21日为"列李卢"纪念周。

1934年（25岁）

5月　三子方荣兰在葛源出生，乳名兰崽。是与方志敏的第四个孩子。

上半年　任闽浙赣省反帝拥苏大同盟会主任。闽浙赣省反帝拥苏大同盟会内设青年、宣传等部，下辖县、区、乡各级反帝拥苏大同盟。本年，已拥有会员18万人，并有白区会员二万多人。

方志敏父亲方高翥去世。

7月6日　由红7军团6000余人组成的"中国工农红军北上抗日先遣队"，从瑞金出发，经福建向浙皖赣方向进军。

10月10日　中共中央、中央红军从瑞金等地出发，被迫实行战略大转移。

11月7日　被闽浙赣省各机关团体推选为代表，到德兴县重溪参加红7军团举行的俄国十月革命节纪念大会，并代表省委各机关团体讲话。

11月上中旬　红10军与红7军团合编为红10军团。方志敏被任命为红10军团军政委员会主席，即将率领红10军团向皖浙边出击，继续执行红军北上抗日先遣队的使命。

11月中下旬　参加全省党的活动分子大会，省直机关各单位负责人到会。会议由方志敏主持，部署红10军团向皖南出击后闽浙赣苏区的各项工作。

为应对即将恶化的形势，与方志敏一起安排家事。将方母金香莲与三岁的儿子方明托付给方志敏姐姐方荣娣，五岁的儿子方英送到母亲家，两岁的女儿方梅和未满周岁的儿子方荣兰寄养在群众家里。已怀有身孕的缪敏，准备随省直机关转移。

11月24日　方志敏率领红10军团军团部及红20师指战员，开始出击皖南的行动。

11月下旬　与省反帝拥苏大同盟会、互济会及总工会精简后的35名同志，撤出葛源到弋阳九区的东西坑、哨坞一带，协助中共弋阳县委组织游击队。月底，葛源被国民党军占领，闽浙赣苏区第五次反"围剿"失败。

12月 收到方志敏出征途中来信："这次出发，任务是非常伟大的，将来的胜利也是伟大的，你今后将在无线电话里得到我们胜利的消息。"接信后，强烈地感觉到："当时，志敏充满着胜利的信心和勇气，抱着伟大的志愿去完成党交给他的任务。"①

方志敏率红10军团（红军北上抗日先遣队）在皖南遭敌绝对优势兵力的围追堵截。谭家桥之战后，逐渐陷于被动，被迫在皖浙赣边界地区不断转移，与敌周旋。

年末 和省直三个部门的同志转移到德兴县文港罗家，住了20余日，再越过黄土岭到上饶县姜李村，然后到上饶县的沙洲村隐蔽。

1935年（26岁）

1月中下旬 方志敏率红10军团10日起重返赣东北。15日在德兴港首村附近，遭强敌阻击，仅方志敏与粟裕等800余人突破敌火力封锁，进入德兴陈家湾村。见大部队迟迟未至，方志敏果断命令粟裕等先行去赣东北，自己则返回寻找大部队，致陷敌重围。方志敏等率几至弹尽粮绝的红10军团，多次突围未果，虽经全体指战员英勇作战，仍被敌反复切割、杀伤，至下旬部队被打散。

1月29日 方志敏在怀玉山的高竹山附近被国民党军俘获。

1月 转移到横峰县篁村的山田村。此时，赣东北苏区大部分地区被国民党军占领。

幼子方荣兰在横峰县金龙山因生天花夭折。

2月下旬 与省反帝拥苏大同盟、互济会和总工会的8位干部，分别到各游击队开展工作。

见到有部分红10军团指战员突出敌包围圈回来，当时"热望着和志敏同志见面"，"可是见到的人，却用许多话来解释安慰。但这更

---

① 见李祥贞（缪敏）：《纪念志敏同志逝世十周年》。

增加了我的焦虑和伤心，盼望确实的消息传来。"①

3—5月　以有孕之身，带着母亲胡莲珍、儿子方英和游击队在弋阳县磨盘山区，坚持游击战争。时赣东北地区阴雨连绵，山洪暴发，在山上多以山果野菜充饥。某次战斗中，与母亲胡莲珍、儿子方英失散。

三岁的方明随怀有身孕的姑姑方荣姊在德兴县张村附近的山上隐蔽。

6月中旬　多日粒米未进，由方志敏原先的通讯员刘水生背负转移到德兴县大坞山。

6月26日　在德兴县大坞山分娩，婴儿产下不久即夭折。

6月下旬　方荣姊在山上分娩，产后七天，姑侄在国民党军搜山中被抓。方荣姊抱着婴儿，牵着侄子方明，在国民党士兵的驱赶下，从德兴瑶畈徒步至横峰县城。

7月7日　在德兴县大坞山被国民党军第21师某部俘获。

7月上旬　被押到横峰县城国民党军第21师师部关押。敌人为了达到劝降目的，安排与被押解到横峰县城的方荣姊和儿子方明见了一面。

7月19日　被俘之初"闭口不开"，后嫌问得啰唆，在敌21师师部写下自己的简历：

"缪敏，弋阳人，年二十六岁，在一九二七年入南昌妇女职业学校。曾参加过共产党。后在闽浙赣的时候，曾任过省文化运动科长、反帝拥苏同盟主任、省财政部秘书、妇女职业学校校长、女生指导员，我求学的历史很短，在初小毕业入高小，读了半年，中学读了半年，自从与方志敏结婚后，共生男女四人，我大概的情形，就是这样。

一九三五年七月十九日下午一时缪敏"②。

---

① 见李祥贞（缪敏）：《纪念志敏同志逝世十周年》。
② 见《江西民报》1935年8月3日。

7月29日 从上饶转囚南昌。途经贵溪县城,时"轰动全城,万人空巷……虽面带风尘,但目光四射,在万目睽睽之下,旁若无人"。①

8月2日上午 押抵南昌,囚禁于江西省第一监狱。

押解途中,被告知方志敏现押于南昌军法处,"他什么话都说了,你也应该好好地说,将来你们还会团圆"。缪敏后来回忆:"他们用这样的话来欺骗我,但我深知志敏同志的意志是钢铁一般的坚强,绝不会向敌人屈服的。而我呢,一想到他的坚强意志,自己便百倍地勇敢起来。敌人的阴谋诡计,终为我们所粉碎。"②

中午在狱中接受《江西民报》记者采访。

8月初 被押至驻赣绥靖公署军法处审问,坚贞不屈。方志敏得知后说:她怀孕产婴,一定影响身体健康。她临难不苟且,一股巾帼气,我为她自豪。③

8月6日 方志敏在南昌英勇就义。关押期间,方志敏写下了《我从事革命斗争的略述》、《可爱的中国》、《清贫》等十余篇,约13万字的文稿。

8月上旬 在狱中"得知志敏被害的消息,如万箭穿心,悲愤难以自持,决心誓死为志敏同志报仇!"同时得知方母金香莲、母亲胡莲珍和儿子方英也被关押的消息,"更为痛心"。④

被国民党当局判处无期徒刑。

9—10月 方荣姊带着襁褓中的儿子和侄子方明从横峰县押解到上饶集中营关押。狱中伙食恶劣,方明患上夜盲症,方荣姊托狱中看守卖掉自己的儿子,得到两块洋元给侄子买食物和药品。

秋 方志敏母亲金香莲、母亲胡莲珍和方英先后由弋阳县湖塘

---

① 见《中央日报》1935年7月28日。
② 见李祥贞(缪敏):《纪念志敏同志逝世十周年》。
③ 凌凤梧提供给江西省公安局的证词。
④ 见李祥贞(缪敏):《纪念志敏同志逝世十周年》。

村、缪家村的民团具保出狱。

11月 方明随姑姑方荣姊从上饶集中营转到弋阳县监狱,继续关押。

1936年(27岁)

2月上旬 方荣姊和方明经弋阳县湖塘村、德兴县张村的民团具保出狱。方明回到湖塘村,由祖母金香莲抚养。

同年 继续被囚于江西省第一监狱。关押期间,领导狱友发起要求狱方改善生活、准许政治犯会见亲人等的斗争,取得了胜利。

通过狱中看守的帮助,接到织毛衣、缝旗袍等手工活,得到的工钱寄给母亲胡莲珍治疗眼病。

1937年(28岁)

9月11—16日 中共赣粤边特委代表陈毅在赣州和江西省国民政府代表谈判合作抗日事宜。谈判期间,陈毅根据与项英等研究后的意见,向国民党当局提出释放缪敏的要求。

9月下旬 以国共两党合作为基础的抗日民族统一战线正式形成。中共苏区中央分局书记项英,在南昌敦促国民党当局立即释放缪敏。经国民政府军政部长何应钦批准,同意释放。

9月底 项英到江西省第一监狱接缪敏出狱。随项英29日离开南昌,次日抵达江西赣州。

出狱后,向组织汇报狱中关押的赣东北苏区干部情况。根据缪敏提供的名单,党组织给狱中同志寄款慰问,并经交涉,徐大妹、张其德等一批同志,先后获释出狱。

10—12月 长期的狱中生活,致身体十分虚弱,与毛泽覃妻子贺怡在赣州当地医院治疗。

1938年(29岁)

1月 与贺怡等到南昌,在新四军驻赣办事处工作。

2月　与黄道①等到上饶。其间，多次召开各界人士座谈会，发表团结抗日的讲话，为建立抗日民族统一战线而积极工作。

到弋阳湖塘村、缪家村分别看望方志敏母亲金香莲，母亲胡莲珍，儿子方英、方明及女儿方梅。

3—5月　到福建省武夷山坑头村，任中共闽赣特委秘书兼妇委会委员。

6—8月　携子方英、方明到达延安。不久，受到毛泽东接见。毛泽东询问了孩子们在延安保小的学习情况，鼓励缪敏抚育好方志敏的后代。

将地下工作时期的化名李祥贞作为常用名，以此纪念和方志敏同甘共苦的岁月。

1939年（30岁）

7月20日　参加延安中国女子大学开学典礼。毛泽东、周恩来、洛甫等中央领导同志出席大会。毛泽东在讲话中指出："全国妇女起来之日，就是中国革命胜利之时。"

7月　在延安中国女子大学第五班任政治指导员。女大普通班每班有60余名学生，政治指导员除管理学生的学习生活外，也和学生们一起参加学习、军事训练和劳动。

8月1日　参加中共中央在延安举行的"平江死难烈士追悼大会"。

9月9日　参加延安中国女大师生欢迎全国慰劳总会、北路慰劳团来延安大会。

10月　带领学生上山秋收，带头收割庄稼，背运谷穗，受到大家称赞。

同年　在延安中央妇训班学习期间，毛泽东给缪敏题词："李祥贞同志，没有什么困难可以阻碍人的前进的；只要奋斗，加以坚持，困难就赶跑了。"

---

① 时任新四军驻赣办事处主任兼中共中央东南分局宣传部长、统战部长。

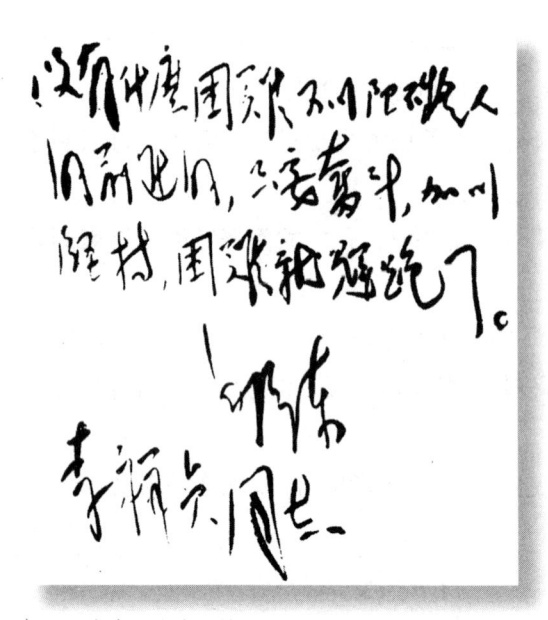

毛泽东在延安为缪敏题词

在延安中国女大开展气节教育活动中，告诉同学们：你要记得面对死的威胁，你是否能永远保持对党的忠诚，在名利的引诱下怎样对待，这只有一个人死后才能盖棺论定。

1940年（31岁）

2月　参加延安民众讨汪拥蒋大会。毛泽东在大会做了讲话。

3月8日　被推选为边区模范妇孺工作者，但坚持把荣誉称号让给了年轻同志。

3月16日　参加延安庆祝"三八"妇女节群众大会。毛泽东及中央各部门负责同志出席了大会。李富春宣布边区受奖模范妇孺工作者及模范妇女名单，并向模范颁奖。

4月　带领学生参加手工业劳动，为机关、部队和学校缝制衣服、编织毛衣。

5月4日　组织延安中国女大五班学生，参加延安党政军民学各界一万多青年举行的"五四"军事大检阅活动。

9月8日　参加延安中国女大举行的一周年校庆和欢送第一届毕业生大会。

9月21日　与延安中国女大师生一起参加庆祝百团大战胜利晚会。女大学生排练的大合唱参加了演出。

9月　选送延安中国女大五班的部分学生，赴绥德专区，参加陕甘宁边区的征粮工作。

1941年（32岁）

3月8日　参加由中央妇委组织的延安各界举行的庆祝三八妇女节群众大会。

7月20日　参加延安中国女大建校两周年庆祝大会和晚会。次月，延安中国女大并入延安大学。

1941年9月—1944年（32—35岁）

先后在中央党校、中央社会干部培训班等处学习。

参加延安整风运动。1943年4月，中央党校对缪敏的政治审查结论：缪敏同志两次坐敌人的牢狱，斗争坚决，政治坚定，没有叛节行为。

1945年（36岁）

3月　与邵式平、汪金祥等十几位曾在赣东北（闽浙赣）苏区工作过的同志，在延安多次座谈。座谈内容后整理为《闽浙皖赣（赣东北）苏区史》。

7月22日　在《解放日报》（延安版）发表《纪念志敏同志逝世十周年》。

8月15日　日本政府宣布无条件投降。

参加延安机关干部与群众举行的盛大火炬游行，热烈庆祝抗战胜利。

9月下旬　根据组织安排，携在延安八路军抗属子弟学校读书的方英、方明，离开延安南下。

10—12月　携子方英、方明，随部队行军二千余里，经晋南，过同蒲路封锁线，到达晋冀鲁豫边区的太行革命根据地。

1946—1948年（37—39岁）

先后任中共冀鲁豫边区二地委社会部副部长、中国人民解放军晋冀鲁豫野战军第七纵队供给部副政委、华北军区卫生部第三后方医院副政委等职。

儿子方英、方明在冀鲁豫边区第一中学毕业后，分配在中共冀鲁豫边区九地委工作并先后入党。后均入伍，随晋冀鲁豫野战军七纵挺进大别山，参加鲁西南战役。经组织选送入位于太行山的华北大学工学院（今北京理工大学）预科学习。

1949 年（40 岁）

5 月 中国人民解放军第二野战军三个兵团，分数路向赣东北地区进军，至 5 月 15 日，赣东北 30 余县全部解放。

春末夏初 因病未随部队行动。痊愈后，仅带警卫员和马夫南下。

7 月末 人民日报社记者在南昌采访方志敏母亲金香莲和其他亲属。方志敏长子方荣松向记者们介绍了父亲方志敏的事迹。

8 月 途经上海，看望上海市市长陈毅和其他战友。陈毅挽留缪敏在上海工作，婉言谢绝，说：我回江西心切，每时每刻都在怀念志敏，想见到当年和志敏在一起工作的同志。

9 月上旬 抵江西南昌。看望方志敏母亲金香莲、姑姐方荣姅、继子方荣松。再从南昌到弋阳，与母亲胡珍莲、女儿方梅在缪家村团聚。

9 月下旬 任中共江西省上饶地委组织部长兼妇委书记。复用"缪敏"名字。

9 月 所作《纪念志敏同志逝世十周年》收入《中国共产党烈士传》。

儿子方英、方明从北京到哈尔滨，进入哈尔滨工业大学预科学习。四年后，方英、方明进入北京俄文专修学校（今北京外国语大学）留苏预备班学习。

1950 年（41 岁）

在中共江西上饶地委组织部任职期间，起用一批在赣东北苏区坚持斗争的老同志，后来这些同志在当地工作中发挥了积极作用。

同年 开始收集方志敏烈士的文稿和有关生平史料。

继子方荣松因病去世。

1951年（42岁）

4月17日　中共江西省委组织部报中共中南局组织部，拟调缪敏任江西省农民协会组织部长，后未果。

5月　所作《纪念方志敏同志逝世十周年》收入《中国共产党烈士传》，由青年出版社再版。

6月18日　写成《方志敏同志战斗的一生》。

8月12日　在南昌陪同方志敏母亲金香莲接待中央人民政府南方老根据地访问团总团团长谢觉哉等一行。谢觉哉代表中央人民政府授予金香莲老人烈士亲属纪念章。

12月15日　经中共中南局组织部批准，任江西省工委组织部长。

1952年（43岁）

7月31日、8月2日　所作《方志敏同志战斗的一生》在《文汇报》连载。

1953年（44岁）

2月　和方志敏母亲金香莲，孩子方英、方明、方梅在上饶欢度春节。此后，儿子方明赴莫斯科国立包曼工学院学习。

春　周恩来把缪敏给中央的信批转中共江西省委，批示为：缪敏同志要求写方志敏战斗的一生，这是个很艰巨的任务。写好了方志敏同志的回忆录，是对革命一个很大的贡献，组织上应给她以支持。

6月25日　收到中南财委会副主任聂洪钧的回信。聂洪钧在信中深情回忆牺牲的战友方志敏，并说："方志敏这个名字实际就是表示百万群众的力量和斗争。总之，他们和群众是完全连成一片的。"

同年　在《方志敏同志战斗的一生》基础上，继续收集整理有关史料。

1954年（45岁）

6月16日　在南昌接受人民日报社记者采访。畅谈对新近通过的《中华人民共和国宪法草案》的感想。认为宪法草案上规定的国家"保证逐步消灭剥削制度，建立社会主义社会"，是全国人民的一件大喜事。说："我们无数革命先烈的鲜血没有白流！志敏同志的鲜血没有白流！"并特别谈到宪法草案中国家对青年、妇女、儿童的关怀和保护。

秋 完成《方志敏战斗的一生》初稿。

同年 儿子方英赴莫斯科航空学院学习。

1955年（46岁）

2月17日 收到中国人民解放军总参谋长粟裕审读《方志敏战斗的一生》初稿的回函，粟裕对初稿中有关红10军团在皖南军事行动的内容作了修订。信中说"惟愿你的这一部著作能早日面世"。

10月1日 所作《回忆方志敏同志》在《长江文艺》发表。

同年 中共中央作出寻找方志敏遗骨的决定。根据刘少奇指示，中共江西省委、省政府成立由方志纯等组成的方志敏遗骨调查小组。

1956年（47岁）

2月 母亲胡珍莲在南昌病重，日夜守护在母亲身边。母亲去世后，江西省民政部门为胡珍莲老人修建了墓地，碑文为"胡珍莲系方志敏烈士岳母，一九五六年二月病故，享年八十四岁。"

1957年（48岁）

春 写信给原国民党驻赣绥靖公署军法处看守所代理所长凌凤梧，告知工人在南昌下沙窝施工现场中发现一堆骨殖，其中一对胫骨戴着脚镣，询问方志敏就义时所戴脚镣的细节。

4月中旬 会见专程到南昌辨认脚镣的凌凤梧。凌凤梧认为挖掘出的脚镣，模样和重量与他当年为方志敏换上的脚镣相符。后江西省公安厅把这批骨殖送国家司法部法医研究所鉴定。经国家司法部法医研究所鉴定，确定其中九块为方志敏烈士遗骨。

从凌凤梧处获悉程全昭的情况。此后在给程全昭的信中，对她和高家骏当年传送方志敏狱中文稿的行为表示赞扬，同时表达感激之情，并随信给程全昭寄了钱和粮票。后来，应邀到南昌的高家骏和程全昭，受到缪敏一家和方志纯等的热情接待。在缪敏的关心和过问下，高家骏的"历史问题"得以解决；程全昭作为非公职人员，得到当地民政部门给予生活补助和报销医疗费用的待遇。

5月1日　在《作品》上发表《方志敏同志回忆琐记》。

6月　所作《方志敏同志的故乡》、《方志敏战斗的一生》[①]、《弋阳暴动》、《英勇倔强的洪家村》、《方志敏同志的几个小故事》、《共产党员的范例》和《回忆方志敏同志》由江西人民出版社结集，以《回忆方志敏同志》为书名出版。

8月6日　在《文汇报》发表《学生时代的方志敏》。

8月　根据方志敏的事迹，创作《敬爱父母》、《捉鬼》、《爱护公共财物》、《斗争亲叔父》、《两兄弟》、《一件棉袄的故事》、《随机应变》、《热爱战士》、《敌人上了当》、《雪地上脚印》、《一道命令》、《岗哨》等12个故事，合集为《方志敏伯伯的小故事》，由少年儿童出版社出版。先后发行近70万册。

9月　方志敏母亲金香莲病重，随侍汤药。

10月5日　金香莲老人在南昌病故，享年81岁。中华人民共和国内务部发来唁电："得悉方志敏烈士的母亲金老太太不幸病逝，谨表示哀悼之忱。"[②]

11月1日　在《作品》发表《方志敏和彭湃》。

12月14日　遵金香莲遗嘱，将其灵柩与方志敏父亲方高翥合葬于弋阳县湖塘村村前的后山（现为英雄山）。

1958年（49岁）

1月　所著《方志敏战斗的一生》由工人出版社出版。此后，该书多次再版，印数过百万册。

2月1日　在《雨花》上发表《方志敏脱险到南京》，文中引用了方志敏早年创作的诗歌《我的心》和《同情心》。

---

① 即1952年在《文汇报》发表的《方志敏同志战斗的一生》。

② 见邵式平：《悼念方老太太》，载《江西日报》1957年10月。

6月 所作《猪仔议员》、《方志敏和彭湃》、《方志敏同志二三事》和《忆方志敏同志》收入江西人民出版社出版的《红色风暴》(第1集)。

9月 中国外文出版社出版《方志敏战斗的一生》俄文版。

民族出版社出版《方志敏战斗的一生》朝鲜文版。

所作《红10军第一次进军闽北散记》和《红10军第二次进军闽北纪实》，收入中国青年出版社出版的《红旗飘飘》(第9集)。

将保存、收集的方志敏早期创作的诗歌《呕血》、《我的心》、《同情心》和《哭声》，小说《私塾》、《谋事》及《李烈钧原来如此》交中国青年出版社，以"方志敏烈士遗著"为题，收入《红旗飘飘》(第9集)。

同年 加入中国作家协会。

先后当选为江西省文学艺术联合会委员、中国作家协会江西分会常务理事。

《方志敏同志二三事》单行本由江西人民出版社出版。

儿子方英、方明从苏联学成归国，回到江西南昌工作。

1959年（50岁）

2月 所作《红10军第一次进军闽北散记》和《红10军第二次进军闽北纪实》，收入江西人民出版社出版的《红色风暴》(第4集)。

3月 所作《猪仔议员》、《大义灭亲》、《方志敏同志在闽北》和《忆方志敏同志》收入《方志敏的故事》，由作家出版社出版。

9月 为彩色连环画《方志敏伯伯小时候的故事》写作文字脚本，此书由少年儿童出版社出版。先后发行约20万册。

10月8日 经中共江西省委常委会决定，任江西省卫生厅副厅长。

1960年（51岁）

7月 《方志敏战斗的一生》法文版由中国外文出版社出版。

9月 所作《红色小哨兵》收入江西人民出版社出版《江西红少年》。

1961年（52岁）

3月5日　在《文汇报》发表《没有什么困难可以阻碍人民前进》。

4月2日　在《浙江日报》发表《激励与鼓舞——读方志敏两篇遗著》。

7月　所作《方志敏同志在王武村》由江西人民出版社出版单行本。

到九江市参观同文中学，与方志敏的同学们座谈。

8月3日　所作《方志敏同志在南伟烈大学》，在《光明日报》发表。

8月5日　致信江西日报社编辑部，附方志敏早期创作的小说《狗儿的死》，信中指出：志敏同志在《狗儿的死》中，通过描写一个富家子弟的堕落，抨击世道不公，提出了"如何使赤贫者不贫"的社会问题；志敏用一生的实际行动回答了这一问题。

10月1日　在《星火》发表《鲁迅与方志敏的一段往事》。

1962年（53岁）

7月　中国外文出版社出版《方志敏战斗的一生》法文修订版。

本年　中国外文出版社出版《方志敏战斗的一生》英文版。

1963年（54岁）

6月5日　所著《方志敏战斗的一生》[①]收入日本平凡社出版的《中国现代文学选集》第17卷《革命回想录》（日文版）。

同年　中国外文出版社出版《方志敏战斗的一生》英文修订版。

1964年（55岁）

春　和邵式平、方志纯一起委托景德镇有关陶瓷美术人员，参考方志敏就义前照片，烧制了方志敏肖像瓷板画。邵式平为之赋诗：肖像逼真似当年，依稀旧梦感万千。同心掀起工农戟，共志焚烧剥削鞭。转战疆场洒碧血，敢教日月换新天。红旗招展东方晓，胜利花开色色鲜。

---

① 《方志敏战斗的一生》日文版由新岛淳良翻译。

11月　毛泽东题写"方志敏烈士之墓"。这是中共江西省委、江西省人民政府为纪念方志敏烈士殉难30周年,在南昌市北郊梅岭山麓修建了方志敏烈士的墓茔,请毛泽东题写的墓文。

1965年（56岁）

3月26日　出席南昌各界在革命烈士纪念堂举行公祭邵式平仪式。

同年　方志敏烈士墓（方志敏烈士陵园）正式落成。

1966—1968年（57—59岁）

受到造反派的冲击和迫害,工资被停发,并一度被关押。

1969年（60岁）

经江西省卫生局革命委员会所谓内查外调,宣布缪敏"解放"。

1970年（61岁）

1月1日　作诗《把一切献给党》：党把我又一次从虎口中救出来,千言万语难以表达我的感激之情。今年我虽已六十又一,但我还有一颗将一切献给党的心……①

1973年（64岁）

对学校正常的教育制度被破坏、社会上"读书无用论"盛行的情况,深感忧虑,对家人说：方志敏的后代,不能没文化,不能做文盲。

同年　给方志敏家乡湖塘村捐稿费10000元,用以修建小学。同时,捐稿费20000元给出生地缪家村,用以修筑防洪围堤和建设小学。

1977年（68岁）

7月9日　因病突发去世,享年68岁。

附记

1977年

8月6日　中共江西省委在南昌梅岭方志敏烈士陵园,隆重举

---

①　此诗未公开发表。

行方志敏烈士遗骨安葬仪式。中共中央、党和国家主要领导敬献了花圈。

11月　和方志纯、胡德兰等口述赣东北苏区的历史，经中共弋阳县委宣传部整理，由江西人民出版社以《赣东北红区的斗争》（第1集）为书名出版。

1979年

5月　所作《弋横农民暴动》收入中国青年出版社出版的《追求真理的足迹》（《红旗飘飘》选编本第1集）。

1990年

5月　《方志敏战斗的一生》作为革命理想革命传统教育丛书，由工人出版社再版。

1992年

9月　《方志敏战斗的一生》作为国家教育委员会图书馆工作委员会装备用书，由工人出版社再版。

1997年

冬　经中华人民共和国民政部批准，缪敏骨灰迁葬方志敏烈士墓（方志敏烈士陵园）。

2006年

6月　《方志敏战斗的一生》作为爱国主义教育读本红色经典系列，由工人出版社再版。

2011年

6月　《方志敏战斗的一生》作为建党90周年的红色经典系列，由工人出版社再版。

2012年

6月　《方志敏战斗的一生》作为爱国主义教育读本红色经典系列，由工人出版社再版。

附 录

从宪法草案看《可爱的中国》[①]
——方志敏烈士夫人缪敏谈对宪法草案的感想

6月16日早晨,记者访问了方志敏烈士夫人缪敏。这位经历了20多年革命生活的女战士对记者畅谈了她对《中华人民共和国宪法草案》的感想。她说:当她看到宪法草案以后,就非常高兴地马上把宪法草案的全文读给她的家里人听。几天以来,她把宪法草案逐字逐句地读了许多遍。就在记者去访问她的前一天晚上,她还把宪法草案和方志敏烈士的狱中遗著《可爱的中国》兴奋地读到深夜。她说:最使她感到兴奋的是方志敏烈士流血牺牲所追求的社会主义理想,将要在人民的宪法中固定下来,成了我们国家的法定的目标。她认为宪法草案上规定的国家"保证逐步消灭剥削制度,建立社会主义社会",这是全国人民的一件大喜事。她兴奋地说:"我们无数革命先烈的鲜血没有白流!志敏同志的鲜血没有白流!"

缪敏对记者详细地分析了宪法草案的"序言"、"总纲"、"国家机

[①] 本文原载《人民日报》1954年7月2日。

从宪法草案看《可爱的中国》——方志敏烈士夫人缪敏谈对宪法草案的感想

构"和"公民的基本权利和义务"等章的条文,她非常赞美这些规定,对所有条文都表示非常满意。她特别提到宪法草案中所规定的国家对青年、妇女、儿童的关怀和保护。她说:作为一个革命者和一个母亲,读了这些条文后,我非常感动。

南昌市是方志敏烈士受中共中央的指示开始革命活动的地方,也是方志敏烈士英勇就义的地方。我们谈话的这个地点,距离方志敏烈士英勇就义的地方只隔几条街。缪敏在谈话中曾经一再地提到方志敏烈士为了我国人民的幸福而艰苦奋斗、英勇就义的情形和方志敏烈士的狱中遗著《可爱的中国》这本书。缪敏无限感慨地说:我们国家比志敏同志在世的时候是更加可爱了。在江西解放以后的五年间,缪敏一直在本省的城市和乡村中进行工作,亲自经历了我国几年来的伟大的社会改革和经济建设,她向记者谈到我国解放后几年来城市和乡村的飞速进步以及劳动人民生活的日益改善的情形,还谈到我们国家已经开始的大规模的社会主义建设事业。她非常愉快地说:"我们的国家现在正像志敏同志在《可爱的中国》一书中所希望的:到处都是活跃跃的创造,到处都是日新月异的进步。"她又说:当志敏同志在狱中遭到国民党百般迫害的时候,他就在《可爱的中国》一书中写过:"我们相信,中国一定有个可赞美的光明前途。中国民族在很早以前,就造起了一座万里长城和开凿了几千里的运河,这就证明中国民族伟大无比的创造力!中国……一旦斩去了帝国主义的锁链……得到了自由与解放,这种创造力,将会无限地发挥出来。到那时,中国的面貌将会被我们改造一新。"缪敏说:我国家解放以后几年来的实际情况完全证实了志敏同志的这些论断;志敏同志对于我国前途的希望和信念正逐步成为光辉的现实,我怎能不高兴呢?

缪敏在她的谈话中还提到她的两个儿子。她告诉记者:她的大儿子今年将到苏联去留学,第二个儿子正在莫斯科大学学习。她愉快地说:他们将来都是建设社会主义社会的工程师。她表示她自己要尽全部力量,和全国人民一道,用方志敏烈士在《可爱的中国》一书中所表现出来的高度的爱国主义和《清贫》一文中所表现出来的艰苦奋斗的崇高精神，遵照着我国将要公布的第一部宪法中所规定的道路，把祖国建设成为一个更加"明媚的花园"。

政治指导员李祥贞[①]

阎明诗

我在1938年秋从抗大女生队调到抗大政工队第九班。1939年8月大部分学员都调到晋察冀和晋西北。我在延河边送行,看他们往桥儿沟向鲁艺方向走去。送行的人少,走的人多,他们纷纷向我握手告别。我不知道答复谁才是。最后剩下我一人伫立在河边,心里不免着急和难受。耳边仍然回响着去前线同志们的呼唤:"大个儿,快来,我们在前方等你!"

我正在出神时,听到后面有马蹄声。我忙在河边洗了把脸,站起身来。来人是周桓同志。他告诉我,我的家庭社会关系问题组织上都已搞清楚,要我不要有思想负担,并向我说明因为工作需要,要我立刻到女大报到,并说:"到新的岗位和你合作的是李祥贞同志。"李祥贞是方志敏烈士的爱人,是江西苏区的老同志,当时有40来岁。我

---

① 本文原载《纪念延安女大五十周年》筹委会编:《延安女大》,1989年印,第177—178页。

那时23岁，早先就知道方志敏同志壮烈牺牲的事迹。1935年我父亲阎宝航在南昌做党的地下工作，他曾将这一痛心的损失讲给我听，以后一旦有人提到方志敏就令我肃然起敬。

我被分配到女大第五班做班主任。李祥贞是五班政治指导员。我俩相处一年多，我在工作中和党的培养下成长起来。我的革命人生观，甚至性格的形成都受到她的影响。白天我们和同学一起学习军事、政治、哲学、中国革命运动史，其余时间和同学一起生产。李祥贞带头收谷子，她迈着沉着坚定的步子，弓着羸弱的身躯背着满肩谷穗下山。晚饭后我和她去找同学谈心、查铺。剩下的时间是我们俩的。她每晚都要和我讲些赣东北根据地生活工作情况，印象最深的是她对同志们进行的关于气节的教育："你要记得面对死的威胁，你是否能永远保持对党的忠诚在名利地位的引诱下怎样对待，这只有在一个人死后才能盖棺论定。"

1940年"三八"节酝酿选出模范妇女工作者时，李祥贞同志坚持将这荣誉让给我。当时选劳模是件大事。在组织的鼓励下，我更加努力完成我的任务，决不辱命。

李祥贞同志坚强地对待她生活中的不幸。她有几个小儿女，我曾陪她去保小探望，只有最大的女儿[①]过来和她母亲亲热，另外两个小的还不太懂事。她也很少到保小去。她把心思全都用到同志身上和工作上了。我因为参加劳动的缘故，衣服破烂，她送给我一件内衣和一双袜子，我舍不得穿那双袜子，一直收藏在我的被包里。但她的品德和榜样对我更是一生最好的赠礼，给我以难忘的记忆。

---

① 回忆有误，缪敏仅携儿子方英、方明到延安。

怀念我们的爸爸妈妈[1]

方明　方梅

我们的童年，没有像许多人那样，能亲昵地叫喊"爸爸"，享受在父母怀抱中成长的幸福。因为我们的爸爸——方志敏烈士牺牲的时候，方明才3岁，方梅才2岁。尽管我们享受父爱的时光很短，但怀念爸爸的思绪却与日俱增。父亲为中国人民所作的贡献，永远铭记在广大人民心中，这是中华民族的光荣，也是我们后代的荣誉。

1899年，爸爸出生在江西省弋阳县漆工镇湖塘村。当他开始懂事时，对家乡的松柏常青、竹影婆娑、寒梅似雪、玉兰飘香就表示了极大的兴趣，对祖国美丽山河"佳山水"十分热爱。对农村的贫困和农民的痛苦寄予了无限的同情，立志要学习松柏竹梅兰坚忍不拔、百折不挠的特性。爸爸仰慕松柏竹梅兰的高风亮节，视为自己生活的楷模。当爸爸初通文墨的时候，就写了一副对联贴在书房："心有三爱奇书骏马佳山水，园栽四物青松翠柏竹梅兰。"自勉自励，身体力行。

---

[1] 本文原载方志敏：《可爱的中国》，华艺出版社1990年版，第172—176页。

以此精神,爸爸为改造社会的衰败、黑暗而奋斗一生,实现了自己的诺言。他并以松、柏、竹、梅、兰为我们子女取名①,希望我们能像松柏竹梅兰一样傲然挺立,永远做有益于人民的人。

1935年爸爸被俘后,环境所迫,方明被寄托在德兴县姑姑家,跟姑姑躲进了深山老林,过着饥寒交迫的生活,后来方明又被国民党抓下山,关进上饶县监狱,不久就病倒了,全身都溃烂了。姑姑看到这个后代快要死了,横下一条心,把自己未满周岁的孩子在上饶县卖得两块银圆,用此钱买药治好了方明的病。后来就一直由姑姑代养,同时得到众乡亲同情和帮助,直到延安党中央派人营救出来。从我们懂得事起,妈妈就常常对我们念叨这些难忘的往事,要我们牢记党的恩情,今后要无愧于革命后代的光荣称号,也不能忘记深情厚谊的众乡亲。

1932年11月,方梅来到人间,爸爸不在妈妈身边。几天后,爸爸在百忙之中抽空来看望妈妈和初生的婴儿。妈妈发愁地说:"这个猫样大的孩子,怎能带大?环境又是这……"爸爸没等妈妈把话说完,就亲切地把方梅抱在怀中,安慰妈妈说:"老缪,你放心,严冬的梅花生命力最强,能斗雪迎春,又是个女孩,就叫梅姊吧!"父亲被害后,方梅也险些被国民党处死,幸亏在方梅的养父——一位忠厚朴实的老农、赣东北老红军战士吴西河保护下,将方梅收养为吴家之女,取名吴梅姊。直到新中国成立,又恢复了爸爸给取的名字——方梅。

我们虽然已记不清爸爸的英姿,以前也不理解爸爸的远大理想和革命情操。后来,当我们又回到妈妈的怀抱中,在党的关怀教育下,学了文化,从革命先辈讲述的爸爸的革命事迹中,也从爸爸的光辉遗著中,领悟到做人和革命的道理。爸爸虽然没有为我们留下万贯家财,却为我们留下了革命的《清贫》;爸爸虽然没有为我们留下更多

---

① 本文于1990年发表时,原编者注:由于战争及其他原因,方志敏烈士的其他三个孩子都先后去世了,只有方明、方梅健在。

的父爱亲情，却以《死》教导了我们作为一个革命者应有的高尚情操。爸爸在狱中，南昌绥靖公署军法处姓钱的副处长，梦想以妻室儿女之情来软化爸爸革命意志时，爸爸铿锵有力地回答："我共有五个孩子，都很小，我与我妻的爱情不坏，因为我们是长期共患难的人。但我已到了这个地步，妻和儿子哪还能顾到，我只有抛下他们。""投降？梦想！……我同你们是势不两立的。"

我们的妈妈缪敏是1977年去世的。爸爸牺牲后，党和人民一直都怀念他，使他的名字永放光芒。但作为方志敏忠诚的革命伴侣，妈妈跟随爸爸并肩战斗的情况，却鲜为人知。

妈妈缪敏，原名缪细姃。1909年出生于江西弋阳县缪家村的一个农民家庭。由于家境贫穷，14岁才入小学读书，后在老师资助下考入南昌女子职业学校。她具有倔强的性格，美好的追求，能歌善舞，积极参加当时的革命活动。1927年加入了中国共产主义青年团，后被反动校长曾华英开除学籍，从此开始从事党的秘密工作。后来，妈妈经邵式平、胡德兰介绍，与爸爸相识。当时爸爸任中共江西省农委书记、省农民协会秘书长。两人在革命斗争的风浪中相爱，爸爸赠给她一个"敏"字，将缪细姃改为缪敏。一个"敏"字系着两颗纯洁的心灵，在革命的征途中，相伴相依，生死不渝。婚后，为适应秘密工作的需要，爸爸化名为李祥松、妈妈化名李祥贞，以兄妹之称作掩护，继续从事地下工作，不久妈妈就被敌人抓入监狱，受到了敌人各种恶毒的折磨。后来党组织把妈妈营救出狱。妈妈出狱后，跟随爸爸为创建赣东北革命根据地并肩战斗。在那些最艰苦的岁月里，妈妈以嘹亮的歌声，健美的舞蹈，使暴动队员在困难中得到欢乐。

1929年妈妈光荣地加入了中国共产党。1935年，革命环境更加恶劣，爸爸、妈妈先后被俘。爸爸牺牲，妈妈被敌人判处无期徒刑，囚禁在南昌女子监狱。妈妈在狱中忍受了敌人各种折磨，敌人为了诱降，要妈妈嫁给反动军官，妈妈愤怒地回答："我为革命生，愿为革命死！决不苟生！"直到1937年党中央决定由项英同志出面保释出狱，妈妈这才又回到党的怀抱。在延安，妈妈带着两个儿子方英和方明①受到毛主席的亲切接见。在抗日战争和解放战争时期，妈妈忘我工作，为新中国的成立作出了贡献。

全国解放后，妈妈回到江西工作，先后担任上饶地委组织部长兼妇委书记、江西省工委组织部部长、江西省卫生厅副厅长等职。在周恩来总理和邵式平、方志纯等同志的关怀和支持下，妈妈搜集了方志敏烈士的遗著和革命斗争史料，撰写了《方志敏战斗的一生》等，以革命先烈的英雄事迹教育后代。在生活上，妈妈发扬"清贫"的革命精神，上班不用小车，不要国家花钱建新房，不要特殊照顾，但心里却时刻关心劳动人民。

1973年，妈妈把自己节衣缩食省下的两万元，献给了家乡人民建校舍、筑固堤，造福于后代。

妈妈逝世后，在她住处庭院留下了由她亲手栽种的青菜、辣椒、花生、南瓜等，这既是留给我们后代的遗产，也是她继承和发扬"清贫"精神，为革命奋斗一生的真实写照。

爸爸牺牲已经55年了，妈妈离开我们也13年了。可是他们给我们留下的精神财富，却仍然光芒灿烂，历久弥新。

爸爸、妈妈热爱祖国的一山一水，一草一木。爸爸在《可爱的中国》中，对中华大地的锦绣河山，作了淋漓尽致的描写。祖国母亲惨遭蹂躏，她发出带血的呼喊：你们下定决心要为这片"佳山水"的新生而奋斗，而流血，即使是为之付出生命也在所不惜。

"清贫，洁白朴素的生活，正是我们革命者能够战胜许多困难的地方。"读《清贫》，使人感到爸爸大义凛然，富贵不能淫、金钱不能移、威武不能屈的无产阶级浩然正气，从而为人们树立了一个真正的共产党员的光辉形象。我们重温此文，感到今天更应发扬"清贫"精神，才能克服前进中的各种困难，去迎接新的胜利。

---

① 方英于1988年因病去世；方明于2005年因病去世。

爸爸，你曾经预言，有一天，我们的祖国会"到处都是活跃跃的创造，到处都是日新月异的进步，欢歌将代替了悲叹，笑脸将代替了哭脸，富裕将代替了贫穷，康健将代替了疾苦，智慧将代替了愚昧，友爱将代替了仇杀，生之快乐将代替了死之悲哀，明媚的花园将代替了凄凉的荒地！"

现在我们的祖国到处是阳光灿烂，鲜花盛开，您的梦想正在被全国人民的努力奋斗所实现。

妈妈生前曾送给方梅一本《可爱的中国》，书页内题写："梅儿，这本书是你爸爸在狱中用血泪写出来的遗言，你要反复地精读，努力学习，用实际行动来纪念你爸爸未竟的事业！"我们感到这段话不但是送给我们儿女们的，也是赠送给全体共产党员和青年同志们的，方志敏的精神会永远鼓励我们在建设美好家园的道路上前进。

为爸爸复仇①
——方志敏先烈长子方荣松访问记

"八一"前夕，记者在江西省人民政府招待所里，访问了1935年7月间在南昌被杀害的革命领袖方志敏同志的长子方荣松及其亲属。他们像见了亲人一样，向我们滔滔不绝地叙述着有关方志敏先烈的一切事迹。

"赣东北的人民，很少不知道我爸爸是靠两支半枪打天下的。"方荣松这样开始他的叙述：1927年春末，大革命失败后，方志敏同志退出南昌，奉党的命令回到白色恐怖的故乡弋阳漆工镇，整顿恢复农民协会，领导农民斗争，那时只有三支枪，一支是坏的，故皆称两支半，当时领导这个斗争的尚有邵式平（现江西省人民政府主席）、方志纯（现江西省人民政府副主席）等同志，他们所领导的农民游击队，就是以这两支半枪起家，向敌人进行搏斗，逐渐壮大了自己，最后建立了赣东北省苏维埃政府和红军第10军团。

---

① 本文原载《人民日报》1949年8月9日。

1934年，方志敏同志带领着抗日先遣队北上，中途遭遇国民党军七倍以上兵力的"围剿"，1935年1月24日在怀玉山突围时，不幸被俘。

方荣松说到这里时悲愤交加，停顿了一会，接着说："在监狱里，敌人对爸爸施尽了威胁、利诱、酷刑、拷打，但爸爸丝毫没有屈服，国民党即于1935年2月7日，在南昌举行所谓'庆祝生擒方志敏大会'，诬蔑爸爸，要他上台和群众见面，爸爸当时并没有任何恐惧犹豫，并在台上激昂慷慨地说：'我很遗憾：没有替人民作更多的事情，继续完成革命事业，我个人的生死是无所谓的，我死了还有我们全体革命同志，和广大人民向反动派进行斗争，中国共产党一定会成功，中国革命一定会胜利。'台下不少群众被感动得流下眼泪，爸爸临死时还在高呼，'中国共产党万岁！'"方荣松收住了话头，眼里含着眼泪。

方志敏同志光荣牺牲后，国民党又开始对其家属施行残酷的迫害，这些年，漆工镇志敏同志家里，被专门派驻弋阳进行监视的国民党军，先后焚烧过13次，老老少少，不止一次地遭受他们拷打、恫吓和监禁。每当闽浙赣边区游击武装风吹草动时，国民党当局便首先把其家属软禁起来，恫吓并拷打他们招出游击队的信息，或者凶狠地进行搜索检查，随即一把火烧得满天通红。方荣松说："15年漫长的岁月里，祖母、母亲及弟弟妹妹和我六人挤在小茅庵里，全靠我每天上山打柴糊口。"

"提起这15年来的地狱生活，我真是愤慨万分。"荣松长舒一口气，坚毅地说："现在自己的队伍又回来了，这回我要向国民党清算这笔血债，我要回到弋阳组织农民，帮助队伍打到广东、台湾，为爸爸复仇，为全江西全中国人民复仇！"

方荣姊回忆方志敏[①]

方荣姊口述　德兴县妇联整理

我今年85岁了，是省、县政协委员，家住德兴县张村公社沙路村，从沙路走四十里路，就到了我的娘家弋阳漆工镇胡塘方家村[②]。

1927年，国民党头头蒋介石公开叛变，屠杀革命党人。许多农民协会也遭到了破坏。5月的一天，有人告诉我，说我娘家漆工镇被国民党烧了。没过几天，我弟弟方志敏的好朋友、弋阳县委的领导人李穆、郑茂林两位同志，也被土豪劣绅的反动武装十三太保捉住杀害了。

那时候，志敏是省农协主席。朱培德是国民党江西省政府主席，他也派了军队到省农协去捉共产党。我听到这个消息，终日坐卧不安，托人打听消息，可就是没听到志敏的下落。

6月的一天傍晚，志敏突然来到我家。他的样子变得叫我不敢

[①] 标题为编者所拟。原题为《方志敏姐姐方荣姊》，载江西省妇联上饶地区办事处编：《赣东北苏区妇女运动史料汇编》，1983年印，第276—280页。

[②] 胡塘方家村，即湖塘村。

认：头上戴顶破草帽，一身衣服破破烂烂，披一块、挂一块，以前那胖胖的脸也变得又瘦又黑，只有那双眼睛，还是那么有神。我想起前几年他生肺病吐血的时候，好像也是这副模样，我心里想，是不是他又吐血了？我呆住了，半天说不出话来。

志敏摘下头上的破草帽，说："蒋介石在上海发动反革命政变，公开屠杀共产党，上海的马路上，工人兄弟的血流成河，南昌城里也贴满了反动标语。"说完，"叭"的一声把那顶破草帽摔到地上。

志敏又告诉我，他想在沙路开展工作，发动群众，再到弋阳，重起炉灶，拿起枪杆子再干！吃完晚饭，我让12岁的儿子与志敏睡在一起。半夜，只听得："妈，舅舅吐红（吐血）了"的喊声，我一骨碌爬起来就朝志敏房里跑。只见志敏斜靠在床上，闭着眼睛，床前一大摊血。那天家里正好做豆腐，我冲了碗豆浆给他喝，又赶忙叫人请郎中来诊脉，郎中是我的一个亲戚，他诊了脉，悄悄地告诉我："志敏的病好重哇，要多养少动。"我急得脑袋"嗡"的一声，就昏了过去……

我醒来时，已是第二天中饭过后了。突然黄柏塘一个陌生人闯进我家，问："方志敏在你家吗？"我尽量装得没事似的说："你怎么知道？"陌生人说："方志敏在漆工闹农会，打土豪，分割地，减租减息，是穷人的恩人哪！如今，地主老财到处抓共产党，可不能让方志敏给敌人抓住啊！"陌生人说完就走了。

果然走漏了风声！我急得坐立不安。突然想起了祝家营的张其德（他后来担任了省苏维埃财政部长）。他是我父亲的好朋友，我们都叫他伯伯。让志敏到他家去躲避一下吧，我把这个想法同志敏一说，他也同意了。不过他讲要到晚上才能去。天一黑，我叫人喊来了张其德父子俩，找来一张竹椅，叫志敏躺着，让张其德他们抬走。临走，志敏说："姐姐，穷人心向苏埃维，世道终会变的！"我站在门口，看着他们慢慢走远了，心里直说：千万别让敌人看见他们……

第三天吃过早饭，30多个十三太保，手拿梭镖、砍刀，个个绷着脸,像凶神恶鬼闯进我家。领头那个,40开外,矮矮胖胖,一身横肉,袒着胸,胸前刺着两条张着大嘴的青龙,青龙尾巴从卷着袖口的手膀上盘出来,看上去就叫人恶心。我坐在床前,想着志敏藏在床顶上的一藤箱书,故意问他们:"有么个事?"

那头子说:"没么个事,来'拜访'方志敏。"

"哦,他没来呀!"

"算了,有人看见他来了。"

"呵,那我怎么没看见呢?"

"嘿嘿,不要怕吗!我们是想听听他讲共产的道理呢。"

"那你就自己找吧!"

那头子回头一挥手:"那就请罗!"

他们屋里屋外,翻箱倒柜地搜起来,看到合用的东西,就偷偷摸摸朝袋里装。

那头子说:"你看到县里的告示了吧?"他那双贼眼骨碌骨碌直望着我转。

我索性躺下身来,不理他。

那头子碰了个软钉子,气得抓起一只药罐子朝地下摔。

我横下心来,决意跟他们斗,"你们凭什么摔东西?"

他举起刀"通"地一下砍在床框上说:"哼,凭什么,通共还得砍脑袋!"他那样子又凶又丑。

"谁是共产党?"

那头子火冒三丈:"你……你嘴倒蛮硬!"

"在这里抖威风顶屁用,有本事到弋阳九区去抓。"

听弋阳九区,那头子像被刀子刺了一下,声音有点发抖:"弋……弋阳九区又怎样?大不了有几根枪。"说完,像为自己壮胆那样,挥了挥砍刀。

十三太保里头有个姓张的,对那头子说:"大哥,跟妇道人家磨嘴皮有什么意思?方志敏有个亲戚在祝家营,我们是不是……"

"嗯?"那头子盯着姓张的。停了一下,他突然命令:

"走,去祝家营。哎,弟兄们,用点劲,捉住方志敏,少不了你们的赏钱!"说完,一窝蜂走了……

这一整天,我都替志敏捏着一把汗。

天黑以后,我躺在床上,心里还像十五只吊桶打水七上八下。

正在这时候,张其德来了,未等我开口,他便说起了如何掩护方志敏的经过来。他说:"我正站在门口,看见十三太保从沙路方向来了,我装得没事一样,理着柴火。一个矮胖子走过来一把抓住我,叫我把方志敏交出来。我说,方志敏怎么会到我这儿来呢?来了我也不敢收留。再说,我房子这么破,能躲得住人吗?其实志敏就躺在我床上。我知道他们不认识志敏,才这么说的。他们问我家里还有什么人,我说儿子生痨病在床上,他们进屋搜起来,那个姓张的家伙刚跨进房门,看见地上一摊血,连忙捂着鼻子退了出来,后面几个家伙探着脑袋朝里看,看见是个病号躺在床上,以为不是方志敏,于是都一个个的朝外溜,夹着尾巴逃跑了。"听张其德同志这么一说,我才把心放下来。当天晚上,张其德拿走了志敏的书箱,赶回祝家营,连夜把志敏转移到黄山一座庙里。过了半个月又转移到乐平王坞①。

1934年7月,志敏率领的红10军团为了牵制国民党兵力,让红军主力胜利北上抗日,在安徽、浙江两省,与7倍于我的国民党激战,终因敌众我寡,弹粮不济,便转移到江西德兴蒋源一带,准备另寻线路北上抗日。为了行动方便,特意将自己的儿子方明交给我,让我请个保姆,我哪里放心得下,就把方明留在自己身边带。那时我也有个吃奶的女儿,为了带好方明,我把奶水留给方明吃,自己的女儿则吃米汤、米糊。红军一走,赣东北苏区便陷入了白色恐怖之中。老百姓的日子也更苦了。由于奶水不足,我那不满周岁的女儿夭折了。

1934年10月,敌人发动了第五次大"围剿",碰巧我又怀了小

---

① 即篁坞村。

孩。为了保护革命后代，我只好带着3岁的方明，躲进深山密林。第二年春天，雨水连绵，山洪暴发，山里实在无法藏身，我不得不在产后的第七天，拖着虚弱的身子，一手抱着刚满七朝的婴儿，一手牵着方明，艰难地走下山来。这时，国民党反动派正在四处搜捕我们革命同志。我刚下山，就被捕了。我和两个孩子被解到横峰县坐牢两个月，又解往上饶集中营，在敌人监狱里，我们受尽了折磨。监狱里的伙食极差，大人饿得直揪心，孩子饿得整天啼哭，骨瘦如柴。难道能让他们这样活活地饿死吗？我忍受着极大的痛苦，通过看守，卖掉了亲生儿子，买了一点吃的，保住了弟弟的孩子方明。在上饶集中营熬过了两个月，又转到弋阳坐牢四个月。1936年国共合作，我被释放了，我带着方明回到了沙路。[后]缪敏也释放了，到我家把方明带了回去，总算尽到了我的一份责任。

1982年6月

人民尊敬革命烈士的母亲[①]

新华社记者 沈琮

在光荣的南昌城里住着一位被人民所尊敬的母亲，她是中国老革命根据地和中国工农红军的创建者之一——方志敏烈士的母亲方老太太。中央人民政府南方老根据地访问团到达南昌后，谢觉哉团长、郑绍文、李步新副团长、阎宝航副秘书长等，偕同江西省人民政府邵式平主席，方志纯副主席和中共江西省委副书记杨尚奎等于本月十二日前去访问了她。谢团长亲手替她挂上了绣有毛主席肖像的纪念章。

方老太太原来是不住在这里的。在解放以后，中共江西省委书记陈正人和江西省人民政府邵式平主席把她从弋阳的故乡接来南昌。人们像尊敬自己的母亲一样尊敬方老太太。人民解放军某师的方师长，在 1949 年夏进军赣东北解放了弋阳地区之后，就去接方老太太到师部来吃饭看戏。方师长对她说："我也姓方，你就是我的母亲。"

在解放前被国民党军残酷迫害的日子里，人民始终尊敬和爱护着

[①] 本文原载《人民日报》1951 年 8 月 26 日。

方老太太。反"围剿"中和红军主力北上抗日以后，方老太太和其他老根据地人民转移到深山中。红军和红色游击队在作战中缴获了粮食之后，必定分一部分给他们。以后他们下了山，红色游击队还不断去接济他们。国民党军对方老太太监视非常严密，但是敌人终究无法断绝人民群众和方老太太的紧密联系。她的一位外甥许祝旺就通过一个理发匠给方老太太送去七担谷。方老太太的住房被国民党军烧毁了13次，每次烧毁后，都在群众的帮助下重建起来。就这样，人民和方老太太一起坚持到解放。

　　方老太太到南昌以后，依然过着朴素节俭的生活。她自己种着一点辣椒、南瓜等蔬菜，还喂着几只母鸡。方老太太不识字，可是她非常关心国家大事，时常请人家读报。在美帝国主义发动侵朝战争以后，她更是关心着战局的发展。她说："可不能让帝国主义来侵略我们。"

　　谢觉哉团长去访问她的时候，一见面就祝颂她老人家的健康，老太太并将应邀到北京去见见自己热爱的领袖——毛主席。

方志敏的母亲[①]
——方老太太

　　方老太太姓金名香莲，今年76岁，娘家世居漆工镇街上。家中很贫困，父亲是个前清的秀才，教过私塾，能给人家看病，她母亲曾帮过人家烧锅煮饭，两个哥哥和一个弟弟都给人家扛轿，又帮人家做长工，很早就死了。

　　方老太太性情温和沉默，待人很诚恳，生活一向朴素，能吃苦耐劳，所以亲朋邻居无论大小都很敬爱她。19岁和湖塘农民方高蠹结婚（1934年10月因躲避国民党军围剿，病死在丁山村），生有五个男孩，三个女孩。现在活着的只有长女荣姊一人，其余的都死了。方志敏烈士是她第二个孩子，第三个名志慧，在1928年[②]和国民党军作战牺牲在弋阳琬港桥（志慧留下一个儿子名方彪，现在南昌工农中学学习）。

---

① 本文录自《革命斗争史资料》（手抄本）（1952年），弋阳县档案馆馆藏。
② 应为1933年。

在敌人第三次围攻苏区时，方老太太先后藏身在戴家坞、殷家、张童村等地，曾被敌军包围过几次，但都经人保护逃出险境。到敌人第五次向苏区围攻时，方老太太曾有一段时间和缪敏、志华等许多人隐藏在牛头山、鸭子棚、徐川源等地附近山上。自后敌人采用了更疯狂的扫荡战术向苏区围攻，不得已，大家才分散开来。方老太太和方荣松、余维娇（娘家是个大地主，方烈士和她离婚后，她始终和方老太太同居）三人躲在苏家墩、虎背坞亭子上。有一次正在危急时，方荣松吵嚷要水喝，方老太太怕山下敌人听到，便把自己拉的尿用手捧给他吃，这才不哭。经过几天，得方圆娇，方远焕①二人送饭。以后更困难了，无法维持下去，就在1935年5月初被迫下山，当时由饶茶义、方高彩等人担保，暂在高桥许自璜②家安身，并严守秘密不说是方烈士的母亲。在高桥村住了八九个月，每天生活全靠带着孙儿方荣松到田坂间拾螺蛳和挖取各种能吃的野草充饥。有时搞点野禾穀或龙石糠磨粉吃，但都没有油盐。到外面做事回来还要照顾患癫病的余维娇，这时有一个名叫翁林之的偷偷地给她种下两亩田禾，不要工钱。这样得了一个时期，才得到方烈士被俘和大女儿方荣、外甥以及自己的小孙方荣竹③被国民党军捉去的消息，日夜哭泣，悲痛万分，到第二年二月间才回家。回到湖塘村。起初和方远焕同住，在一间茅屋里每天还是靠挖野草、螺蛳和龙石糠度日。一面自己开种五分荒地种菜，种大了就拿去卖给人家，添置碗筷等物。挨到下年才向种了田的人家借点谷子，并将家中所存的十多亩田很便宜地卖了，置办几样急需要用的家具。

方老太太十几年来（到解放时止）从来没有在床上睡过觉，因为家里只有一条破棉絮，要让给方荣松等睡，她自己每夜都靠坐在一把竹椅子上，当作眠床安睡。遇到冬天，不管天下雨雪或晴天，总是预

---

① 方远焕，弋阳县湖塘村村民，方志敏堂弟，其父方高文是方志敏六叔。
② 许自璜，弋阳县许家村村民。
③ 方荣竹，即方明。

先铲好两个火焙。到晚上就坐在椅子上,一个烤脚,一个捂手,就此过夜了。这十几年当中,她无日不在艰苦的环境中挣扎着,她从没有穿过一件新衣服,就是破烂的衣服,要不是向别人讨来的话,那都没有的穿。因为家里人多,她常为破衣服不够穿而发愁。她自己时常在晚上洗衣裤,白天穿上身。

有一天她在四妈妈①家谈到家里生活的苦情,连一条裤子破得实在不能再穿了,大哭了一场。四妈妈就到漆工镇街上去了一趟,经方£的老婆银凤送了一条半旧的蓝布裤给她穿。还有一次也是因为没有裤穿,就有人拿了一条破棉裤送给她。自后虽在大热的六七月间还穿在方老太太身上,因为没有单裤换下来。不久由方荣 送了一条裙子来,她只得单单穿这条裙,内里都没有裤子的。住的那间破茅屋热天受着烈日的照射,晚上却又要受着蚊虫的叮咬,在冬天遭受着大风雨雪的浸渍。在吃的方面,不但没有好的吃,就是坏的也发生困难,尤其是冬天野草都枯死了,那里去寻野草充饥呢?每逢年节,除非由女儿方荣 送点东西来才有的吃,否则和平时一样饥着肚子。

屋里没有饭吃,还要抽出时间帮别人抱小孩、烧饭、刨芋头、拔猪草等赚口饭吃,屡次将人家不要的烂腌菜或生蛆的臭霉豆腐和其他烂菜拿回家来吃。她本来是不吃螺蛳的,因为粮食缺乏,不得不经常用灯盏碟到田坂去挖螺蛳,拿来当饭吃。同时还要到野外去挖取各种野菜、菰、竹笋。因为种地很少,致使方老太太年年发生粮食恐慌,况且反动派又时常要派苛捐杂税和定粮,因此年年借债,忍受重利剥削,过着饥寒交迫的生活。有一次,足足饿了四餐,没有一粒米下肚,但她始终不向人开口借碗饭吃。遇到家里吃稀饭的时候,总是先装一满碗干的给孙子方荣松或余维娇和孙媳蔡荣花吃,自己吃剩下的米汤。遇到饭不够吃时,也让给他们三个吃,自己吃点菜充饥。她每天起来很早,首先出去种菜拔草,到下午就拾狗屎猪粪,倒在菜园

---

① 即曹丁香,弋阳湖塘村村民,方志敏四叔方高汉的妻子。

里，全村子里的菜都没有方老太太种得好，特别是辣椒、茄子、黄瓜、空心菜、冬瓜、南瓜等种得又早又好。自己吃不完，多的卖给人家。她每天还要砍柴、提水、割牛草，整天忙个不停。房屋四周经常打扫得非常干净，家里所用的东西虽然破烂不堪，可是收拾得清清爽爽，身上所穿的衣服本来是破得很，但洗得非常清洁。自己过着这般苦的日子，但遇有客来的话，总要设法搞点东西给人家吃才觉得舒服。常说道：宁可自己挨饿，省下东西给客吃。

那时有一个亲戚（许煌兴①的弟弟，叫"红米果"）送给她三块钱，当时三块钱可买一石米。这对没有粒米下锅的方老太太确是一个很大的帮助。到1938年国共合作时，缪敏同志回弋阳湖塘看方老太太，住了二天，将二个孩子（一向寄食在别人家）带到陕北延安去读书了。谁料竟被漆工镇反动派颜文卿和李箴知道，就对她使用种种威胁手段，害得她只有痛哭叫天。1939年自己搭了一小间茅屋居住，在五月间因生活忧虑过度生了一场重病，无钱医治拖延了十多天，才慢慢地好转，但身体健康受到很大影响。到1942年家中生活比较好了一些，并喂了猪、喂了鸡，不料在五月间日本鬼子打到弋阳，国民党军逃到乡间骚扰农民，方老太太所有的猪鸡和米谷全被抢劫一空，又抓去大孙子去当兵，因此她的生活非但连稀饭都没有得吃，同时又为孙儿被抓而担忧。

正因忧愁过度，在同年八月间又患了一场大病，没有钱去请医生，幸得方远焕等三人的老婆照顾，才慢慢地好起来。刚好了一点，又含泪到外面去种菜、砍柴，直到1943年方荣松逃回家，这才解除了她的忧虑。不久给方荣松讨了一个老婆名蔡荣花，在家一同帮着砍柴、烧饭，从此多了一口人吃饭。

方老太太的那几亩田押典给人还债，到1948年7月，生活已到了山穷水尽的地步，不得已方荣松竟把自己的老婆嫁给别人。那时有

---

① 许煌兴，弋阳钓梢坞村村民，方志敏小姑姑方祥英丈夫。

个姓祝的，因方老太太欠伪政府的粮，就把她抓去，押在乡里，这时正是冬天很冷的时候，方老太太身上只穿了一件稀破的棉袄，一条破单裤，带了一个火焙去烤，因当时受反动派凶恶的威逼，吓得神昏智乱，竟把她唯一御寒的破棉袄，烧得不能再穿，最后经族里几个人担保，才释放回家。

1949年正月，方老太太因为到外面做事，失足跌倒，把脚碰伤了，痛得不能起床，就由方远焕等三人到德兴叫她女儿方荣姊回家照顾，被颜文卿知道了，当天晚上率领国民党兵带着48条枪到湖塘村搜查，硬说方荣姊是新四军派来湖塘村做探子，要方老太太交出人来。最后把方荣姊捉到乡里关了几个钟头，由湖塘村里人设法保释。过了几天，这些国民党士兵又带着64条枪来湖塘进行第二次搜查，吃人般的凶恶面孔对待方老太太和方荣姊。方老太太经过三番两次的惊吓，病就加重了，这次连尿屎都窝在裤上，经方荣姊设法买药为她医治，侍奉了20多天，病体才逐渐减轻的好了起来。随后国民党当地政府还不甘心，就在湖塘村旁边山上搭了一个哨棚，日夜监视湖塘人，一直到解放军来弋阳为止。

方老太太在这段时间里，夜晚没有好睡，白天没有三餐饱，可是每天还要到外面去劳动。因为不劳动就更没有的吃了，所以她时常带着病都要出去做事。在这种饥寒交迫的环境中，屡次遭受反动政府无理的压迫和种种的勒索，使她总是悲伤的痛哭。

有一次，反动派跑到方老太太家里逼粮，她想到自己连饭都没得吃，那能拿出谷子来完粮，就急得大哭起来。那时四妈妈就走来劝慰她，叫她不要悲伤，耐心地过下去，总有一天会过好日子的，只要不死就有办法能看到共产党和红军回来的。方老太太听到"红军会回来的"这句话就止住了哭，反带着笑脸说道："倘若共产党和红军真的会回来，那就再苦几年心里也是快活情愿的。现在我唯一的希望，只有共产党和红军回来才有出头日子。"

1949年农历四月初五①，解放军到达了漆工镇。在第二天下午，就有二野战军一个师长方文鬻同志叫了几个警卫员和当地二个人拿一封信，牵着一匹马，去湖塘迎接方老太太到漆工镇街上师部驻地（当时还有好多人敬礼，并说老太太，现在我们红军回来了，毛主席叫我们来向老太太慰问的，你的儿子方志敏同志为革命而牺牲是最光荣的，现在我们都是你老太太的儿子），那时方老太太真是有说不出的快乐，高兴得流出眼水来了。当天晚上方师长就请方老太太吃酒，有很多的高级首长作陪，一个个向她敬酒。当晚留宿师部，第二天方师长送了十块银圆、五担谷子，还有几套衣服和布料给方老太太回家。隔了几天薛师长又亲自到湖塘向方老太太慰问。不久，军部白政委又来慰问，当时给方老太太拍了一张照片，又将方老太太住的那间破茅屋拍了一张，又送了十担谷子和好几件衣料、被面等。在7月7日还接方老太太到弋阳县城参加"七七"纪念大会。在开会时，白政委首先向全军同志介绍到会的将士们和群众，一致向方老太太致敬礼，并鼓起热烈的掌声。随后，方老太太被迎接到南昌享受政府优待。

---

① 即1949年5月2日。

悼念方老太太[①]

邵式平

方老太太原名金香莲，但广大的革命干部和群众并不知她的姓名，却一致称呼她为方老太太。她是人民英雄方志敏烈士的母亲，因患肺癌，治疗无效，于1957年10月5日病故。享年81岁。

当我在青年作农民的时候，我家里来了一个陌生的客人，他就是方志敏同志的父亲——方高翥叔父。从那时起，漆工镇湖塘方家就在我的脑海里留下了印象。一年后，因地方事变，我得到机会入弋阳县立高等小学读书，和方志敏同班。我们二人真是一见如故，共窗共读，情同手足，促膝谈心，志同道合。假期中，志敏邀我去他家里，因而得以拜见方老太太。

方老太太有一女二子，她最喜爱的是长子方志敏。因爱及爱，老太太对我的亲切关怀，就同对志敏一样。

1927年冬，弋横农民大起义，弋阳漆工镇一带是起义的一个中心，因此也就成为国民党军无数次围剿的一个主要目标。房子被烧光

---

① 本文原载《江西日报》1957年10月，后收入中国青年出版社1958年出版的《红旗飘飘》第9集。

了，东西被抢空了。在这样情况下，方老太太唯一关怀的是革命群众和我们红10军团的全体指战员。

在游击战中，红10军团的行动是不能固定的。有的时候，我率领着队伍，路逢方老太太，在见面的时候，她总是像母亲那样亲切并鼓舞着我们说："哎啊！我见到你们，就同见到我的志敏一样。""国民党军造恶得很，必然天诛地灭。""你们多辛苦些，要多打胜仗，多缴枪，多消灭敌人，革命是一定会胜利的。"因此，我们红10军团的每个指战员，都敬爱方老太太就同敬爱自己的母亲一样。遇着她的时候，就想邀请她和我们一起走，并想把她安置到一个较安全的地方。但她坚决不同意，并且很和蔼地说："谢谢你们的好意。我既不能工作，又不能打仗，跟着你们走，反而成了大家的包袱。你们全心全意打仗去，革命胜利就好了，千万不要惦记着我。"

北上抗日先遣军遭受挫折后，方老太太被捕入狱，受尽折磨，坚贞不屈。敌人对她也无可奈何。出狱后，孤苦伶仃，一无所有，饥寒交迫，病老相连，老太太仍然振作精神，劳动生产，坚决与一切困难作斗争。解放后，她常和我们谈到那时的情况说："不论怎样艰难险阻，我一想起革命必定胜利，红军必定会打回来，勇气就不知道从哪里来的，即是上刀山、下油锅，我也不怕。"

1951年，中央组织了老革命根据地访问团，谢觉哉总团长亲手把烈属光荣章挂到老太太胸前的时候，她极兴奋地说："这样照顾，实在承担不起。感谢毛主席。共产党万岁。"

方老太太在病中，有不少的老革命同志和群众极为关怀，写信来问病情或亲身来探问的人都很多。方老太太病故消息传出后，许许多多的老革命同志和群众都为深表哀悼，中央内务部于10月16日也给省人民委员会来电说："得悉方志敏烈士的母亲金老太太不幸病逝，谨表示哀悼之忱。"对于方老太太的不幸病逝我个人更感到深切的悲痛和悼念。

方老太太永垂不朽。

编后记

作为方志敏的后人,我在很小的时候,就知道有一个了不起的曾外祖母,她叫缪敏。

2015年,我在编译《可爱的中国》(中英文版)的时候,接触了不少曾外祖母的资料,她的形象在我心中开始生动丰满起来,她跌宕多姿而光彩照人的一生,深深地感动了我。后来,《可爱的中国》(中英文版)再版时,我又陆续搜集到不少曾外祖母的文章和著述,逐渐产生了将它们整理出版的想法,以为对这位我的先辈和中国革命史上的杰出女性的最好纪念。

编这本文集,另一个宗旨,就是为了保存史料。我的曾外祖母缪敏,无疑是曾外祖父方志敏生平与思想最早的阐述者和研究者。早在20世纪50年代初,她便开始收集、整理方志敏的文稿和有关生平史料,在繁忙的工作之余,笔耕不辍,写下了《方志敏战斗的一生》《回忆方志敏同志》等著作,并先后在国内外报刊上发表了40余篇回忆曾外祖父的文章。其中,《方志敏战斗的一生》一书,被译成俄、法、英、日、朝鲜等多种文字出版。方志敏作为中国共产党人杰出代表，他的事迹和精神，广泛流传，走向世界，曾外祖母的努力和贡献是巨大的。为了不让这些珍贵的史料湮没在历史长河中，在姑祖母方梅和外祖母梅宝玉等长辈的鼓励、督促下，经过近一年的努力，终于完成了这一件对我来说责无旁贷而又非常艰巨的工作。

在编这本文集的过程中，先辈的高风亮节时时感染、影响着我，使我的心灵得到洗涤和升华。曾外祖母缪敏毕生爱着曾外祖父方志敏。青年时代，她坚定地追随着他干革命，在赣东北苏区，在出色做好所任工作的同时，悉心照料曾外祖父的生活，使他的身体，在紧张艰苦的斗争环境中，竟然奇迹般地日渐好转；曾外祖父就义后，她携我的外祖父、伯外祖父，不远万里，奔赴延安，先后参加了抗日战争和解放战争；从20世纪50年代起，她代曾外祖父尽孝，为婆母金香莲老人养老送终；并致力于宣传方志敏的事迹和精神。她与曾外祖父，是患难与共的夫妇，但在长期革命战争的环境中，聚少离多，连一张合影都没有给我们留下。即便如此，作为后辈的我，仍深深感受到曾外祖母与曾外祖父忠贞不渝的爱情。

为编这本文集，我一遍又一遍地读曾外祖母缪敏的文章。我感触颇多的是，她和曾外祖父方志敏一样，都十分重视教育。曾外祖父曾经说过："不识字，事事都要落人后做尾巴，不识字是一个人最吃亏而又是最可耻的一件事。""男女群众，更应积极去学习，以求文化进步。"十年内乱时期，正常的教育秩序被破坏，曾外祖母仍反复叮嘱我的外祖母梅宝玉：方志敏的后代，不能没文化，不能做文盲。那时家乡没有小学，曾外祖母节衣缩食，将历年的稿费分别捐给弋阳县的湖塘村、缪家村，修建小学，让家乡的孩子能就地上学，造福桑梓。

曾外祖父方志敏英勇就义已经86年，曾外祖母缪敏离开我们也45年了，我更加怀念曾外祖父、曾外祖母。可以告慰他们的是，他们为之献出生命或毕生奋斗所追求的可爱的中国，已经变成了活生生的现实；他们的孙辈、曾孙辈都在高等院校得到深造，秉承清贫的家风、弘扬、践行方志敏精神，赓续红色精神血脉，在各自的岗位上为建设更加可爱的中国尽自己的努力。

曾外祖母缪敏一生既曲折坎坷，又充满传奇，然而有关她的生平资料，留存下来的却十分简略；她的作品，由于年代的久远，亦多有散佚。所以，编这本文集，其实是一件很困难的事。在外祖母梅宝玉和姨妈方丽华等亲属的支持下，使我得以不断在拍卖市场上，拍下缪敏著书和刊登她文章的出版物，其中不乏珍品，甚至是孤本。正是这些资料的获取和支撑，使得曾外祖母缪敏的著述，能在这本书里得到比较完整、全面的呈现。另外，姑祖母方梅的回忆和口述，为我撰写《缪敏年谱》提供极大的便利和帮助。在某种意义上，这本书是缪敏亲属们共同努力的结果，也记载了我们的家史。

感谢江西省方志敏研究会在本书的编撰和出版过程中，给予的帮助。同时也感谢上海鲁迅纪念馆研究员缪君奇老师的指导，更感谢长辈们对我的至深爱护，从而使得本书顺利付梓。

徐思阳
2021 年 10 月